新时代高校体育教学

新理论、新方法与新模式

杨林 著

化学工业出版社
·北京·

图书在版编目（CIP）数据

新时代高校体育教学：新理论、新方法与新模式/杨林著．--北京：化学工业出版社，2026.3．-- ISBN 978-7-122-49847-2

Ⅰ．G807.4

中国国家版本馆 CIP 数据核字第 2026ZF2681 号

责任编辑：田欣炜　　　　封面设计：蔡多宁

责任校对：刘　一

出版发行：化学工业出版社（北京市东城区青年湖南街 13 号 邮政编码 100011）

印　　装：涿州市般润文化传播有限公司

710mm×1000 mm　1/16　印张 16¾　字数 263 千字　2026 年 3 月北京第 1 版第 1 次印刷

购书咨询：010－64518888　　　　售后服务：010－64518899

网　　址：http：//www.cip.com.cn

凡购买本书，如有缺损质量问题，本社销售中心负责调换。

定　　价：79.80 元

前　言

在当今社会快速发展的背景下，高等教育作为培养高素质人才的重要基地，其体育教学的改革与发展显得尤为重要。体育不仅是增强学生体质、促进身心健康的重要途径，更是培养学生团队协作能力、竞争意识和坚韧不拔精神的关键环节。因此，编写本书，旨在深入探讨新时代高校体育教学的新理念、新方法、新模式，为推动我国高校体育教学的创新与发展提供理论支持和实践指导。

本书内容丰富，结构严谨，共分为十章。第一章为高校体育教学导论，概述了体育教学的基本概念、高校体育教学的内容与原则以及教学改革的必要性，为后续章节奠定了理论基础。第二章聚焦于高校体育教学目标和教学内容的改革，深入分析了教学目标改革的必要性和发展趋势，以及教学内容设置存在的问题与对策。第三章至第六章分别探讨了多元化教学方法与模式在高校体育教学中的应用、教学评价改革、科学管理以及体育文化建设与改革，为高校体育教学的全面改革提供了具体路径和策略。第七章至第八章则关注于大学生心理健康教学改革和高校体育教师队伍的建设改革，强调了体育教学在促进学生心理健康和提升教师素质方面的重要作用。第九章探讨了新兴技术与方法在高校体育教学中的应用，展示了现代信息技术如何助力体育教学创新。第十章总结了高校体育教学的创新与发展，提出了创新体系建设构想，为未来高校体育教学的发展提供了一些参考。

本书的特点在于理论与实践相结合，既深入分析了高校体育教学改革的理论基础，又提供了大量具体的教学案例和实践经验。同时，本书还注重前瞻性和创新性，紧跟时代步伐，探讨了新兴技术与方法在体育教学中的应用，为高校体育教学的未来发展提供了新的思路和方向。

在编写本书的过程中，我们参考了众多专家学者的文献资料，在此，向他们表示衷心的感谢。同时，我们也深知本书可能存在不足之处，恳请广大读者批评指正，以便我们在未来的研究和实践中不断改进和完善。

著者

2025 年 8 月

课题项目：教育部产学合作协同育人项目（多学科核心素养下医学类高等院校公共体育教学数字化改革路径研究）

项目编号：2501211225

目　录

第一章　高校体育教学导论

第一节　体育教学概述

一、体育教学的性质

体育教学具有身体练习和思维活动相结合的特点。以户外环境为主，强调的是使学生身体的时空感觉得到发展，还要发展机体的自我体验与操作等多种能力。此外，体育教学活动是一种需要教师与学生同时参与的双边活动。

运动技能的形成主要包含三个阶段，即认知动作的阶段、联系动作的阶段、完善动作的阶段。这里面认识动作的阶段同知识和技能之间存在着十分密切的联系，其最终目的在于对活动操作的要素、关系与结构等进行认识。运动技术可以认为是一种“知识”，这是由于知识是事物联系与属性的组织和信息。即便是在没有人掌握它的时候，运动技术就已经是客观存在的，这也是人类文化知识的重要组成部分之一，是前人积累下来的宝贵运动文化遗产。

从上述的分析中我们可以得知，在本质上，体育教学就是运动技术教学，再具体一点就是运动操作知识，当学会了运动操作知识，运动技能就得以形成。

二、体育教学应遵循的规律

（一）与学生身心发展水平相适应的规律

体育教学不仅是对技能和知识的传授，还是对个人整体发展的促进。在此过程中，应严格遵循学生身心发展水平的规律。在规划体育教学内容时，应细致研究学生的年龄、身体发育水平和心理发展水平。对于年龄较小或身体发育较慢的学生，教学内容和方式应适度，注重基本技能和体质的提升，避免过度强调竞技和成绩。对于年龄较大或身体发育较快的学生，可以逐渐加入更具挑战性的技术训练和团队协作的项目，引导他们在挑战中突破自我。同样，心理发展水平也是影响体育教学的重要因素。不同的心理发展阶段，学生对体育的理解、接受程度和反应都有所不同，所以教学方案的设计应充分考虑学生的心理需求，以提高学生的积极性和参与度。对于教学方式的选择，也应根据学生的心理发展水平进行调整，一般会选择以学生为中心的教学方式，如小组讨论、角色扮演等，不仅可以调动学生的积极性，还有助于培养他们的团队协作能力和领导才能。而对于需要独立思考和解决问题的教学内容，可以采用以问题为中心的教学方式，引导学生独立思考和解决问题。[1]

（二）学生生理和心理指标起伏变化规律

生理和心理指标起伏变化规律是一个综合考量学生生理和心理发展特点的动态过程。在生理层面，学生在成长过程中会经历各种生理变化，如身体发育、力量增强、协调能力提升等。这些变化对体育教学的影响不容忽视。教师需要了解学生的生理发展阶段，合理安排教学内容，确保教学的效果和安全。在心理层面，学生的心理发展也会随年龄、生活环境等因素的变化而呈现出特定的起伏规律。心理指标包括学生的情感态度、兴趣爱好、认知能力、心理承受能力等。在体育教学中，教师需要关注学生的心理变化，尤其是他们对体育学习的态度和情感反应。教师可以通过有吸引力和挑战性的体育活动激发学生的学习兴趣，以及借助积极的反馈机制来激发学生的学习动力。

遵循学生生理和心理指标起伏变化规律，是体育教学中的一种科学教学方法，也是体育教学过程中关注学生全面发展的体现。教师通过遵循这一规律，可以实现体育教学的个性化和有效性，从而提高体育教学质量，实现教学目标。

（三）感知、思维和实践结合规律

感知作为知识获取的第一步，起着至关重要的作用。在体育教学中，教师需要引导学生观察、感知各类体育活动，掌握动作的基本特征与规律。学生通过感知将外界事物的信息转化为自己的知识，并为思维提供基础。思维则是将感知的信息进行深度加工的过程。在体育教学中，学生需

[1] 李振良．现代高校体育教学改革与创新［M］．长春：吉林人民出版社，2023.

要通过思维，理解和掌握技术动作的原理，以及如何在实际操作中运用。此时，教师的角色转变为启发者和引导者，鼓励学生自主思考，提出问题，寻找答案。实践则是知识应用的关键环节，学生只有通过实践，才能真正将理论知识转化为自己的技能，教师应创设多种实践环境，为学生提供锻炼的机会。

遵循感知、思维和实践相结合的规律，能使学生在体育学习过程中，养成深度学习的习惯。这样他们就能在不断探索和尝试中，完善自己的知识体系，提升技能水平，最终达成体育教学的目标。

（四）掌握体育知识技能螺旋式上升的规律

螺旋式上升的学习过程强调的是循序渐进的学习方式。在体育教学中，学生需要在基本技能和知识掌握的基础上，逐步学习和掌握更为复杂的运动技能和理论知识。例如，在学习篮球时，学生需要先掌握基础的运球和投篮技术，然后才能进一步学习如何在比赛中运用这些技术进行有效进攻和防守。螺旋式上升的学习过程也强调对已学的知识技能的巩固和提升，学生在掌握了新的知识技能后，需要通过反复练习和实践，不断提升这些技能的稳定性和精确性，更好地理解和掌握技能背后的理论知识。学生在学习过程中，还需要通过反思自己的学习态度，了解自己的长处和短处，进而针对自己的短处进行有针对性的练习和提升。

三、体育教学的特点

（一）运动知识传承的可操作性

体育运动知识的核心组成部分是身体知识，这一点也是体育运动同其他学科相比，最为明显的差异之处。值得注意的是，这种身体知识是人类知识发展过程中特殊认识的一种，同时也是人们对自然外部知识的追求逐渐向人体内部知识进行转移的结果，更是一种面向人类本体、人类本身与人类自我的挑战。

现阶段，教育界对于学生的主体性地位给予了肯定与重视，而这样对人类自我知识的再度追求，不仅仅对体育教学的特殊性进行了展示，同时还使得体育教学具有了传承知识的重要意义。从这个角度上来讲，体育教学是对身体知识进行传承，而身体知识是一种能够实现人类自身感觉真正回归的知识，并且也是科学知识的一种，只是没有发现与挖掘这种知识的重要性而已。可以想象的是，这类知识在未来肯定会受到人类的广泛认可、关注，并能够在人类身心健康的相关研究中被广泛应用。

（二）教师与学生身体活动的频繁性

在体育教学开展的过程中，教师对于运动项目的动作需要不断进行示范、指导与反馈，这主要是因为身体知识来源于身体的不断实践与操作，同时，对于学生而言，也需要身体的操作和体验，如果想要学习、掌握运动技能，就需要反复地进行身体的操作和演练。因此，在体育课堂教学开展的过程中，教师和学生身体活动会比较频繁，这一点也是体育课程教学同其他学科教学之间的不同之处，其他学科的课程教学只需要在室内开展就可以，只是需要保持相对安静，只有这样才能够使学生的思维得到激发，从而得到良好的学习效果。在体育教学实践活动开展的过程中，不仅有学生身体的强烈活动，还有学生体验的欢快情绪，上述都是体育课程教学的外部表现行为，只有自然与纯真，而不存在文化渲染。

（三）学生身心合一的统一性

体育从本质上来讲，就是自然改造人自身的过程，强调生理机能和形态结构统一的同时，还强调身心的和谐发展。在体育教学活动开展的过程中，不仅要对体育文化的传承进行追求，还要使学生的身体改造得到一定的促进，同时，还要使学生的心理素质与社会适应能力得到强化。体育教学开展过程中，营造了许多生动的情境，这一点也是其同智育教学间的差异之处，为学生心理素质的发展与社会适应能力的提高创造了良好条件。

所以，体育教学过程同辩证唯物论的观点是相符的，讲究身心发展的统一性。身体发展是基础，而身体的发展支持了心理发展，同时，心理的发展还能够对身体的发展起到促进作用。体育教学开展过程中身心合一的统一性，主要会在三个方面体现出来。

(1) 体育教学内容要注重对学生各种能力和素质的培养，注重心理与社会的适应性培养，符合社会学和心理学等方面的要求。

(2) 体育教师的教学方法和教学组织必须要同学生的身心发展规律相符，在反复的动作与休息交替过程中，使学生的健身目的得以实现。练习活动与休息在一定的范围内合理地交替进行，因此，学生的生理机能变化会将一条波浪式曲线呈现出来。

(3) 体育课程教学同学生的年龄特征与心理特征也是相符的。学生的心理活动所呈现出来的曲线图像是高低起伏的，而这种生理、心理负荷的波浪式曲线变化规律，使体育教学的鲜明节奏性与身心统一性、和谐性得到展现。所以，体育教师在对各种教法与组织进行安排的过程中，应该充分考虑学生的心理特征，只有这样才能够使学生的身体发展得到促进，使学生的兴趣爱好与积极性得到有效激发，进而促进体育教学功能的有效发挥。

（四）体育教学过程的直观形象性

在体育课程教学开展的各个过程中，都对鲜明的直观形象性进行了体现。例如，对于体育教师而言，其讲解不仅仅要同其他学科教师讲解的基本要求相一致，还要使用有趣贴切、形象生动的语言，艺术性地加工所要传授的东西，将语言简单化，使学生对教学内容加深感知。同时，体育教师需要应用特殊的演示形式，通过动作示范、优秀学生的示范、学生正误对比示范、人体模型、动作图示、教学模具等直观地、形象地进行展示，从感官上使学生对动作进行感知，并使其建立起清晰的、正确的运动表象。通过直观的动作演示，学生能够将得到的表象同思维紧密联系在一起，使体育知识与体育技能掌握的目的得以实现。

体育教学管理与组织的过程也使直观形象性得到体现，学生的行为都是直接的、外显的、可观察的，所以，体育教师的一言一行能够发挥榜样的功能，无形地使学生的身心得到教育，进而直接地、真实地、显现地表现在课堂上，尤其是在学习活动与运动开展的过程中，学生会将其最为真实的一面通过一言一行表现出来，此时是体育教师观察、帮助和反馈的最佳时机。

（五）客观外界条件的制约性

同其他学科教学相比，体育教学的另外一个不同之处就是，体育教学效果很容易受到外界各方面的影响和实际客观情况的约束，例如，学生的性别、年龄、生理特点、心理特点、体质强弱与运动基础，体育场地、器材设施、客观气候条件等。上述的这些因素都会对体育教学质量存在不同程度的影响。由体育教学对象的层面上而言，体育教学应该使教育的全面性得以实现，在运动基础方面区别对待不同水平程度的学生，同时，还要针对学生的性别、年龄、生理特点、心理特点与体质强弱等方面的实际情况实现区别对待。例如，在机能水平、身体形态、运动功能与运动素质等方面，男女学生也会存在明显的不同，因此，在教学选择、教学设计和教学组织等方面就应该对性别差异进行考虑。如果没有对这些特点给予足够的重视，盲目教学，不仅会导致体质增强的教学效果很难实现，还有可能会增加学生安全方面的风险。

从体育教学环境的层面上而言，鉴于室外存在较多的影响因素，例如空中的意外声响、马路上的汽车声等，此外，室外学生的视野也更加广阔，使学生的注意力非常容易分散，所以，体育课堂教学一般会在室内开展。

当然，也有一些不可控因素的存在，例如天气因素等，都会干扰到体育教学过程。同时，体育课程教学在体育场地、器材设施和客观气候条件等方面存在较高的要求，所以，体育教师在制订学年体育教学计划、课时具体计划、选择教材内容、实施教学组织方法的时候都应该对上述的这些影响因素与客观因素进行考虑，使各种因素的影响尽量减少，促进体育教学效果与质量的提高。此外，体育教师还应该利用酷暑、严寒等自然条件，培养学生适应环境的能力。

第二节　高校体育教学的内容与原则

一、体育教学内容的概念

体育教学内容是以体育教学为目的，以身体练习、运动技能学习和教学比赛等为形式，经过组织加工后可以在教学环境下进行的体育知识和技能的总称。[1]

体育教学内容在其本质上同其他学科一样，都带有鲜明的教育意义、科学依据和有序系统。然而，它在特定的方面显现出独特性，尤其在其强调实践操作的地方。在体育课堂上，教师和学生的互动是动态开放的，而非封闭僵化的。更进一步说，许多体育教学内容是从实际生活中总结提炼出来的，因此它们自然地拥有一定程度的娱乐性、欣赏性和竞争性。体育教学内容有以下两个方面的含义。

[1] 刘汉平，朱从庆．我国高校公共体育课程教学的发展与改革探究［M］．长春：吉林人民出版社，2021.

（一）体育教学内容有别于一般的教育内容

体育教学内容与一般的教育内容的区别体现在其丰富的实践性和生动的生活性上。实践性是体育教学内容的一大特色，这类内容注重实际操作，强调身体动作的掌握和运用。在学习过程中，学生通过实地操作和体验，直观地理解和掌握知识。这样的教学模式使知识的吸收变得更为生动活泼，不仅增强了学生对知识的理解能力，还通过动手操作，提高了他们的实际运用能力，使学以致用成为可能。生活性是体育教学内容的另一大特色。大多数体育教学内容都源于生活，与生活紧密相连。例如足球、篮球等运动项目，都是从生活中提炼出来的，易于激发学生的兴趣，容易使学生产生共鸣。这使体育教学具有很高的趣味性和接受度，增强了学生的学习动机。

而在特定的教学环境中，体育教学内容不只是简单地传输知识，更是一种引导和熏陶。这种引导和熏陶的过程，让学生在体验、参与的过程中，逐渐塑造并形成积极向上的生活态度和健康的生活习惯，这一点是其他教学内容难以做到的。在体育教学中，教师的角色也因此发生了变化。他们不再是传统意义上知识的传递者，而是变成了引导者和启发者，教师通过引导学生进行实践操作，启发他们从中获得知识和技能。体育教学内容的实践性和生活性，使教师的教学方法更加灵活多变，有时需要他们扮演教练的角色，有时又需要他们变成同伴，和学生一起参与活动。

（二）体育教学内容有别于竞技运动的内容

竞技运动通常强调运动员的最高表现，追求竞技成绩的极限，而体育教学的目标则在于提升全体学生的身心健康水平、体能素质、体育技能以及运动情感。在教学中，教师要更多地关注学生的全面发展，而非仅仅是技术技能的提高或竞技成绩的追求。体育教学内容中运动项目的选择通常更加广泛，包括群体运动、个人运动、休闲运动等各种类型的运动；而在竞技运动中，运动员往往只专注于一种或少数几种运动项目，长时间进行专业、系统的训练。竞技运动通常有严格的训练标准和比赛规则，而体育教学则更加强调培养学生的积极性和参与性，不过分强调规则，允许学生在安全的范围内进行创新和探索。在体育教学中，教师会对运动项目进行适当的简化和修改，以适应学生的能力和需求。体育教学更注重运动过程中的教育价值，学生通过体育教学，不仅可以学习运动技能，还可以通过团队合作和竞争，学习如何尊重他人、处理挫折等。而在竞技运动中，更强调的是通过严格的训练和竞赛来提升运动员的专业技能和竞争力。

二、体育教学内容的分类

（一）按运动项目分类

从广义的层面，运动项目可以划分为个人项目和团体项目。个人项目主要关注每一个学生的技能和体质提升，比如田径、游泳、健美操等；团体项目则强调团队合作和集体协同，如篮球、足球、排球等。进一步细分，运动项目又可以按照运动类型进行分类，比如球类运动、田径运动、力量训练、灵活性训练等。球类运动如篮球、足球等，能培养学生的团队合作精神和竞争意识；田径运动如跑步、跳远等，主要提升学生的个人体能和耐力；力量训练如举重、力量训练器材等，旨在增强学生的肌肉力量；灵活性训练如瑜伽、舞蹈等，能提升学生的身体柔韧性和平衡能力。运动项目也可以按照运动技能的复杂程度进行分类，如基础技能类、进阶技能类。基础技能类如跳绳、俯卧撑等，适合体育基础较差或低年级的学生；进阶技能类如篮球投篮、足球射门等，则需要学生有一定的运动基础和技术要求。

（二）按内在功能分类

体育教学内容按其内在功能可以划分为以下几个类别：基础训练、技术教学、体育理论、健康教育、体育道德教育以及竞技性教学。

1. 基础训练类

基础训练类主要是对学生进行基本体育技能的训练，如田径、游泳、球类等技能的训练。这些训练旨在让学生掌握各种基本的运动技能，提高学生的身体素质。这部分教学内容是体育教学的基础，对于学生以后运动技能的学习和掌握具有至关重要的意义。

2. 技术教学类

技术教学类指针对特定运动项目的专项技术教学，如篮球的投篮技巧、足球的射门技巧等。这部分教学内容主要是对已有运动技能的提升和完善，使学生在基础运动技能的基础上，更加熟练地掌握各种运动项目的技术。

3. 体育理论类

体育理论类指对体育科学理论知识的教学，比如体育生理学、体育心理学等。这部分教学内容主要是提高学生的体育理论知识水平，帮助学生理解和掌握体育运动的科学原理。

4. 健康教育类

健康教育类主要包括运动保健、体育营养等内容。这部分教学内容主要是教授学生如何通过体育运动保持身体健康，以及运动过程中如何进行合理的营养补给、避免运动伤害等。

5. 体育道德教育类

体育道德教育类主要是通过体育运动来培养学生的团队精神、公平竞赛意识、对抗运动的礼仪等。这部分教学内容主要是通过体育运动的方式，来进行道德教育，培养学生的良好品质。

6. 竞技性教学类

竞技性教学类主要是对参与竞技运动的学生进行专项训练，提升其竞技水平。这部分教学内容主要是为了提高学生的竞技体育水平，满足他们对高水平运动的需求。

通过以上分类，可以清晰地看到体育教学内容的多元性，不仅包括了对基础技能和专项技术的训练，还包括了体育理论知识的教学、健康教育、道德教育以及竞技性教学。这样的分类方式有利于教师根据学生的实际情况和需求，制订出更加合理和更具针对性的教学计划，也有利于学生全面发展，提高学习效率和积极性。

三、体育教学内容的特点

（一）实践性

实践性指体育教学内容不仅是理论的，更重要的是它需要学生通过实际操作，参与其中，动手动脑，体验和实践。这种特点既体现在体育教学的基础训练和技术教学中，也体现在健康教育、体育道德教育以及竞技性教学中。

在体育教学的基础训练和技术教学中，学生需要直接参与各种运动，通过实践来掌握和提升各种运动技能。例如，在篮球教学中，学生需要通过实际操作，进行投篮、运球、防守等技术动作的练习，以掌握这些基本技术。而在游泳教学中，学生则需要亲自下水，通过体验才能掌握正确的划水、踩水和呼吸等技巧。健康教育的实践性则表现在学生通过自身的体验和感受，了解和掌握如何保持身体健康，如何在运动过程中进行合理的营养补给，以及如何避免运动伤害等知识。体育道德教育则需要学生在运动实践中，学会遵守比赛规则，尊重对手，展现出团队精神和公平竞赛的意识。竞技性教学更是强调实践性，对参与竞技运动的学生进行专项训练，需要他们在实际比赛中检验自己的技术和战术水平，以提升竞技水平。

（二）健身性

体育教学活动以身体运动为主要形式，旨在通过运动对身体进行全面、均衡的锻炼，以提高人体各项生理机能，增强体质。运动有助于提升心肺功能，增强肌肉力量，提高身体的柔韧性和协调性，也有助于提高神经系统的反应速度和精确性，改善血液循环，增强免疫系统的功能。但体育教学内容的健身性不仅仅局限于对身体的锻炼。健康不只是身体健康，也包括心理健康。体育教学可以通过组织各种体育活动，如团队比赛，增强学生的团队协作精神，培养他们良好的社交能力，提高他们的自尊心和自信心，帮助他们释放压力，提高情绪，增强他们的心理抗压能力。学生通过体育教学，还可以了解和掌握科学的运动方法和健康的生活方式，包括合理的饮食、适当的休息和锻炼、健康的生活习惯等，这些对于他们的身体健康和生活质量的提高具有重要意义。

（三）娱乐性

不同于传统的教学模式，体育教学强调动手实践，体验学习过程的乐趣。学生在参与体育活动时，既能体验到挥洒汗水、挑战自我的快乐，也能在游戏和比赛中体验到竞技的刺激和快感。这种活动形式不仅令人兴奋，还易引起学生的兴趣，激发他们的学习动力。体育教学的娱乐性还体现在其社交功能上，体育活动通常需要集体参与，学生在共同参与体育活动的过程中，有机会交流思想、分享经验、增进了解、增强他们之间的友谊和团队精神。体育活动的比赛形式还可以使学生之间积极竞争，激发他们的斗志，增强他们的协作能力。

（四）层次性

体育教学内容的层次性强烈体现了其本质。首先，这种层次性体现在体育教学内容的内在组织结构上，也就是说，由于体育运动的内在规律，使体育教学内容的各个部分存在着由基础到高级，由初级到熟练的阶段性，这种内在的层次性在不同的内容之间或同一内容的不同阶段之间形成了一种相互依赖和相互限制的关系。例如，篮球运动中的基础技巧如运球和传球是进行篮球战术训练的前提，田径课程中的短跑训练是跨栏跑训练的基石。体育教学内容的这种内在层次性成为教师组织和安排体育教学内容的重要参考。其次，体育教学内容的层次性表现在其外在因素上，即学生的生理、心理和社会属性等方面也存在着阶梯式的层次性。这要求教师在安排体育教学内容时，应体现出系统性和逻辑性，并且与学生的这些层次性特征相适应。因此，深入理解体育教学内容的层次性，可以为有效地组织和实施体育教学提供重要的指导。

（五）开放性

开放性指的是体育教学内容不是封闭的，不能被固定的教材或教案所限定，而是可以随着学生的不断发展与进步、社会环境的变化，以及科技进步等因素的影响而进行改变和发展的。

体育教学内容的开放性，可以让教师根据学生的个体差异和群体特征进行灵活调整和创新，也为学生提供了自主选择和参与的机会。教师可以根据学生的生理和心理发展状况，结合其兴趣爱好，选择适合的教学内容，以激发学生的积极性和主动性。在教学过程中，教师可以根据教学实效，适时调整教学内容，以达到最佳教学效果。体育教学内容的开放性，不仅可以吸收和借鉴其他相关学科的内容和方法，还可以接纳社会中流行的新兴运动项目，以满足学生的需求和社会的发展。教师应根据时代的发展和学生的需求，不断地更新和扩展体育教学内容，提高教学的质量和效果。

开放性的体育教学内容，强调学生的个体差异和主动性，强调教师的创新性和灵活性，强调教学内容的时代性和实效性。这样的教学内容，更能吸引学生，激发学生的兴趣，促进学生的全面发展。

（六）约定性

体育运动项目或身体锻炼方式，如跑步、远足、沙滩排球、户外探险、沙地网球、平衡木训练和撑竿跳，通常都是在特定的时间、地点和空间，或使用专门的器械，按照既定的规则和流程进行的。换言之，如果这些项目不受时空约束，其形态和内容可能会发生改变，甚至可能不存在。这就意味着体育教学内容的特性和形式，大部分取决于运动的时空环境，同时又受运动的场地、器材和规则等因素的限制。这便是体育教学内容的时空依赖性和规则制约性之所在。

四、高校体育教学的原则

（一）全面发展原则

高校体育教学旨在促进学生的全面发展，包括身体素质、心理素质和社交能力的全面提升。体育课程应注重培养学生的基本运动能力，如力量、速度、耐力和灵活性等，学生通过多样化的体育活动和训练，可以全面发展各项身体素质，提高身体机能。教师应关注学生的心理健康，帮助他们培养积极的自我形象和自信心，增强应对压力和困难的能力。学生通过团队合作、竞技比赛和挑战性的活动，可以培养他们的逆境应对能力，提高心理的韧性和抗压能力。教师为学生提供合作与交流的机会，促进学生之间的互动和团队合作。学生通过团体运动和集体活动，可以培养他们的合作意识、沟通能力和团队合作精神，提高社交技巧和人际交往能力。

（二）因材施教原则

1. 因材施教原则的含义和依据

“因材施教”是在体育教学中要坚持“以人为本”的理念，结合每个人的不同特点，进行针对性的训练，从而达到提高每个人的运动能力和身体素质的目的。根据体育教育在学生的身体和心理发展过程中的特殊规律，制定了“因材施教”的原则。尽管在某一年龄段，大学生的身体和心理发展都比较稳定，但由于受遗传因素、生长环境等因素的制约，相同年龄段的学生在身体和心理发展上也存在较大的差别，尤其在体育上。所以，在体育教学中，应充分认识到不同人的不同特点，并遵循因材施教的基本原理，努力实现人人公平、全面发展。

2. 贯彻因材施教原则的基本要求

（1）深入细致地研究和了解学生

在体育教学中应遵循“因材施教”原则，首先要认识到不同学生的情况各不相同，从而为实施因材施教做好准备。通过问卷调查、查阅资料等方式，明确学生在身体条件、兴趣爱好、体育技能等各方面的特点，并综合分析其差异，制定相应的应对措施。要从发展的角度来看待学生的不同，不能一成不变。

（2）正确看待学生个体上的差异

在实施因材施教的同时，还要注意正确地认识和指导学生在学习过程中存在的个性差别。要让他们知道，尤其是在体能和运动上，每个人都有自己的特点，每个人都有自己的发展和追求。同时，让同学们从发展的角度去看不同的人，并指导他们要互相帮助，互相学习，互相评价。教师要在这种教学活动中，形成一种对个人差别的正确认知。

（3）创造各种因材施教的条件

在体育教学中，应采取不同的教学组织方式，因材施教，采取不同的“等质分组”（按体能分组、身高分组、体重分组、技能等级分组）。对体质不佳、动作能力差的学生，要开“小灶”，对他们进行关爱；同时，对于那些有良好体能和技能的学生，也要给他们提供更好的发展环境和更高的要求，以确保所有的学生都能取得进步，让每一个人都能够感受到成功的喜悦。

（4）运用各种体育教学方法

由于在某些体育教学中，不能采用“等质分组”的方式来解决差异化的问题，所以要采取因材施教的方式，比如“8 秒钟赛跑”“目标跳远”，这样的教学方式，可以让每一个人都有自己的目标，在比赛中取得突破，也可以和其他优秀的运动员并肩作战。

（5）把因材施教与统一要求结合起来

统一是以大多数人为中心，而因材施教则是以所有人为中心；对学生的综合素质要求是一个客观的评判指标，而对学生素质的评判则是对学生主体性的评判；统一的需求与学校的档案管理息息相关，而根据学生的特点，则取决于学生的学习意愿。然而，不管怎么说，统一的教学和因材施教都是学校的目的和方法，二者都不能缺失。

（三）循序渐进原则

1. 循序渐进原则的含义和依据

体育教学以身体活动或身体运动为特征，在体育教学中应合理地分配体育负荷，以达到锻炼身体和掌握体育技能的目的。

根据体育教学的本质特征，结合体育教学中的运动负荷规律，提出了合理的体育锻炼量分配原则。一般来讲，运动负荷就是学生做练习时身体所承受的生理负荷量，它由运动强度和运动量构成。运动强度就是单位时间内身体所承受的量的大小，运动量就是运动的内容、数量、时间等。在体育教学中，合理地安排身体活动量，使学生都能达到适宜的生理负荷量，才能在锻炼中收到锻炼效果。

2. 循序渐进原则的基本要求

（1）身体负荷量的安排要服从教学目标

为了达到一节体育课的教学目标，应确定合理的体育锻炼量，简单讲要根据课程目标、课程类型来安排不同的运动负荷。

（2）要针对学生的特点安排身体活动量

体育教学过程中，参与学习锻炼的学生存在个体差异，学生的体质不同、性别不同，具体到身体形态、身体机能、身体素质不同。因此，一定要根据不同学生的特点安排运动负荷。

（3）运动负荷的调节

运动负荷由运动强度和运动量构成，要使体育教学过程中学生的身体活动量适宜，就必须根据课程目标、教学内容、教学进度、教学设计等来调整运动负荷。调整方法无外乎调整运动强度或调整运动量两个方面。一般而言，强度大、量就小；反之强度小、量就大，这是一般的体育教学运动负荷调整原则。在体育教学中一般对运动量进行调整，即调整练习的内容、练习的时间或练习的数量便可达到我们的适宜要求。

（四）生命安全原则

1. 安全运动和安全教育原则的含义和依据

“安全运动”和“安全教育”是指在“安全”的基础上，进行运动和教育。以激烈的体能活动和器材上的身体活动为主的体育教学，既是安全教育的难题，也是安全教育的重点。运动包括角力活动、非正常体位活动、剧烈运动、持器械身体活动、野外活动、极限探险运动等。所以，体育运动是一种有风险的文化活动，对于初学者来说，它的危险性更大。因此，在体育教学中，既要保证学生的安全，也要注重培养学生的安全意识。体育教学中的“安全运动与安全教育”可以说是一项“一票否决”的规定，如果一节体育课存在着严重的安全隐患，那么无论在其他方面做得多么周密，都将是一场灾难。

2. 贯彻安全运动和安全教育原则的基本要求

（1）针对上述风险因子，体育教师要在课堂上一一进行检查，排除所有可能存在的隐患。

（2）时刻对学生进行安全宣传。要把安全运动和安全教育理念落实到体育教学中，需要全体学生的紧密合作。所以，体育教师要随时随地给学生做安全宣传，让他们时刻保持“安全”的警戒线，安排专门的时间给他们讲解安全的相关知识和要领，教他们如何相互帮助。

（3）应设置与体育活动安全相关的安保系统和设施。针对某些较为危险的教学内容，制定严格的安全管理体系，并对这些危险的部分进行限定；针对易出现危险的运动场所，要设置安全防护设备和必要的警示标志，提醒学生自主学习时要注意安全。

（4）在学校体育活动中，要配备一名年轻的安全管理人员。同时，教师们也要充分运用体育委员和其他学生干部的力量，把一双眼睛变成多双眼睛，把一张嘴巴变成好几张嘴巴，把一双手变成好几双，这样才能保证整个班级的安全。

（五）联结实践原则

高校体育教学应强调理论与实践的联结，学生通过实践活动，可以亲身参与体育运动，将所学的理论知识应用于实际操作中。学生通过实践的过程，能够更深入地理解理论的内涵，掌握实践技能，并将其融会贯通。在实践活动中，教师可以引导学生进行实际操作、模拟情境等活动，使学生能够更好地理解和应用所学知识。此外，联结实践原则还能够培养学生的动手能力和创新能力。实践活动要求学生积极参与、实际操作，并在实践中提出问题、解决问题。学生通过实践的过程，能够培养实际操作的技能，也能够培养他们的创新思维和解决问题的能力。

（六）终身体育原则

高校体育教学不仅是培养学生在校期间的体育技能，还是培养学生的终身体育观念和习惯，使其在毕业后能继续保持健康的生活方式。终身体育原则注重培养学生的健康意识和自律能力。学生通过体育教学，能够认识到体育对身心健康的重要性，并学会自我管理和自我激励，他们会明白参与体育活动不仅是一种娱乐和锻炼，还是一种责任和自我关怀的表现。

第三节　高校体育教学改革的必要性

一、提升学生体质的必要性

良好的体质是生活质量的重要组成部分，它直接影响个体的生活满意度和生活能力。现代社会科技的快速发展，改变了人们的生活方式，大部分人的生活中缺少足够的体力活动。这一现象在学生群体中尤为明显。体育教学改革的目标之一就是通过科学和系统的方法，借助多样化的体育活动，提升学生的身体素质。为此，体育教学的设计和实施，应当围绕增强学生体质这一核心目标展开。体育教学应当重视身体健康教育，使学生了解身体的运作机制，理解健康的饮食和运动习惯对身体的重要性。

在提升学生体质的过程中，多样化的体育活动起着关键的作用。多样化的体育活动可以满足不同学生的个性化需求，激发他们的运动兴趣，使他们愿意积极参与运动。多样化的体育活动还可以提高学生的身体素质，使他们在各个方面都得到提升，包括力量、速度、耐力、柔韧性和协调性。体质的提升不能一蹴而就，需要持续锻炼和训练。因此，体育教学还应当注重培养学生的运动习惯。学生在体育课堂和课外活动中的时间应当被充分利用，以增加他们的运动量，通过持续锻炼，提高他们的体质。健康的运动习惯可以改善学生的体型，预防肥胖、高血压等，体育教学应当引导学生养成健康的生活方式，包括定期运动、均衡饮食等。

二、培养学生全面发展的必要性

高等教育的目标不仅在于为学生提供专业知识和技能，还在于通过教育来培养学生全面发展。在这方面，体育教学扮演着不可或缺的角色。体育教学不仅可以提升学生的身体素质，还可以在心理、社交、道德等方面对学生进行教育。

（一）心理成长的促进

在高校的学习和生活中，学生面临着各种压力，如学业压力、人际关系压力等。参与体育活动可以帮助他们转移注意力、减轻压力、缓解紧张情绪、提高心理抗压能力。体育运动需要学生克服困难和挑战，坚持不懈地努力，这可以培养他们的意志力和毅力。在比赛和训练过程中，学生会面临挫折和困难。通过坚持不懈的努力，他们可以克服困难，获得成功的喜悦，增强自信心和自我效能感。在团体体育项目中，学生需要与队友合作，相互支持和协作。他们通过团队合作，可以培养团队意识、合作精神和互助精神。同时，体育活动为学生提供了发挥领导力的机会，他们可以在比赛中担任队长或领导小组活动，发挥自己的领导才能，提升自己的领导能力和组织能力。

（二）社交技能的培养

在团队体育项目中，学生需要与队友密切合作，相互支持和配合，共同追求团队的胜利。学生通过与他人合作，可以倾听他人意见、尊重他人观点，并在协调冲突和解决问题时发展合作技巧。这些经验不仅对学生在体育领域有益，还对他们在日常生活和工作中的团队合作具有积极影响。学生通过体育活动，有机会结识不同背景和兴趣的同学，加深彼此之间的了解和信任。他们可以共同面对困难和挑战，共享成功和快乐，建立深厚的友谊。这种友谊和人际关系的建立对学生的社交发展和心理健康具有积极的影响。

（三）道德教育的实施

体育活动通过明确的规则和行为准则来引导学生的行为。在比赛或训练中，学生需要遵守规则并尊重裁判和对手。这培养了学生公平竞争的意识，理解胜负的含义，并尊重他人的权益。学生通过对道德规范的执行，可以从体育活动中领悟道德的重要性，培养公正、诚实和守规的品质。在体育竞技中，学生可能会经历失败和挫折，但他们也有机会学习如何正确处理这些困难，并从中成长。学生通过体育活动，可以培养坚持不懈、勇于面对挑战和自我超越的品质，这样的经历教会了学生在人生中面对困难时保持乐观态度，秉持坚韧不拔的信念。

（四）自我认知和自我价值的提升

体育活动可以帮助学生探索和发展他们的身体潜能，了解自己的体质和体能水平。学生通过不断地锻炼和参与体育活动，可以发现自己的优势和不足，并逐渐提高身体素质。这种对自己身体状况的认知有助于学生树立健康的生活观念，提高对自身健康的重视程度。成功的体育经验可以提升学生的自我价值感，当学生在体育活动中取得进步和成就时，他们会感受到自己的能力和努力得到了认可。这种成功体验对于学生自信心和自尊心的增强较为重要。体育活动的竞争性和挑战性让学生面对自己的能力和限制时，通过克服困难和取得进步，认识到自己的潜力和价值。

三、适应社会需求的必要性

随着科技的进步，人们的生活方式发生了较大的变化，这也为体育教学带来了新的挑战和机遇。在这样的社会背景下，高校体育教学的改革尤为重要。

（一）适应科技进步带来的变化

现代科技，特别是信息技术的应用，如虚拟现实、增强现实等技术，使体育教学方式更加生动和直观。学生可以在虚拟的环境中进行体育训练，这不仅可以减少安全隐患，还可以进行更高难度的训练。移动互联网的普及使体育 App 等移动教学工具的应用变为可能，学生可以随时随地进行在线学习和训练，打破了传统教学的时空限制，使体育学习更加便捷。移动教学工具也使教学资源的分享和交流变得更加方便，进一步丰富了体育教学的内容和方式。

（二）提高学生的就业竞争力

近年来，体育产业得到了迅速发展，体育教练、体育营销、运动康复等职业岗位的需求增加。这为体育类专业的学生提供了更广阔的就业空间，也对体育教学提出了新的要求。

面对这种变化，体育教学应积极应对，提供更具针对性的专业课程。例如，高校可以开设体育营销、运动康复、体育管理等课程，让学生在学习体育技能的同时，能掌握与就业市场紧密相关的专业知识。在课程设置的同时，体育教学应着重培养学生的专业素质。这包括专业知识的掌握，但更重要的是专业技能的训练和实践。体育教学应通过实践教学，让学生有机会在真实的环境中实践自己的专业知识和技能，从而提升他们的专业素质。体育教学还应强调培养学生的就业竞争力，包括专业素质和技能，也包括良好的沟通能力、团队合作能力、解决问题能力等。体育教学通过提供丰富的实践活动和制订综合素质培养计划，可以帮助学生提高就业竞争力。

（三）培养健康的生活习惯

社会快节奏的生活方式使人们越来越注重健康，而体育活动是保持健康的重要方式之一。定期参与体育活动可以增强学生的体质，提高身体素质和抵抗力，降低慢性疾病的风险。体育教学还可以培养学生良好的饮食习惯。学生通过学习营养健康知识和食物选择技巧，可以更好地调整饮食结构，摄入均衡的营养物质，保持身体健康。

（四）培养体育精神

体育精神是社会精神的重要表现形式，它体现在公平竞争、尊重对手和奋力拼搏等方面。

公平竞争是体育精神的核心。在体育比赛中，所有参与者都应遵守既定的规则，不能以不正当的手段取胜。这一点在体育教学中得到了充分体现，教师会教导学生在比赛中公平对待每一个对手，遵守比赛规则。无论是在训练还是在比赛中，都应该尊重每一个人，包括对手、队友、裁判和观众。在体育教学中，教师会教导学生如何尊重他人，尊重他人的努力和成果，尊重比赛的过程和结果。无论比赛的结果如何，只要全力以赴，就是胜利。体育教学中，教师要鼓励学生全力以赴，克服困难，坚持到底。

四、促进高校教育创新的必要性

对于教育创新的必要性，可以从以下五个方面来展开叙述。

一是引入新的教学理念。以学生为中心的教学理念是当今教育界公认的理念，体育教学也不例外。学生参与体育活动不仅可以锻炼身体，还可以培养自我表达能力，提高自信心和团队精神，促进个人全面发展。因此，体育教学应以学生为中心，充分尊重学生的个性差异，因材施教，让每个学生都能在体育活动中找到自己的位置。

二是更新教学内容。随着科技的进步和社会的变迁，体育项目和运动方式也在不断发展和变化，体育教学的内容应跟上时代的步伐。由于体育活动的性质和特点，体育教学的内容不仅应包括传统的运动技能，还应包括运动规则、运动伦理、运动健康等方面的知识，使体育教学更加全面和深入。

三是改革教学方法。在教学方法上，可以借鉴其他学科的成功经验，如情境教学、探究式学习等，使学生在参与和体验中学习和成长。利用现代科技手段，如多媒体、网络等，可以丰富教学手段，提高教学效果。

四是提高教学评价的科学性。传统的体育教学评价往往较为注重技术动作的准确性和运动成绩，而忽视了学生的体验和感受，也没有给予学生足够的反馈和指导。因此，应建立更为科学和全面的评价体系，既考虑学生的技能掌握程度，也考虑学生的参与程度和体验感受，并给予学生及时和具体的反馈，以促进学生持续进步。

五是培养体育教师的专业素养。体育教师的专业素养直接影响体育教学的质量。因此，应通过多种方式，如师资培训、学术研究、交流互访等，提高体育教师的专业知识和教学能力，使他们能够胜任现代化的体育教学任务。

第二章　高校体育教学目标和教学内容改革

第一节　高校体育教学的目标

一、高校体育教学目标概述

（一）高校体育教学目标的概念

首先应明确“教学”与“目标”的概念。教学是指教师的教与学生的学所组成的一种教育过程，或者说是以某种课程内容为中介的师生双方教和学的共同活动。所谓目标，是这个教育过程在一定时期内预期达到的境地和取得的结果。对体育教学目标的概念，大部分学者所表述的核心内容是一致的，即“体育教学活动的主体预先确定的、在具体的教学活动中所要达到、利用现有技术手段可以测定的教学结果和标准”。

（二）制定高校体育教学目标的依据

我国高等教育的基本精神和国家、社会对高校体育的要求，是制定高校体育教学目标的重要依据。国家教育行政部门所制定颁布的高等学校体育课程标准，根据高校体育的总目标，制定了各个年级的教学目标和各项教材的教学目标，是制定高校体育教学目标的指令性依据。此外，高校体育教学的本质特征与功能，大学生身心发展的特点及其规律，高等学校的实际客观条件和可能性，都是制定高校体育教学目标不可缺少的依据。

（三）高校体育教学目标的特点

高校体育是学校体育教育的最高层次。在人的一生中，高校体育起着承上启下、承前启后的重要作用，特别是对实施终身体育所起的作用是任何一个阶段的学校体育所无法比拟的。大学生不同于中、小学生，在生理上已过了生长发育的高峰期，身体的各个器官都趋于成熟和完善，分析综合能力显著提高，思考创造能力大大加强。在心理上，学生在大学阶段虽然仍处在心理未成熟、不稳定、不平衡的阶段，认知、情感、意志、个性等主要心理过程和心理特征处在一个动态的调节过程，但是和中、小学生比较起来，有较强的自律性，认知的能力和水平大大提高，因而大学阶段是学生世界观形成的最重要、最关键的时期。高校体育教学目标不仅要促进学生身心全面发展，保证学生有强健的身体、健康的心理和充沛的精力去完成学业，还应使体育成为贯穿其一生的主要生活内容，达到使其终身受益的作用。

二、高校体育教学目标的功能及实施

（一）高校体育教学目标的功能

1. 定向功能

教学目标是指高校体育教学活动的预期效果，它在高校体育教学中发挥着重要的指导作用，以防止教学中的盲目，确保高校体育教学目标的实现。实践证明，高校体育教学的效果与其目标的定向功能息息相关。总的来说，高校体育教育的目标定位是对的，也就能达到积极的教学效果；如果教学目标定位不正确，那么教学效果就会受到负面影响。一位优秀的体育教师，总能从一开始就给学生制定明确、准确的教学目标，从而达到良好的教学效果。

2. 控制功能

高校体育教学目标确定之后，就与控制有关。在明确了教学目标之后，体育教学或学校的教学管理者可以通过教学中的信息反馈，对教学中的偏差进行有效的矫正，使教师的教学活动能够紧密地围绕着完成体育教学的目标，所有的教学活动都要以达到体育教学的目标为指导，这样才能避免教学的盲目性，加速教学过程，提高教学质量。

3. 激励功能

制定教学目标可以激励人的动力。在教学之前，为学生制定明确的教学目标，可以使他们对新课程的学习有更高的期望值，并能使他们的学习动机得到充分的发挥。激励效果的强弱（激励力）由两个因素决定，即：激励力＝目标价值＋预期可能性。换句话说，考虑到一个目标的价值，它的实现可能性就会更大，这个目标的动力就会更大。体育教学目标要达到最大的激励作用，必须使目标最大限度地满足学生的需求，才能有效地激发学生的学习动力，保证体育教学目标具有激励学生乐学的力量。

4. 评价功能

教学评价是提高体育教学质量、提高教师素质的一个关键因素，而评价的依据则是教育目标，而教育目标是学校教育目标的核心，是对体育教学的客观、合理的评估。教学目标设置不当，将会对评价结果产生不利的影响。在体育教学中，学生在进行体育教学目标评估时，它既可以作为评价教学质量的依据，又可以作为教师制定体育教育目标的反馈。在体育教学过程中，要注重教学目的的评价作用，依此来优化教学过程，提高体育教学的教学效果。

5. 教学功能

对于体育教师来说，制定体育教学目标是一项细致的工作，既要具备一定的体育专业基础和有关的理论知识，又要具备基本的教学方法和技能。体育教师在教学过程中，其教学素质和水平就会得到提高。在制定体育教学目标的过程中，教师必须钻研体育课程标准和教学内容，并对学生做出系统的分析，从教学方法、组织形式、评价等角度进行全面的考虑，才能最大限度地优化教学过程。对于学生来说，明确了教学目标后，会有更强烈的参与感，能更好地分析自己的学习计划，确定学习重点，在达到教学目标后，会增加成功感，让学生在今后的体育教学活动中更加积极、主动。

（二）高校体育教学目标的实施

1. 认真备课，定标导向

课时计划是体育教学目标的实施方案，每一位体育教师在备课时应严格按照教学目标的指向进行，脑中要有大纲、教材，心中要有目标、学生，进行教学活动时要有方法、程序，力求做到单元、课时目标明确、适当，课堂教学设计科学合理，课时计划达到规范化。教学目标既是教师教的目标，也是学生学的目标，明确体育教学的目标，是为了使体育教学能够更好地实现教学目的，从而有效地降低和控制体育教学中的干扰因素和低效劳动。良好的定标导向，有助于学生在学习之前形成正确的学习定势，提高体育教学的质量和效率。

2. 围绕目标，指导转化

只有把教学目标转换为学生的学习目标，才能使其真正为学生所掌握。一是要充分发挥学生的主动性，使其积极参加课堂教学；二是针对不同的教学目的，采取不同的教学策略，使体育教学符合现代教育思想，符合学生身心发展的特点和认知、技能、情感发展的规律；三是教学方法、手段要多样化，抓住教学重点、难点，增强教学的针对性和适应性；四是从实际出发，因材施教，分类指导，循序渐进地实现教学目标，使学生获得成功的体验，发展学习能力并提高学习效率。

3. 反馈矫正，达标整合

教学目标在实施过程中，教师要及时获取学生的反馈信息，及时地发现问题、纠正错误、弥补缺陷，从而达到教育活动的目的。既要重视学对教的反馈，又要重视教对学的反馈，把教学同学生的需要联系起来，取得更好的协同效应，保证反馈矫正的准确、及时、充分。通过将达标后的新知识与原有的知识进行整合，形成新的知识和技能结构。

4. 总结评价，矫正补救

教学目标作为衡量的指标，应贯穿于教学活动实施的全过程，是对体育教学目标能否实现、教学目标本身是否合理、教学目标实施中存在哪些问题的综合评估。为了尽可能客观、准确、全面，可以采取多种方法进行综合评估。此项工作可以为今后调整教学目标提供依据，使下一个教学目标的实施更富有成效。

三、高校体育教学目标的人文性

体育是人类文明和科学进步的结晶，它所弘扬和表达的是健康、平等、自由、竞争和博爱等生而为人的意义和价值。高校体育作为学校体育的最后一站，应该为大学生们提供一个理解和感悟体育的人文与和谐相融合的特殊的空间。高校体育带给学生的不只是身体的磨砺，还有精神的欢愉和灵魂的升华，更重要的是唤醒学生对人生价值的理性思考。

普通高校体育教学目标具有较强的导向性，决定了体育教学发展方向。在体育教学目标中不仅应体现出科学性，还应体现出人文性，这对于在体育教学中培养全面发展、身心协调的学生有着重要而深远的意义。

（一）学校体育目标人文性发展的理论基础

1. 现代人文教育思想

当代人文教育思想较之过去的人文思想有了发展，其目的不仅为了教育平等，为了教育更加尊重人的价值和尊严，为了发展人的个性、追求人的自由，更是为了促进社会和人的和谐发展。新的变化趋势主要体现在：在个人与社会的关系上，从过去强调个人利益，转向强调社会群体利益和个人的社会责任感；在人际关系上，从强调相互竞争到强调相互合作；在人格发展上，从强调以智力发展为主，转向要求知、情、意的平衡发展等。美国教育协会在20世纪70年代的报告中说：人本主义课程不像学问中心课程仅仅把重点放在智力上那样，它是以“人的能力的全面发展”为目的；课程除了纯粹的智力发展外，情绪、态度、理想、雄心、价值，对于教育过程来说也是应当关注的正当领域，并且还要发展自尊和尊他的思想意识。

2. 教育价值与人的价值关系理论

人的价值最高目标是人的自由而全面的发展。人的价值的显著特点在于其主动性，其主动性表现在他创造实现自身价值的过程中，不断提出超越现状的价值理想，从而在不懈的追求中去创造，在创造中去超越。

教育在实现人的价值的同时也发展了人的价值。教育对人的价值的作用包括直接扩展人的价值和让学生意识到自身的价值两个方面。前者是发展学生的德、智、体、美诸方面的素质；后者是将人自身积淀的价值转化为人的创造活动的机制和起点，这是教育对人的价值作用的重要一面。目前虽然对教育价值的认识不同，但对教育能发展人的价值，提高人的价值，增值人的价值的观点得到普遍认同。从价值角度看，教育过程就是人的价值的积淀过程。

3. 素质教育改革的要求

现代社会对人才素质的要求越来越高，对人的智能因素、心理素质、思维方式、创造力、个人价值等提出了一系列新要求。素质教育要求实现教育目标、课程体系、教育内容、课程评价多方面的转变。素质教育目标是为适应现代化需要，使受教育者学会做人、学会生活、学会学习、学会劳动，具备现代社会的适应能力和生存能力；打破学科中心、社会中心或学生中心论，把学科体系、社会需要和学生发展三者辩证地结合起来，从而形成新的辩证的课程模式；素质教育选择教学内容的标准是能促进学生的和谐发展和满足社会需要。素质教育对课程的评价是全面的，它评定课程体系和教学效果的优劣，不单纯看考试成绩，更重要的是要看所培养出的人的德、智、体、美、劳等全面发展水平。

（二）在教学中应重视体育教学目标的人文性要求

1. 积极贯彻“健康第一”的教育指导思想

为了尊重学生的生存权、生命权、发展权，“健康第一”作为教育指导思想理应在体育教学中得到彻底的贯彻。“健康第一”不应仅成为一种口号，而应贯彻于体育教学实践始终。实质上，在体育教学中培养学生的自我安全保护能力，贯彻“健康第一”思想，也只是人文教育思想的最基本要求。为使“健康第一”思想落到实处，学校和体育教师应积极了解学生对健康各方面的需要，尊重学生有关健康方面的合理要求。

2. 以学生为主体，促进学生自主发展

“以教师为主导，以学生为主体”的理念，虽然在体育教学中被广大体育教师广泛接受，但对“以学生为主体”的理解，还只是停留在教学过程中，而在制定教学目标和选择教学内容时，还很少考虑学生的主体要求。根据最近发展区理论，教学目标必须建立在了解、理解学生的自身需求基础之上。同时，由于教学内容是决定学生学习兴趣的主要因素，所以对“以学生为主体”的全面理解应是：教学目标的制定、体育教学内容的选择、教学方法的运用、教学课堂结构的安排等都必须尊重学生的内在需要。当学生内因提出要求，而外因又能促进其实现，才真正体现了学生的主体性。在体育教学中，将“让我学”“让我练”转变成“我要学”“我要练”，正是人文教育思想得到贯彻的具体表现。

3. 加强探究训练，培养学生的创造精神

人文教育思想的核心就是培养人的创造性，发挥人的潜能。为了达到这个目的，体育教师应制定探究的步骤、创设探究的环境，为学生探究活动提供方便，尽可能使学生达到自主的发现，从而使学生在简单层次上成

为“科学家”。学生在这种探究过程中会形成一种“科学永无止境”的探究精神，并认识到在任何真正科学里都没有封闭性的结论，都需要人去发现和创造。在高校体育教学中，尝试性练习、创编运动套路、自定体能和技能目标等对培养学生的创造精神大有益处。

4. 加强学生之间的互动，指导学生学会合作技巧

增加学生之间的合作机会，会大大加强自我的理解，使个体更真实、更独立，也能增加对他人的理解和接受程度。为此，“一言堂”“秧田型”课堂组织遭到批判，“马蹄型”“互帮互助”等组织形式受到学生们欢迎。体育教学中课堂教学分组能促进学生互动，但在教学分组的课堂中，教师仅仅鼓励学生彼此合作或安排一定的合作程序，并不能保证小组成员进行有效合作。只有当学生具备了一定的合作技能时，才能顺利开展合作学习。因此，指导学生学会合作技巧是必要的。教师在教学过程中指导学生学习合作技能时，一方面可以正面传授，对小组提出明确的学习要求，或在小组学习过程中提供适时的指导；另一方面可以创设情境，引导学生自然地形成合作学习动机，自发地提出合作学习目标，自主地决定合作学习的方式，使学生在实际锻炼中学习如何与他人合作，共同完成学习任务。

5. 加强体育课程内容结构中人文性的渗透

人文性不仅体现在教学过程中，在课程内容结构上也应渗透着人文性。在体育课程内容的选择与安排方面，应站在学生的立场上，在了解学生需要的基础上，进行课程内容的编制。课程结构的安排除了考虑知识技能的逻辑结构外，还要更多考虑到学生的心理结构要求。当把学生看成是有主动性、有创造力的人时，学生与课程内容的距离就会缩小，体育课程内容结构的人文性就会体现出来。

体育教学目标的科学性与人文性是相互渗透、相互支撑的。没有只讲科学性的体育教学目标，也没有单纯强调人文性的体育教学目标。科学性与人文性都是体育教学目标不可或缺的特性，科学的、人文的体育教学目标才是学生个体发展的呼唤，才是社会发展的需要。

第二节　高校体育教学目标改革的必要性和发展趋势

一、现行的教学目标需要发展和完善

（一）高校现行的体育教学目标

现行各类学校的教学目标和课程体系都是由国家教育行政部门制定的，高校体育教学目标集中反映在国家教委 2023 年颁发的《全国普通高校体育课程教学指导纲要》中，该《纲要》明确提出体育教学的两大课程目标，基本目标和发展目标。

（1）基本目标：基本目标是根据大多数学生的基本要求而确定的，分为五个领域目标。①运动参与目标：积极参与各种体育活动并基本形成自觉锻炼的习惯，基本形成终身体育的意识，能够编制可行的个人锻炼计划，具有一定的体育文化欣赏能力。②运动技能目标：熟练掌握两项以上健身运动的基本方法和技能，能科学地进行体育锻炼，提高自己的运动能力，掌握常见运动创伤的处置方法。③身体健康目标：能测试和评价体质健康状况，掌握有效提高身体素质、全面发展体能的知识与方法，能合理选择人体需要的健康营养食品，养成良好的行为习惯，形成健康的生活方式，具有健康的体魄。④心理健康目标：根据自己的能力设置体育学习目标，自觉通过体育活动改善心理状态、克服心理障碍，养成积极乐观的生活态度，运用适宜的方法调节自己的情绪，在运动中体验运动的乐趣和成功的感觉。⑤社会适应目标：表现出良好的体育道德和合作精神，正确处理竞争与合作的关系。

（2）发展目标：发展目标是针对部分学有所长和有余力的学生确定的，也可作为大多数学生的努力目标，分为五个领域目标。①运动参与目标：形成良好的体育锻炼习惯，能独立制定适用于自身需要的健身运动处方；具有较高的体育文化素养和观赏水平。②运动技能目标：积极提高运动技术水平，发展自己的运动才能，在某个项目上达到或相当于国家等级运动员水平，能参加有挑战性的野外活动和运动竞赛。③身体健康目标：能选择良好的运动环境，全面发展体能，提高自身科学锻炼的能力，练就强健的体魄。④心理健康目标：在具有挑战性的运动环境中表现出勇敢顽强的意志品质。⑤社会适应目标：形成良好的行为习惯，主动关心、积极

参加社区体育事务。

随着社会变化和教育的发展，体育观念的转变及体育功能的不断开发，大学生身心趋向多元化的需求以及高校教学条件的改善，以上的高校体育教学目标就显得滞后和不足，这就需要高校体育教育部门和从事体育教育的同仁认真思考并在观念和实践中做出鲜明的教学改革。

（二）我国高校现行体育教学目标的缺陷

1. 统一化目标与学生个体差异矛盾

（1）体能测试标准与学生实际能力脱节

部分高校将3000米跑等长距离项目设为体测必考项（如中南财经政法大学、清华大学），但学生群体中存在大量体质脆弱、运动基础薄弱的学生，导致抵触情绪强烈。学生反映测试后出现呕吐、头晕甚至运动损伤，暴露出目标设定未考虑学生个体体能差异和健康风险。根源：教学目标机械套用《国家学生体质健康标准》的“及格线”，未针对不同运动基础学生设计分层目标（如零基础学生需基础体能训练，而非直接长跑）。

（2）教学内容与兴趣需求错位

传统项目（如广播体操、固定套路训练）仍占主导，而学生更倾向街舞、轮滑、匹克球等新兴运动。教学目标未将学生兴趣纳入设计框架，导致参与度低。例如，清华大学虽增设冰球等课程，但多数高校仍以田径、球类等传统项目为主，缺乏动态调整机制。

2. 育人目标与技术应用失衡

（1）技术工具与育人目标的割裂

尽管多校推进体育数字化（如四川轻化工大学的VR体育教室、智能穿戴设备），但过度聚焦数据采集（心率、步数等），未将数据分析与“健康第一”“体育育人”目标深度结合。例如，智能设备生成的运动报告未转化为个性化健康指导方案，学生仅获冰冷数据而非行为改进建议。深层矛盾：政策强调“体教融合”，实践中却将数字技术简单等同于教学升级，忽视对学生运动习惯、团队精神等素养的培养。

（2）量化评价挤压体育精神培育

教学目标过度依赖体测达标率、竞赛名次等量化指标，忽视体育对意志力、抗挫力的塑造。如足球课上，学生因输球互相指责，教师未及时引导团队合作价值观，反映目标设计中“情感态度”维度缺失。

3. 目标滞后于社会需求

（1）专业人才供给结构失衡

体育类专业（如体育经济、运动康复）课程仍以理论教学为主，实践课时不足。例如，体育教育学院学生实习时长过短，缺乏赛事策划、康复机构等场景实训，导致毕业生无法满足体育产业数字化、市场化需求。结构性矛盾：各省青年体育梯队名存实亡（如女篮后备人才断层），但高校未及时调整培养目标，仍以竞技体育为导向，而非复合型人才（如“体育＋法律”“体育＋传播”）。

（2）产教融合目标虚化

尽管提倡“校企合作”，但目标未细化至具体能力指标。如河南经贸职院引入企业导师驻校，多数高校仍停留在协议层面，未将产业标准（如赛事运营、智能健身管理）嵌入教学目标。

4. 大中小学目标断层与课内外割裂

（1）学段间目标缺乏衔接

大学生体质下滑主因是中小学阶段体育教育缺位。清华大学调研发现，新生入校时已错过运动技能学习黄金期，高校被迫“补课”，但教学目标未设计衔接性内容（如基础体能补修模块）。

（2）课内外目标协同不足

教学目标主要依赖课堂实现，课外锻炼仅以“打卡”形式考核（如清华大学每周 2 次课外跑）。但打卡流于形式，未与课堂内容形成能力进阶体系，更未纳入多元社团活动（如路跑赛事、跨校联赛）。

5. 评价体系偏离核心目标

体测导向扭曲学习动机：学生为保研绩点被迫突击训练（如 3000 米跑），体测后运动行为中断，背离“终身运动”目标。教师评价忽视育人实效：体育教师考核仍以科研成果、竞赛成绩为主，而非学生体质提升率或运动习惯养成率。例如，教学反思中虽提及分层教学必要，但评价体系未激励此类创新。

二、高校体育教学目标改革的要求

（一）提出教学目标改革的依据

（1）社会对人才素质的需求。现代与未来社会，高等教育将担负着为社会培养新型合格人才的重任。现代社会所需求的合格人才主要的标准是：要掌握本学科专业知识及方法；将本学科知识与实际生活、与其他学科相结合的能力；具有良好的人格品质。这三条基本标准概括起来是，培养全面适应21世纪所需要的基础扎实，知识面宽，能力、素质高的德智体全面发展的社会主义建设者与接班人。高校体育教学目标制定要依据高校教育总目标，还要遵循体育学科的特点和规律，突出对学生体育知识、体育能力、身心素质、人格品质的培养，使德、智、美育寓于体育教学之中，以促进学生身心全面发展，为实现教育总目标服务，以培养社会所需要的现代人才。

（2）要体现全民健身与终身体育的需要。加强知识分子体育基础、树立终身体育意识在于学校体育，高校体育是学校体育的最后一环，直接与社会相衔接。充分利用高校体育所具有的诸多优势，培养全民健身的组织者和指导者，为学生终身体育和全民健身服务是高校体育责无旁贷的任务和目标。因此抓好高校体育，培养大学生的体育意识、兴趣、习惯与能力，就能够实现学校体育与社会体育接轨，改变学生毕业则体育终结的现象。可以说高校重视大学生终身体育基本素质的培养是21世纪高校体育所追求的一个重要目标。

（3）要满足大学生身心的需要。大学阶段，学生的身体正常发育已基本完成，身体机能水平也处于人生中最佳时期，年轻的大学生生命力旺盛，具备从事体育运动的条件，是全面发展体能、身体素质、强健体格的最好时期。此间，大学生心理发展也趋于成熟，他们渴望从事能够强身健体的相关身体文化活动。大学生对体育的身心需求成多元化和理性化趋势，现代大学生不仅关注健身强体，也更注重体育健美、娱乐、休闲、交往、竞技和体育文化素质的提高。因此，高校体育教学目标的构想和确立，应根据大学生的身心特点，从满足大学生的身心需要出发。

（4）注意体育功能与教学目标的密切关系。高校体育功能是学校体育本身所具有的特征反应，高校体育功能与学校教学目标存在着密切的逻辑对应关系。目标的确立应该同体育功能密切相关，并要设法开发其功能来适应大学生成长、现实及终身的需求。应该说，只有功能存在，才有其对目标的追求，不存在无功能的目标。学校体育的许多功能，实质上就是目标的载体。只有建立在体育功能基础上的高校体育教学目标，才有其合理性和实现的可能。可见在选择确立高校体育教学目标时，必须考虑体育功能与教学目标的关系以及对相关的功能开发和充分利用。

（二）高校体育教学目标的构建内容

（1）提高大学生的体育文化素养，培养大学生的体育能力。体育文化素养主要包括体育哲学知识、体育社会学知识、体育美学知识、体育心理学知识、体育卫生学知识、体育保健学知识、体育欣赏知识等；体育能力方面的内容主要包括：体育锻炼能力、体育组织指导能力、体育欣赏能力等。

（2）培养大学生体育的认识水平与技能水平。对体育的认识就是比较全面认识和了解体育，包括知识、内容、功能、方法等。大学生对体育认识愈全面、深刻，就愈容易转化为体育行为，可以说认识是实践行为的基础。体育技能就是从事体育实践具备的技术与能力。它是在对体育充分认识并学习掌握相关动作技术的基础上，进行的体育实践所获得的体育能力。也就是经过体育体验并产生兴趣从而自觉参与体育锻炼的行为表现。这里体育技能是正确完成体育行为和达到目标的重要因素和条件。

（3）增强体质、增进健康。增强体质和增进健康的具体目标是全面发展大学生的身体素质，改善生理机能，强健体格，健美体型，增强对疾病的防御和抵抗能力，提升对环境的适应能力。

（4）健全大学生的人格品质。高校体育教学目标除体育教育外，还要全面发展大学生的人格品质，主要包括德育、智育、美育和育心的目标。德育的主要目标是培养大学生良好的道德品质，使大学生具有爱国主义精神、责任感，能团结协作、遵纪守法、公平公正、文明礼貌；体育教育中的智育目标就是发展学生的智力品质，培养大学生的创新精神和能力；体育教育中的育心目标，就是培养学生具有良好的心理品质，使大学生具有宽广的胸怀、坚强的毅力，有承受压力和挫折的能力，热爱生活，勇于竞争，乐群合群；体育教育中的美育目标，就是培养大学生鉴赏美、表现美和创造美的能力。

三、国内外高校体育教学目标改革与发展趋势

（1）各国均把全面锻炼学生身体、增强学生体质、增进学生健康等作为高校体育教学的终极目标。如美国高校体育教学目标是提高参与者的身

体健康水平，发展其运动能力，使其掌握一定的身体运动技能，促进其形成健康生活方式，培养终身参加体育锻炼的习惯和能力。我国高校体育教学目标是提高学生的体质和对环境的适应能力，促进学生身心的全面发展；增强体育意识，提高体育能力，养成良好的锻炼习惯；培养学生优良的道德品质；培养学生对体育的兴趣、爱好，发展学生的体育才能。

（2）终身体育成为各国高校体育教学的主导目标。无论是日本的体育教学，美国的最佳体能课程，还是英国的高校体育教学，都明确了体育教学为终身体育打基础的思想。

（3）各国高校体育教学都强调尊重和培养学生的个性，满足学生的体育需求，使学生愉快地投入体育学习过程。如日本高校体育的主导方向是快乐体育，更是强调学校的体育教学应满足学生的体育需求，提高学生参加体育锻炼的积极性，尊重和发展学生的个性。这点从其不同阶段的体育教学目标的表达就可看出。

（4）各国都重视对学生体育“态度”的培养。如日本保健体育指导纲要对高校体育教学目标的表述非常强调“态度”的培养。美国许多高校也把体育“态度”养成写入教学目标。两国在教学评价中都把“态度”评价放在了最重要的地位。我国的教学大纲在教学目标中虽然没有提及“态度”问题，但强调了“培养学生的体育保健意识”。

通过对国内外高校体育教学目标改革与发展趋势的研究，我们可以看出，各国高校的体育教学都在寻找体育教学的统一性和灵活性的有机平衡，但价值取向有所不同。一方面，以美英为代表的具有高度灵活性的体育教学开始寻求不同程度的统一性；另一方面，以我国和日本为代表的高度统一的体育教学则迫切需要一定程度的灵活性。这种价值取向的不同与各国的教育制度、教育思想和文化传统有着密切的关系，也对高校体育教学目标起着决定性的作用。

第三节　高校体育教学内容设置存在的问题影响因素及对策分析

自教学产生以来，教学内容均被视为教学各环节中最重要的因素之一。教学内容是教学过程中教师的“教”与学生的“学”的双边活动的中介，学校的教学内容是以教学计划、教学大纲、教材或讲义、活动安排等具体形式表现出来的知识、技能、价值观念及行为。[1] 因此可以说，教学内容就是学校传授给学生的知识、技能、技巧、思想、观点、信仰、言语、行为、习惯的总和。体育教学内容是体育教学系统中最重要的部分之一。普通高校体育教学内容的设置与选择，在很大程度上影响着普通高校体育教学目标的顺利实现，也影响着教学方法、组织模式、教学评价等内容的实施。目前，我国高校的发展正处于积极快速的变革当中，高校体育教学内容的选择与设置，是高校体育教学改革的重要任务之一。因此，只有设置合理的体育教学内容，才能贯彻国家“以人为本”“健康第一”的体育教学指导思想，才能培养出合格且素质全面的现代社会建设人才，真正做到“以人为本”“全面发展”，才能对学生进行有效的体育与健康教育，使学生养成终身体育锻炼的意识与习惯，提高身体健康水平与生活幸福程度，最终实现高校体育教学的目标。

一、普通高校体育教学内容设置中存在的主要问题

（一）现代体育的本质及理念的内容不够

现代体育作为西方文化传入我国的时候，便以其规则严谨、提倡公平竞争、团队精神等科学理念被国人接受，并在我国逐渐发展起来。但由于我国的历史及传统文化原因，仍然有不少人不能正确认识作为西方文化事物的现代体育的基本精神。在我国，长期以来人们对现代体育的认识存在着偏见。这主要表现为对现代体育的本质以及功能了解太少，人们对体育的理解和阅读仍然停留在旧有的观念上。多数人对体育的理解也仅限于把体育看成是竞技体育训练与比赛，认为竞技体育赛事是体育的全部内容，把“胜负”看成是现代体育的代名词。人们对大众体育以及学校体育的了解很少，竞技体育即体育的错误观点也被学生潜移默化地接受了。加之社会上很多人对于体育学科的发展知之甚少，进而也导致了体育学科与群体活动在多数学校得不到重视，体育行业在社会上的地位不被看好等现象的产生。对于高校体育教学来说，目前，最迫切的任务是让社会大众真正地了解体育，向社会普及体育知识与理念。

另外一方面，进入高校后，由于学生在对体育的认识与了解上的错误，会使学生对体育课堂教学效果的理想化（学生想在短时间内学到优秀运动员的技术）与实际教学效果形成反差，学生通过传媒得到的关于体育

[1] 王华倬．从历史经验看影响体育课程改革发展的因素［J］．体育学刊，2004，11（1）：78-80.

的概况跟课堂上的教学内容形成反差，进而使学生对体育课失去兴趣。出现这种问题的主要原因在于很多高校学生对体育缺乏客观全面的认识，因此高校体育教学在内容的选择上要多一些体育的基本理论、体育概念与本质的知识，要让学生真正理解体育是什么，真正理解体育的功能与价值。

（二）运动项目设置休闲化倾向严重

由于社会发展以及人们休闲手段的不断开发与创新，近年来新兴的体育项目不断出现，很多高校片面强调学生兴趣，项目设置盲目求新、求异，在设置体育教学项目内容上迎合学生的追时髦、避重就轻等心理，盲目开设了许多新兴时尚体育项目，从而摒弃了一些传统的、有很高锻炼价值的项目，像器械体操、投掷、体育游戏、跑跳等运动项目。

传统的体育教学内容是体育文化宝库中的一块瑰宝，传统的不一定都是糟粕，其中有许多竞技体育的运动项目既有它的竞技性，也有它的健身性和娱乐性，对于培养学生体育兴趣、提高体育文化素养及掌握运动技能，对学生的人格塑造、创造力和意志品质的培养等具有多方面的作用。这类传统的体育项目经过了长时间的实践，被证明是有价值的，在新的历史阶段与新的条件下可以做一些修改与变通，以便在体育教学中运用。即使是一些竞技性较强的运动项目，也可以通过改革、创新变成学生喜闻乐见的教学内容。❶

（三）为避免伤病事故而使身体练习内容过于简化

随着“以人为本”教育思想的提出，国家法制化进程的加快，以及高校体育教学内容中项目设置数量过多造成体育师资跨项目教学胜任能力不够，这些给体育教学实施造成了负面的心理影响，使学校和体育教师两方面都过于担心发生教学事故，从而造成高校体育教学的内容与手段过于简化，身体练习量与练习强度达不到应有要求。在当前高校体育教学中，普遍存在的问题是淡化运动技术学习，使体育课变成了简单的项目介绍。再加上体育课班级人数过多，以及体育场地设施的限制，学生课堂练习的密度与强度便很难达到所需水平。

体育的本质是对人自身的改造，决定了学校体育的活动性质是一种直

---

❶ 葛家寿．体育课应选择什么教学内容［EB/OL］．中国体育报，2007-05-09（006）．

接的实践活动。[1] 因此，体育的一个最重要的方面便是以身体练习为手段。学校体育要从实践的体育教学本性出发，使学生真正成为体育实践活动的主体，拓展学生的实践空间，丰富学生的实践内容。如果没有适当的身体练习，高校体育教学的一系列目标便不能实现。科学合理地选择与设置教学内容，才是解决运动损伤、班级人数多、场地器材不足等问题的关键，一味淡化技术教学、降低学生课堂练习量与练习密度会使高校体育教学失去其应有的功能与意义。

（四）对体育基础理论知识的重视程度不够

体育理论知识是对体育实践活动的理性总结与概括，对体育实践活动进行指导，是体育的重要内容。只有充分了解体育理论知识，才能正确地理解体育，才能科学地进行个人体育实践活动。

目前在我国高校的体育教学中，对体育理论知识的重视程度不够，体育理论课的教学课时数普遍偏少，一般都是在每学期体育课中集中安排 2 到 4 个学时的时间进行体育基本理论教学。在体育理论知识内容的选择上，也多半是以项目技战术理论及规则与裁判法为主，缺乏体育锻炼基本常识与身体安全教育，没有达到体育理论教学的目的。

对于体育理论知识教学，应该选择体育的基本概念、原理、方法作为体育理论知识的主要内容，即教学内容的选择应以教育及体育知识本身固有的标准为依据，而不是以预设的学生行为结果为准绳。并且，体育理论知识的内容庞大而复杂，要想让学生对其有系统的认识，必须要花费一定的时间去认真学习。对于高校体育教学中的理论教学，应该系统化进行，而不是每学期第一周或者最后一周进行一两次象征性的理论教学，在很少的教学时间内很难对大学生进行全面的体育基础知识教育。

二、影响高校体育教学内容设置的主要因素

（一）体育思想对高校体育教学内容设置的影响

进入 21 世纪，在“健康第一”思想的指导下，我国高校体育教学内容进行了大的改革与调整，改变了 20 世纪八九十年代的以发展学生的基础知识、基本技术和基本技能为目的的教学内容设置，取而代之的是能够有效

[1] 王广虎．健康理念内涵的把握与学校体育改革的思考［J］．成都体育学院学报，2001，27（4）：29-33.

提高学生综合健康水平和全面体育文化素养的教学内容。“健康第一”“以人为本”的高校体育课程教学指导思想，是高校体育为了适应快速发展的社会对高校人才的要求而提出的。在这一思想的影响下，高校体育教学内容也发生了很大的变化，很多高校体育项目的设置更丰富了，一改过去只有田径、武术、三大球等传统项目的状况，还设置了形形色色的或传统、或时尚、或民族的各类体育项目，如健美操、跆拳道、轮滑、街舞、体育舞蹈、攀岩甚至高尔夫等流行和时尚的体育运动项目。自 20 世纪 80 年代中期以来，我国学校体育领域引进了“终身体育”和“快乐体育”的思想，越来越多的人对体育教学内容提出质疑，主张取消或减少竞技体育项目。这些不同的体育教学思想对高校体育教学产生了很大的影响。

（二）课程目标对高校体育教学内容设置的影响

体育教学内容设置最重要的依据之一是课程教学目标。科学地选择教学内容是顺利实现教学目标的重要保证。教学内容具有很强的时代性，社会发展不同时期的体育教学目标会有很大的差别。比如，我国在开始改革开放后，国家教委在修订《高等学校普通体育课教学大纲》时不再以增强学生体质为主要目的，而是改为以提高学生健康水平为主要目的，也对教学内容做了大量的改进，把原来复杂的、脱离社会需要和不能满足学生体育需要的教学内容进行调整。[1] 为了适应新的社会变化及发展的需要，2002 年教育部印发《全国普通高等学校体育课程教学指导纲要》（以下简称《纲要》），其中规定了高校体育课程的五个领域：运动参与目标、运动技能目标、身体健康目标、心理健康目标和社会适应目标。该《纲要》不但是课程管理和评价的基础，还是体育教材编写、体育教学内容选择的重要依据。

（三）学生身心特点、体质及健康状况对高校体育教学内容设置的影响

高校体育教学内容设置的又一重要影响因素是学生身心特点、体质及健康状况。学生在不同的年龄阶段有不同的生理及心理发展特点，进入大学阶段后，其身体素质发展逐渐接近成年人的水平，心理能力发展稍滞后于机体素质的发展。所以在高校体育教学中，不仅要促进学生的身体健康，发展学生运动技能，还要提高学生社会适应能力和心理健康水平，只

---

[1] 李晋裕，滕子敬，李水亮．学校体育史［M］．海口：海南出版社，2000．

有科学地设置体育教学内容，才能实现高校体育教学的目标。在改革开放前的很长一段时间里，我国体育教学过分强调工具性质，教学过程过于注重强迫性的生物训练，教学内容机械、呆板、枯燥和整齐划一，压抑了学生的个性，背离了学生的身心特点。

学生作为高校体育教育的对象和自我教育的主体，很长时期内没有被重视起来。高校体育教学质量的高低，教育效果的好坏，必然要通过学生才能体现出来，所以体育教学内容的设置必须考虑学生的身心发展特点与状况。❶ 根据不同身体条件的学生，选择不同的教学内容，开设不同的体育课程，是贯彻《全国普通高等学校体育课程教学指导纲要》的指导思想、满足不同学生体育需要的唯一途径。比如对身体素质较差的学生开设综合素质提高班，循序渐进地提高这些学生的身体机能与素质水平；对身体素质较好的学生可开展竞技提高班，以满足他们进一步提高身体素质与进一步学习项目技术的需要；而对身体有残疾或体质特别弱的学生可开设体育保健班，以促进他们的体质水平不断提高。

（四）地域环境与社会文化环境对高校体育教学内容设置的影响

体育作为一种社会文化事物，其地域文化特点鲜明，不同的地域环境会形成不同的社会文化环境，不同的社会文化环境会滋生不同的体育文化。不同的学校，都可根据所处的不同地理与文化环境，在体育教学中选择开设一些具有学校自身文化特点的体育运动项目。在不同地域环境与社会文化环境中，合理开发体育教学内容资源，对高校体育教学内容设置具有重大意义。除了众所周知的中华武术以外，各地、各民族也有许多体育活动内容值得挖掘和开发，例如摔跤、叼羊、划龙舟、抢花炮、扔沙袋等。当然，我们提倡的并不是原汁原味地照搬，而是经过挑选、加工改造整理，使其教材化，具有教育性、科学性、主体性、探究性、应用性和发展性，适合学生参加锻炼，能增进学生的身心健康。传承优秀的传统文化也是体育教学的重要功能。体育教学内容的设置无疑是要吸收我国历史悠久的传统体育内容，使这些宝贵的文化遗产得以继承，这也就是体育教学内容的继承性特点。可见，地域环境与社会文化环境对高校体育教学内容的设置有深刻的影响。

---

❶ 王华倬．从历史经验看影响体育课程改革发展的因素［J］．体育学刊，2004，11（1）：78-80.

（五）体育商业化等社会因素对高校体育教学内容设置的影响

现代社会经济的高度发展，使各类体育活动的商业化程度日益提高，从而使体育消费与时尚体育活动影响到在校的大学生对体育的解读。同时，媒体对体育的大肆宣传影响了高校学生对体育的认知、态度与行为。

媒体对各类或时尚的、或刺激的、或新异的体育运动项目的大力推介，增加了社会对这些流行体育项目的热衷，高校学生更是体育迷中的主力军。所以在很多高校的体育教学内容中都设置了现今比较流行的时尚体育项目，比如足球、体育舞蹈、网球、跆拳道、保龄球、攀岩、定向越野甚至高尔夫球等。

商业化在加快体育文化传播的同时，也影响到高校体育教学的诸多方面，容易使高校体育教学目标变得模糊或功利化，也易使高校体育教学内容的设置偏离正确的方向。

三、高校体育教学内容设置的改进策略

（一）加强师资队伍建设

高校体育教学内容设置与教师自身素质有着极为重要的关系，有关部门必须重视加强教师队伍的建设，提高师资队伍的能力。教师作为高校体育教学内容的组织者，其素质、能力、水平将直接关系到高校体育教学内容的质量与成效。因此，要不断提高师资队伍的整体水平，通过各种有效的途径、方法及措施，在提高师资队伍整体素质的基础上，全面推进高校体育教学内容合理有效的设置。

（二）建立完善的教学质量评价机制

教学内容是否得到有效合理的配置是教学质量评价的重要指标，因为它将直观地反映出教学效果。建立科学和准确的体育教学评价体系，是教师获取教学反馈、改进教学模式、提高教学质量的前提和基础，也是高校学生调整学习目标、提高学习效率、增强身体素质的重要途径。具体来说，建立完善的体育教学质量评价体系，首先需要设定大学生参与体育教学及锻炼效果的评价标准，还要根据不断变化的情况（诸如学生身体素质等）调整教学评价机制的标准。这样一种适应学生自身体质发展的标准，必将大大调动大学生参与高校体育教学活动的积极性。

（三）教师要以身作则，勤于研究和实践

高校体育教学是根据新大纲《体育与健康教学大纲（试行修订本）》实施的，在全国实施以来，学校和教师的自主权不断扩大，尤其是教师能够充分、有效地发挥自己的积极性和创造性；与此同时，该《大纲》对高校体育教师提出了新的要求，要求教师务必适应新课程的要求。

（四）学生要主动培养创新能力

高校体育教学内容设置的完善不单纯是教师的责任，学生也应当积极发挥自己的作用：他们应当充分展示自己的思维智慧、参与兴趣和创新能力；要积极建议教师组织形式多样、内容丰富的教学活动，积极参与到高校体育教学活动中，有效地培养自己的思维能力、学习能力和创新能力，不断获得参与体育锻炼的机会，进而获得成功的体验。

第四节　高校体育教学内容改革的探讨

一、选择体育教学内容的依据

（一）应符合现代高校学生的特点

高校学生的身心发展日趋成熟，这为他们在大学的独立生活和学习提供了必要的生理基础，但他们的心理还未真正成熟，他们的价值观、世界观正处于逐步形成的阶段。高校学生作为已经掌握了一定社会规范、有着较强的独立意识、具有较高智力发展水平的群体，他们有各自的兴趣和需要，对各种事物均会做出自己的分析、判断和选择。这不仅体现在他们有很强的对环境的适应能力和独立生活的能力方面，还体现在他们能够结合所学的专业知识，通过各种途径，积极参加校内外的社会实践活动方面，他们期望能够在活动中塑造和锻炼自己。

（二）应符合高校学生对体育知识的需求

随着社会文明程度的不断提高，现代大学生的体育意识也得到了进一步的增强，他们已经不能满足于仅仅掌握一些一般性的体育基本技术和基本技能，他们更希望掌握一定的专业性体育知识，他们需要用这些体育知

识武装自己的头脑，以便为树立现代的体育观打下坚实的基础。

（三）应符合高校学生对健身的需求

随着经济的迅猛发展和社会的进步，社会各个领域的竞争日益加剧，而生活节奏的加快，使人们承受的心理压力也在不断增大，现代文明病和各种职业病越来越泛滥，加上环境的污染和生态平衡的破坏，使大学生们开始认识到健身是提高生活质量的保障。与此同时，“健康第一”的教育指导思想正在大学生的头脑中逐渐形成，大学生的健身意识也大大增强了。

（四）应符合高校学生对健美的需求

随着大学生体育意识的不断增强，健美已逐渐成为现代大学生所喜爱的健身方式之一。以往的体育教学以传授体育的“三基”为中心，旨在增强学生的体质，几乎没有向学生传授任何有关健美的知识和技能。改革开放以来，我国人民的物质生活和精神生活都有了很大程度的提高，高校学生的体育观念也发生了巨大的变化，健美在大学校园里已成为一种时尚，健美操、韵律操、形体训练等健身项目，深受广大学生的喜爱。

（五）应符合高校学生对娱乐的需求

为了进一步贯彻实施《全民健身计划纲要》，现代大学生会主动、积极地去学习和掌握娱乐体育的知识和技能。娱乐原本是体育的本质属性，如果体育失去了娱乐的功能，那么体育也就失去了它的魅力。大学生参加各种体育活动不仅是为了锻炼身体，也是为了愉悦身心和陶冶情操。培养学生的体育兴趣，让学生从体育运动中寻找乐趣，满足大学生身心发展的需要，是学校体育的主要目标之一。

（六）应符合高校学生对终身体育和竞技体育的需求

随着我国人民生活水平的不断提高，花钱买健康已成为一种社会时尚。现代大学生在这种社会环境和终身体育思想的影响下，在追求体育锻炼的健康效益的同时，也开始重视培养自己的体育兴趣和特长，并学习和掌握一些运动知识和运动技能。竞技体育具有鲜明的娱乐性、竞争性和人文性等特征，它所表现出来的竞争意识、群体意识、协作精神、拼搏精神等，都是大学生的身心发展所迫切需要的。

二、构建新的体育教学内容体系

目前，我国的高校体育教学多以传授运动技术为主，这有利于实现高校体育的教学目标。为了完成高校体育的教学任务，培养高质量、高素质的大学生，应建构新的体育教学内容体系，该体系应体现“以人为本”的思想，淡化竞技，注重发展学生的个性，增强学生的终身体育意识，培养学生良好的体育习惯。

（一）体育教学内容要具有多样性与可接受性

体育教学内容的更新应依据社会的需要、学生的需求以及学生的体育基础、学校的教学条件等，选择一些非竞技的运动项目，树立健身意识，培养体育能力。从深度上讲，教学内容要具有极强的可接受性，既不能过难，也不能过易。总之，教学内容要全面、多样，应突出健身性、娱乐性、终身性、全民性、实用性和主动性等特点，吸引学生主动参与体育锻炼，满足个体、群体以及社会发展的需要。

（二）加强对健身方法的传授

由于大学生对体育知识需求的变化，高校的体育教学应增加健美体育与娱乐体育的内容，并使其与健康体育一起，成为高校体育的三大支柱。与此同时，在“健康第一”教育思想的指导下，还应加强对健身方法的传授，培养学生的终身体育观念。

（三）体育项目的简单化和运动项目的综合化

为了满足现代大学生对体育的需求，高校体育的教学应对一些难度较大、技术性较强的项目进行简化，可以把几个体育项目综合成一个项目来进行教学。例如，把篮球的运球技术、移动技术和田径的短跑项目结合起来训练，把足球的运球技术和田径的中长跑项目结合起来训练等。

（四）更新原有的竞技体育内容

在选修内容上，应继续加强传统的篮球、排球、足球、田径等竞技体育项目的教学。同时，将乒乓球、游泳、羽毛球、网球、武术、健美操、体育舞蹈等竞技体育项目充实到高校的体育教学中。这样既能为国家培养高质量的体育专门人才，又能够满足大学生对竞技体育的需求。

（五）体育内容要具有地方特色

《全国普通高等学校体育课程教学指导纲要》明确规定："各省、市、自治区的教育行政部门可根据本《纲要》制定适合本地区高校使用的指导性教学大纲。"这样各地区、各学校就可以根据《纲要》的要求，结合本地区和本学校的实际情况，自主地选择学校体育的内容，从而体现出本地区、本学校的特色，这种特色在课外体育中表现得尤为突出。

三、对体育教学内容改革的几点设想

为了更好地实现学校体育的目标，提高体育教学的质量，改变体育教学中学生厌学的状况，学校体育教学内容必须实行改革。具体应体现在以下三个方面。

（一）要适应学校体育主体的需要

当前，学校体育主体的需要发生了很大的变化，为了适应这种变化，必须增加趣味性强的项目，如健美、舞蹈、韵律体操、轮滑等，使之更贴近学生的生活实际，从而丰富学校体育的内容，提高广大学生的积极性，培养他们对体育的兴趣，真正实现终身体育的目标。

（二）应增加健康教育的内容

学校体育的根本任务是增强学生的体质，但学校体育又不能"管终身"。为此，学校体育必须走锻炼与养护相结合的道路，增加健康教育的内容。为了实现这一目标，应对教材内容进行增减，在选择教材内容时，增加那些学生乐于参加、有利于身心健康的体育项目，删去那些技术难度大、单调枯燥、学生不感兴趣的项目，要根据学生身心发展的特点以及知识和能力的水平，安排教学的内容，增强教学内容的实用性和趣味性，激发学生的学习兴趣。

（三）要体现地区与学校的特色

教师灵活地运用大纲，使体育教学适应学生个体发展的需要已成为一种趋势。随着社会的发展和学校体育改革的不断深入，未来的中小学体育，也必将走"一纲多本"之路。各地区、各学校可以根据《纲要》的有关规定，结合本地区和本学校的气候特点、师资水平、教学条件、体育传统、学生基础等情况，自主选择和确定教学内容，体现地区与学校的特色，从而促进学生的个性发展。

社会的发展对教育提出了更高的要求。教育要培养学生的创新能力，要促进学生的全面发展。因此，学校体育必须转变观念，树立“健康第一”的指导思想，根据学生身心发展的客观规律，合理选择和安排教学的内容，使教学内容体现出知识性、科学性、健身性、娱乐性、基础性和时代性，让学生掌握体育锻炼的基本知识和基本技能，使他们养成终身锻炼的习惯，培养他们良好的品德和个性，促进他们的身心健康发展，以适应未来社会生活的需要。

第三章　多元化教学方法与模式在高校体育教学中的应用

第一节　体育游戏法在高校体育教学中的应用

一、体育游戏概述

（一）游戏

游戏作为一种生动的社会现象，随着人类的生理需求和心理需求，以及社会文明的进步而逐渐形成和发展。游戏可以被视为一种休闲活动，它是在满足基本物质生活之后，人们为了追求精神愉悦而自我设定的具有规则性的体验。游戏通常需要在特定的环境和时间段内进行，以实现个体和集体的精神满足。随着时间的推移，人类社会和文化的演变催生了各种各样的游戏形式。这些游戏形式各具特色，受到地域和文化的深刻影响。有些游戏主要强调娱乐性，有些游戏旨在挑战和提升智力，有些游戏需要身体的运动和协调，还有一些是基于竞技的比赛。

多种观点已经对游戏进行了深入解读和归纳。例如，《辞海》将游戏定义为："游戏"是集智力性及竞技性为一体的文化娱乐活动，也是一种集体性的活动。而《现代汉语词典》则把游戏总结概括为单纯愉悦身心的活动，和正式的体育竞赛有本质的区别。学者龚坚在《体育游戏概述》中提出："游戏是一种集体形式的活动，它的诞生从本质上来看是因社会的进步和人类的生理和心理层面需要而产生的。"

（二）体育游戏

体育游戏被称为"活动性游戏"，是体育教学的重要组成部分，同时是一种规则化的游戏方式。为了激发学生的运动热情，教师可以通过加入故事线或规则，或是根据活动结果来决定游戏的输赢，以此来激发学生的参与欲望。这类游戏的基础元素包括身体动作、故事情节、规则、方法、结果及运动场地和器材。其中，身体动作是体育游戏的核心要素，根据教学目标和学生的年龄特性，体育游戏可以被划分为不同的类型，如按照是否有故事情节、运动量大小、是否分队及人体基本活动的类型（如跑、跳、投）等来划分。

体育游戏作为游戏演化过程中的一个分支，最初是基于身体运动的集体活动，并遵循特定的规则。这类游戏对身心健康有着促进作用。因为体育游戏同时具有趣味性和集体性，所以参与体育游戏能够给人们带来愉快的体验，让人们的身心得到放松。体育游戏不仅仅是游戏的一部分，它与体育有着紧密的联系。随着社会的发展和文化的进步，不同地区根据自己的文化背景产生了具有各自规则的体育游戏。体育游戏与体育竞技的共性在于它们都具有竞争性和协作性。此外，体育游戏也是脑力和体力活动的结合。

（三）体育游戏的特点

1. 趣味性

具有趣味性的体育游戏能够吸引不同年龄、性别、体能条件的人们参与其中，因为这种趣味性不仅包含在游戏过程中的身体活动和竞技体验中，还包括在与他人合作和竞争中产生的社交体验。体育游戏的规则通常设计得既简单又具有挑战性，以吸引参与者。这种简单使任何人都可以快速理解游戏规则并参与其中，而挑战性则刺激参与者不断提高他们的技能和策略，以达到游戏的目的。这种在游戏中寻求掌握和胜利的过程带有浓厚的趣味性。体育游戏的趣味性还体现在它们为参与者提供了丰富的身心体验。游戏中的身体运动带来了生理上的快感，如肌肉的舒张和紧张、心率的加速和汗水的流淌等，而在挑战和竞赛中与他人互动则带来了心理上的满足，如成功的喜悦、失败的悔恨和与他人的羁绊等。这种丰富的身心体验使体育游戏具有很高的趣味性。无论是运动项目的种类、规则的设计还是比赛形式，都有各种各样的变化，可以满足不同参与者的需求。这种多样性使体育游戏总是充满新鲜感，总是能带来新的乐趣和挑战，从而增强了其趣味性。

2. 竞争性

在规则方面，规则旨在决定胜负，并设定相应的奖惩措施。规则的存在使游戏成为一种有目标的活动，而非无目标的娱乐。参与者通过比较自己和他人的表现，来寻求自我超越和他人超越，以达到游戏目标，这种过程就是竞争的体现。在参与者心理方面，竞争心理是人类的本能，人们天生就有超越自我和他人的欲望。体育游戏通过规则的设置和对游戏过程的设计，满足了人们的这种心理需求。参与者在游戏中体验到紧张、激动、喜悦、失落等各种情绪，这些情绪都是竞争的产物。在实际技能和策略方面，参与者要想在游戏中获胜，就应具备一定的技能和策略。他们应通过不断训练和学习，来提高自己的能力，才能在竞争中取得优势。这种技能和策略的提升过程，本身就是一种竞争。体育游戏的竞争性也体现在社会影响上，许多体育游戏发展到今天，已经不仅仅是娱乐活动，更是一种社会活动，影响着人们的生活方式和价值观。胜利在游戏中便意味着荣誉和赞美，失败则会带来挫折和批评，这种社会影响使游戏的竞争性更加明显，也更具有吸引力。

3. 教育性

体育游戏的教育性是无法忽视的，因为它不仅为人们提供了锻炼身体的平台，还是精神教育和道德教育的重要载体。游戏中的各种身体活动，如跑、跳、投、掷，都需要消耗能量，从而有利于提高体力和耐力。人们通过规律的锻炼，还能提高灵敏度、协调性和平衡性，对身体的全面发展起到积极作用。许多体育游戏都是团队形式的，需要队员相互配合才能取得胜利，这一过程培养了参与者的团队精神，也提升了他们的沟通能力和解决问题的能力。遵守游戏规则需要参与者有很强的自我约束力，而正确看待胜负需要他们有坚韧的意志和优良的品格，这些都是提升道德素质的方法。

4. 有效性

在强化社交能力方面，大多数体育游戏都需要团队合作才能取得胜利，参与者在游戏中学会了与他人沟通、协调，这在很大程度上强化了他们的社交能力。与此同时，体育游戏还为人们提供了一个建立友谊、提升彼此关系的平台。在塑造参与者心理素质方面，参与者需要面对各种挑战和压力，这一过程有助于提高他们的心理承受能力和应对压力的技巧。而在面对胜败的过程中，参与者也可以培养出健康的竞争观和正确的胜负观。在实现教育价值方面，教师可以利用体育游戏，将理论知识融入实际操作中，使学生在活动中学习和理解这些理论知识。这种学习方式不仅提高了学习效率，还增强了学习的趣味性。

二、体育游戏的教学价值

（一）增强教学过程的娱乐性，提高学生学习的积极性

体育游戏充满乐趣，可以为学生提供轻松愉快的学习环境，让学生在游戏中感受快乐，从而激发他们的学习兴趣。体育游戏的规则设置常常使比赛结果存在不确定性，从而激发学生的好奇心，使他们有欲望去探索并参与其中。比如，篮球游戏中，每次的得分都充满了偶然性和必然性，让人充满期待；足球比赛中，每次的进攻和防守都在考验着运动员的技术、战术和团队协作，常常让人眼前一亮。而且，体育游戏的目标明确，过程充满竞技性，使学生可以在追求胜利的过程中，不断提升自己的技能和策略。例如，在排球比赛中，每个人都要在限定的时间内，通过合作或独自努力，创造最高的得分；在棒球比赛中，每个运动员都要通过尽可能多地击中球，来达到胜利的目的。这种明确的目标，使学生在比赛中，能够不断尝试、学习和提高，以进一步激发他们的学习积极性。

（二）增强学生体质，提高健康水平

体育游戏通过各种形式的身体运动，让学生在参与中得到身体的全面锻炼。在攻防转换、奔跑、跳跃等动作中，能锻炼学生的力量、速度、耐力、柔韧性、灵敏性等身体素质，而这些正是增强体质、提高健康水平的基础。例如，足球比赛中的长距离奔跑和精准传球可以训练学生的耐力和肌肉力量，而乒乓球比赛中的精准击打和灵活移动则能提高学生的灵敏性和协调性。体育游戏的竞技性和团队性使学生在锻炼身体的同时，提升心理素质和社会能力。在游戏过程中，学生需要坚持到底，挑战自我，这能够培养他们的意志品质，增强他们的抗压能力，对身心健康产生积极影响。参与体育游戏，需要遵循规则，保持公正，这会让学生了解到在生活中，尊重规则、公平竞争的重要性，进而养成良好的行为习惯。定期参加体育游戏也会使学生养成积极参与体育活动的习惯，这对于维持和提高健康水平具有实质性的作用。

（三）促进学生认知水平的发展

体育游戏中的策略运用是一种对学生认知能力的挑战，学生需要根据

游戏规则，对局势进行分析，制定出最优的策略。体育游戏中，动手动脑的实践也是对学生认知能力的锻炼。在游戏中，学生不仅需要理解游戏规则，还需要手脚的协调能力，完成各种任务，这些都需要良好的认知能力来支撑。

（四）促进学生个性社会化的形成

体育游戏，无论是团队游戏还是个人项目，均需遵循一定的规则和标准。参与游戏的学生应接受并尊重这些规则和标准，从而学会在集体活动中遵守社会规则。这种从游戏中获得的社会认知规则，是个性社会化的一个重要环节，为学生在更大社会环境中的行为提供了一种规范。在体育游戏中，学生通过团队合作，学习了如何在集体中与他人沟通和协作，培养了团队精神和协作意识。这种集体意识的培养，有助于学生在社会中与他人和谐相处，有助于他们在未来的工作和生活中更好地融入社会。另外，体育游戏中的胜负也有助于学生个性的社会化。它可以让学生了解到，无论是在生活还是在工作中，都会有起起落落，需要学会的是如何优雅地接受失败，如何从失败中汲取教训，如何坚持并且不断努力。这种积极向上的态度和弹性心态对他们个性的社会化较为重要。

三、体育游戏应用于高校体育教学的原则

（一）学生中心原则

首先，在高校体育教学中学生中心原则表现在教师对学生个体差异的认知和尊重上。每个学生的体质条件、兴趣爱好、学习习惯和学习能力各不相同，教师在设计和实施体育游戏教学活动时，需要考虑这些差异，调整教学内容和教学方法，使其更符合学生的个人发展需求。其次，学生中心原则要求教师在教学过程中应积极引导学生参与，为学生提供主动学习和发展的机会。在体育游戏教学中，教师应鼓励学生积极参与，为他们提供自我表现的平台，让他们在游戏中体验成功，从而提高自我效能感，增强学习的积极性和主动性。最后，学生中心原则强调教师应当以学生的学习成效为导向，而不是以教师的教学行为为中心。教师需要在教学过程中持续关注学生的学习进展和反馈，及时调整教学策略和教学行为，使教学更符合学生的学习需求和发展规律。

（二）适度竞争原则

竞争是人的一种基本心理需求，它可以激发人的进取心和战斗精神，实现人的自我超越。在体育游戏教学中，适度的竞争不仅可以增加游戏的趣味性和挑战性，激发学生学习的积极性，还可以通过竞争提高学生的运动技能，培养他们的团队合作精神和竞争意识。然而，过度的竞争可能导致一系列负面效应，如焦虑、压力、恐惧失败等，这不利于学生的身心健康和全面发展。因此，教师在引入竞争时，应把握好竞争的度，避免竞争过于激烈或无序。教师要营造一个公平、公正、尊重个体差异的竞争环境，使所有学生都有平等的参与机会，避免竞争结果导致某些学生的自尊心受损。在日常教学中，教师应注重引导学生如何正确地认识和看待竞争，培养他们的良性竞争意识，使他们明白竞争的目的不仅仅是为了赢，更重要的是通过竞争促进自我的成长和提高。教师应强调过程，而不仅仅是结果，这样才能培养学生的团队精神、协作精神和公平竞赛精神。

（三）安全第一原则

体育游戏有着显著的趣味性和竞技性，但这也意味着有可能存在一定的安全风险。学生可能因为过于投入或过度竞争而忽视自己的身体状况，造成运动伤害。因此，教师在引导学生参与体育游戏时，应始终关注学生的安全问题，确保游戏环境的安全。

在具体操作层面，这包括确保运动设备和环境的安全，定期检查和维护设备，清理运动场地，避免有可能导致学生受伤的安全隐患。教师还需要根据学生的体质和运动能力，选择适合他们的运动项目和难度，避免让学生进行过于剧烈或超出他们能力范围的运动。教师还要向学生传授急救知识，使他们在发生意外伤害时能够进行有效自救和互救。

（四）德育引领原则

体育游戏作为一种特殊的教育手段，具有较强的社会性和集体性，这为德育教学提供了得天独厚的条件。体育游戏中的团队协作、竞争对抗、公平竞赛等特性，可以被用来培养学生的团队精神、公平公正观念和尊重他人等价值观念。

在具体实施上，教师可以设计含有道德教育元素的体育游戏，引导学生在游戏中实践和体验道德规范和社会规则，提高他们的道德认识和道德实践能力。教师还应重视对学生的道德教育和引导，通过评价和反馈，帮助学生认识自己的行为和态度，进一步提升其道德素质。

四、体育游戏法在高校体育教学中的应用对策

（一）细化体育游戏内容，优化体育游戏组织方式

对于游戏内容的细化，教师需要确保每个游戏环节都具有明确的学习目标，能够有效地帮助学生提高技能或知识水平。例如，教师可以设计一些小游戏，通过模拟实际比赛的情境，帮助学生理解和掌握特定运动技术。此外，教师还可以根据学生的能力和兴趣，设计一些差异化的游戏活动，满足不同学生的学习需求，从而提高他们的学习效果和学习满意度。

至于游戏的组织方式，教师需要根据游戏内容和学生的学习需求，选择合适的组织形式，以确保游戏能够顺利进行，使学生在游戏中学习。教师可以根据课程内容和教学目标，选择个人对抗、小组合作、全班竞赛等不同的游戏组织形式。在选择游戏组织形式时，教师还需要考虑学生的个体差异，尽可能地让每个学生都能参与游戏，从而提高他们的学习积极性。

除此之外，教师还需要灵活运用各种教学手段和策略，以提高游戏教学的效果。例如，教师可以通过提问、引导、反馈等方式，帮助学生理解和掌握游戏规则，提高他们的游戏技能。教师还可以通过及时的评价和反馈，帮助学生了解自己的进步和不足，激发他们的学习兴趣和学习动力。

（二）整合体育游戏结构与布局，强化体育游戏评价

整合体育游戏结构与布局，意味着所有游戏环节，包括预备、进行、结束等各阶段，都需要组织得井然有序，并且各环节之间要逻辑清晰，相互联系。这种整合不仅会使游戏进程连贯，还会使游戏的整体教学效果得以体现。例如，预备阶段教师可以引导学生熟悉游戏规则；进行阶段则让学生实际操作，体验游戏乐趣，并在游戏过程中培养所需的体育技能和策略思考能力；结束阶段则通过总结反思，指导学生深化体验和感受，提高学习成果。通过这种有机整合，使每个游戏环节都能发挥其最大效能，提升教学效果。

强化体育游戏评价则需要在体育游戏教学中，增加对学生的正向反馈，以提高学生的学习动力和积极性。评价不仅可以让学生了解自己的进

步和提高，还能帮助他们了解自己的不足和需要改进的地方。游戏评价主要是通过学生在游戏中的表现来进行的，而且应以鼓励为主，让学生在游戏中获得成就感，激发他们的学习积极性。这需要教师运用多元化的评价方式，如过程评价、结果评价、同伴评价等，以全面、真实地反映学生的学习情况。评价还需要具有针对性，对于不同的学生、不同的游戏环节，教师需要采用不同的评价方式和标准，这就需要教师具有灵活的评价技巧和敏锐的教学洞察力。

（三）加强体育游戏认知，丰富游戏储备量

一方面，体育游戏教学的首要任务是提高学生的体育游戏认知水平。这要求教师在教学过程中不仅让学生掌握游戏规则，还让他们理解游戏的意义、背后的策略和技巧，以及游戏如何帮助他们提升体质、协作能力和竞争意识。例如，足球游戏可以锻炼学生的身体协调性，围棋游戏可以提升学生的策略思考能力，团队接力比赛则能培养学生的团队协作精神。

另一方面，教师需要丰富自身的游戏储备量，以便在教学中灵活运用，满足学生的不同需求和兴趣。有经验的体育教师应该熟悉各种体育游戏，包括传统的、现代的、国内的、国际的等，并能根据学生的实际情况，选择合适的游戏进行教学。例如，对于体质较差的学生，教师可以选择一些对身体负荷较小的游戏，如乒乓球、羽毛球等；对于兴趣广泛、体能出色的学生，教师则可以安排一些更具挑战性的游戏，如篮球，足球等。教师的游戏储备量会直接影响教学的质量和效果。教师还应定期更新自己的游戏储备，学习和引入新的游戏，以适应不断变化的教学需求。这样既能保持教学的新鲜感，又能激发学生的学习兴趣，提高他们的参与度。

第二节　分层教学法在高校体育教学中的应用

一、分层教学法定义

分层教学是指教师根据学生现有的知识、能力水平和潜力倾向把学生科学分成几组各自水平相近的群体并区别对待，这些群体能够在教师恰当的分层策略和相互作用中得到发展和提高。

二、分层教学的理论基础

（一）因材施教理论

人类个体之间存在的差异显著，因此在教学过程中，教师应为每个学生选择适合其特性的教育方式。尽管在一般的班级教学制度下，学生通常处于相似的年龄阶段，但由于环境干扰和遗传特性等因素的影响，他们在学习热情、兴趣爱好等方面有着较大的差异。这就产生了一个问题，即面对学生的个体差异，如何在统一教材的班级授课制度中实施有效的教学。为了解决这个问题，教育专家提出了因材施教的理念。

分层教学是因材施教的一个有效实施策略。它充分尊重和利用了学生个体差异的客观存在，因此已被证明是一种成功的教学方法。分层教学的实践表明，如果想让因材施教在教育过程中更好地发挥作用，就需要对学生的个体差异进行深入理解和研究，包括他们的智力和非智力方面的特征。这样，分层教学才能得到适当的应用，更好地反映因材施教的理念。需要强调的是，即使是同一班级的学生，尽管他们都处于相同的年龄阶段，但他们的个体差异仍然显著。

（二）最近发展区理论

最近发展区理论强调每个学生都有两种发展水平，即现有水平和潜在水平，这两者之间的发展区就是“最近发展区”。为了将学生的潜在发展区成功地转化为他们的现有发展区，教师需要从最近发展区理论所揭示的水平差异出发，持续创造新的“最近发展区”，这样才能更有效地推动学生的个人成长。教师针对不同能力层次的学生的特征进行教学活动，能让课堂教学更贴近学生实际，更有效地促进他们的学习。教师应利用“最近发展区”理论合理设置教学难度，以及根据不同层次学生的知识和接受能力来确定教学模式和策略。

（三）掌握学习理论

掌握学习理论强调，学生在学习过程中达不到优秀水平，原因并非他们的智力或能力，而是因为他们没有获得适宜的教学环境。这是一种富有启示的教学理论，主张学生学习能力的差异并不能预设他们对学习内容的掌握程度，无论学生天赋如何，都有潜力成为知识丰富的人。这个理论的核心观点是，只要给予学生合适的教学条件，足够的学习时间和恰当的教学引导，他们就能理解和掌握所学的知识。因此，教育教学应充分考虑学生学习实践和学习进度的差异，否则可能会拉大学生之间的差距。从掌握学习理论的角度来看，对于同一教学内容，不同层次的班级应有不同的教学方法、教学要求，学生的学习方式和教学组织形式也应具有相应的差异。在把班级分为三层的情况下，高层的班级基础好、学习速度快，可以进一步深化学习；中层的班级基础一般，可以步步为营地进行学习；底层的班级基础较弱、学习速度较慢，应先将可以掌握的内容学好，暂时难以掌握的可以先放下。这就是教育实用主义的一种体现，即最符合学生的教育，就是让学生能够有效掌握学习内容的教育。

三、分层教学法在高校体育教学中应用的必要性

（一）提升高校体育教学效果

分层教学法在高校体育教学中应用的关键在于，通过结合不同学习层次和水平的学生，将他们科学合理地分为不同学习小组，然后体育教师针对不同小组调整教学计划和教学内容，这样能够确保每个小组的学生都能跟上教学节奏，通过自身努力取得相应的进步。与此同时，由于每个学生体育学习能力存在明显差异性，他们在实际学习过程中会遇到各种各样的难题，通过分层教学法能够集中解决同一小组遇到的问题，促进体育教学的顺利发展，能够大大提高体育课堂的教学质量和效率，促进学生在体育方面的全面发展。

（二）提高高校体育教师专业性

在教育体制不断改革的背景下，高校教育对体育教师提出了更高的要求，体育教师应通过不断地努力学习，充分掌握各种先进的教学方法，创新课堂教学模式，提升体育教学的效果，这样才不会被社会淘汰。与传统体育教学方法相比，分层教学法的应用更能够体现出体育教学的专业性，促进现代高校体育教师更加全面的发展。在分层教学模式下，体育教师应根据学生的不同学习情况和学习兴趣，合理制定教学方式和内容，帮助全体学生完成要面对的各项学习任务，提高学生的体育学习能力。在分层教学中，体育教师应不断改进教学手段，创新课堂教学内容，提高自身的综合教学能力，只有这样才能促使各个教学环节有条不紊地开展，最大限度

地满足不同学生的体育学习需求。

四、分层教学法在高校体育教学中的实践应用措施

（一）优化设计体育教学目标，并将其分层

在展开体育教学前，高校体育教师要充分了解全班学生的实际学习情况和水平，这样有利于教师合理设计教学目标，做好教学计划和目标分层工作，提高体育课堂教学质量和效率。在这个过程中，体育教师要注意的是设计的教学目标应在学生能力承受范围内，且能够得到学生的普遍认可和接受，满足学生的学习需求。例如，在组织学生开展山羊分腿腾越活动中，教师要结合不同体育能力的学生，对学生提出不同的学习要求，合理制定学习目标。对于体育综合能力较差的学生，前期只要求学生简单越过山羊，无须注重过程技巧，先培养学生的学习自信心，感受体育活动的乐趣，这样有利于培养学生终身体育意识；而对于体育综合能力较强的学生，教师要提出与之相对的要求，指导学生注重腾越技巧、拉开跳跃距离，确保动作的协调性。这样能够促使每个学生积极参与体育学习活动，不断提高自身的体育学习能力，争取在自身努力下完成教师布置的教学任务。

（二）科学设置体育教学内容，按照难度进行分层

在高校体育教学过程中，体育教师要结合学生的兴趣爱好和学习能力，科学设置课堂教学内容，并按照内容的难度进行合理的分层工作，充分考虑学生的身体素质、基础水平及学习动机等因素。教师根据不同学习层次的学生，要制定出难易适度的考核标准，以确保每个学生都能够完成任务，提高他们的学习自信心和兴趣，从而促进高校体育教学持续稳定发展。

跑步是高校体育教学的核心内容，积极开展跑步活动有利于提升学生的身体素质，培养学生良好的意志品质。例如，在长跑教学活动中，体育教师要根据其难易程度，科学进行分层教学。对于身体耐力偏低的学生，教师前期只需引导其完成 1～2 圈的跑步任务，在经过一段时间的训练之后，该部分学生体能会有所上升，教师再逐渐增加他们的跑步距离，争取更大的进步；而对于身体耐力高的学生，教师要让其完成 3～4 圈的跑步任务，在长期训练后，指导其慢慢加快跑步节奏，提高跑步速度。而在短跑

训练活动中，教师要融入更多难度适中的跑步游戏，按照游戏难度组织学生开展活动。在“追逐跑游戏”中，教师要将跑步能力相差不大的学生分配到一起进行游戏比赛，这样既能促使他们进行良好的竞争，在游戏中获得快乐和成就感，又能够提高他们的体育学习能力。

科学完成分层是在高校体育教学中有效应用分层教学法的前提条件。为了达成科学分层的目标，教师应遵循“以生为本”原则及“因材施教”原则，结合具体体育教学内容建立多元分层标准体系，最大化地实现分层教学法对增强高校体育教学实效性的促进作用。

1. 根据学生的身体素质进行分层

高校学生的身体素质有着较为明显的差别，如果教师未能充分了解学生的实际身体素质和体能状况，而采取让体质和体能处于不同层次的学生进行同等强度体育练习的方法，那么体质强、体能好的学生体育潜能得不到充分发挥，而对于体质弱、体能差的学生则容易导致他们产生抗拒心理。教师应根据学生体质健康测试结果，总结学生的身体素质和体能状况，并进行科学分层。例如，在开展长距离跑教学时，教师可以先分析女生的 800 米跑测试结果和男生的 1000 米跑测试结果，结合《国家学生体质健康标准》中关于“优秀”“良好”“及格”“不及格”的成绩规定，将学生分成 A、B、C、D 四个层次，然后为每一层次的学生制定不同的教学目标和教学措施，让耐力跑教学更具针对性。

2. 根据学生对某一运动技能的掌握程度进行分层

学生在进入高校前，已经历了从小学至高中的体育学习，对于某运动技能的掌握程度必然存在差异。为此，教师可以在深入开展教学前，先进行运动技能测试，评估学生对各项运动技能的掌握程度，然后根据测试结果对学生进行合理分层，提高体育教学效率。例如，在进行篮球教学中的投篮技能教学前，教师可以先开展 3 次“一分钟投篮测试”，记录学生在 3 次测试中投中的篮球数，并观察他们投篮姿势的规范程度，将投中篮球数量在 20 个及以上的学生分入 A 层，将投中篮球数量在 10～20 个的学生分入 B 层，以此类推。然后再为不同层次的学生设置不同的投篮教学目标、采取不同的投篮教学措施，让投篮技能教学更具有效性。

3. 根据学生的实际体育学习需求进行分层

学生在兴趣爱好方面的差异会让他们产生不同的体育学习需求，教师在分层时也应充分考虑。教师可以通过观察学生在体育课上所展现出的学习态度和学习积极性、与同学进行交流沟通的方式来了解学生的体育学习兴趣及实际需求，再根据结果对学生进行分层。

完成分层之后，教师可以将不同层次的学生进行组合，建立体育学习小组，教师还能有效培养学生形成合作精神和集体意识，仍以上面提到的投篮技能分层为例，在完成分层之后，教师可以将A、B、C这三个层次的学生进行合理组合并建立篮球学习小组，推动A、B层学生带动C层学生在投篮技能上取得进步。

在高校体育教学中应用分层教学法最重要的目标是帮助所有层次的学生都取得进步，因而教师不能固化分层教学方案，而是应根据学生的实际体育学习状况灵活地对分层结果进行调整，教师应建立阶段性考核和评价机制，总结学生对体育运动情感的变化并结合这些信息调整分层。

（三）注重体育学习考核，对其进行分层

高校体育教师在实施分层教学法时，要注重对学习过程的分层考核，及时掌握学生当前学习情况，从而有针对性地采取教学改进措施。体育教师要结合当前班级学生的体育学习整体水平，科学制定完善的分层考核标准，在教学过程中根据实际情况，适时优化考核标准，对于学习能力较差的学生要适当降低考核标准，以帮助他们建立学习信心，对于学习能力好的学生则要适当提高考核标准，充分激发他们的学习潜力，促使他们上升到更高的层次。例如，在羽毛球教学活动中，体育教师不能简单地按照学生身体素质或运动技能掌握程度来进行考核标准的制定，而要综合考查学生的学习态度、动机，以及学习能力。对于在此过程中表现优秀的学生，教师要制定难度更高的标准，不能让学生自我满足、止步于现状；而对于在此过程表现怠慢、能力不足的学生，教师要降低考核标准，注重教学的循序渐进，展开分层评价，这样有利于激发这部分学生的学习兴趣，使其全身心投入教学活动中。

总而言之，基于分层教学法对于改善高校体育教学效果及培养学生运动习惯的重要作用，高校体育教师应建立多元分层标准体系，将学生的身体素质状况、运动技能掌握程度及实际体育学习需求纳入分层标准，结合具体教学内容选择分层方案，同时注意以小组教学方法配合分层教学法，建立动态评价机制灵活调整分层教学方案，最大化地实现分层教学法对于高校体育教学的促进作用，切实增强体育教学的实效性。

第三节　合作教学模式在高校体育教学中的应用

一、合作教学模式的含义

合作教学模式以尊重学生的个性和人道主义精神为核心价值，通过教师和学生，以及学生之间的互动和合作推进教学过程。这一模式的基础元素包括以小组为单位的学习活动；通过互动和合作驱动的教学过程；以目标导向为原则的教学设计；以团队表现作为奖励标准的教学评估。合作教学方式有助于在教师和学生之间建立起互信和尊重的合作关系。

此模式源于合作学习方法，这一方法在近代就已经出现。然而，将“合作学习”科学应用到课堂上，这一研究起步于 20 世纪 70 年代，到了 20 世纪 80 年代，以“合作教育学”为理论基础，合作教学模式得以形成。此模式的影响力相当大，目前全球许多国家都在教学中应用这种模式，并普遍采用合作学习的方式。

二、合作教学模式的理论依据

（一）合作教育学理论

合作教育学是人本主义和社会主义理论的结合，其理论基石是激发学生学习的内在动力，通过体验学习的成功、进步和发展的愉悦感，让学生主动参与学习过程。为达成这一目标，合作教育学强调师生关系的根本性转变，即建立基于互尊互信基础上的合作关系。

在合作教育学的理论框架下，教师不再是知识的传递者，而是学生学习的指导者和助推者。教师通过创设和谐、开放的学习环境，引导学生共同探索和解决问题，从而使学生在合作互动中深化理解、拓宽视野、充分体验学习的乐趣。此外，合作教育学也重视学生之间及学校与家庭之间的紧密合作关系。学生间的合作关系会鼓励彼此互帮互学，从而培养团队合作精神和社会技能。学校与家庭的紧密合作关系则能够让家长更加了解和参与到孩子的学习过程中，这对于学生的全面发展至关重要。

值得一提的是，合作教育学在教学方法上坚决摒弃强制手段，主张采取引导和鼓励的方式来促进学生的学习。这种非强制性的教学方法充分尊重学生的主体地位和个性差异，让学生能够在自由、宽松的学习氛围中挖掘和发展自身潜能。

（二）社会互赖理论

社会互赖理论是一种阐述社会结构和个体行为之间关系的理论，主张社会的互赖结构决定了个体的行为模式，从而影响了活动的整体构成。这一理论包括积极互赖（合作）与消极互赖（竞争）两种主要的互动方式。在积极互赖或合作的环境中，个体倾向于互相鼓励和推动，共享信息和资源，以共同达成目标。这种合作关系强调集体利益的优先，个体的成功依赖整个团队的成功，从而形成一个良好的、共享成功的氛围。与此相反，在消极互赖或竞争的环境中，个体可能会相互阻碍以达成自己的目标，这导致了竞争和矛盾的产生，阻碍集体的进步。

课堂结构被归纳为三种类型：合作、竞争和个体化。在合作的目标结构中，个人和集体的目标是一致的，个人的成功取决于集体其他成员的成功，个人和集体的成功是互相联系的。这种教育模式鼓励了成员间的互帮互助，强化了团队精神和集体责任感。

三、合作教学模式的操作流程

（一）创设情境

创设情境的目的在于为学生提供一个良好的合作心理环境，激发他们的参与意愿和主动性。该步骤的关键在于让学生感受到自己在合作教学中的角色和获得的收益，只有当他们感到有所收获时，他们才会更积极地参与学习，减轻心理负担，提高其主动性和独立性。

（二）直接教学

直接教学是合作教学模式中不可或缺的一部分。它采用多种形式，如师师合作、师生合作、生生合作、个人与集体合作，以及学习小组之间的合作。无论采取何种形式，教师的直接教学都起着重要作用。教师需要以直接的方式向学生解释学术任务，确保学生对指定的学习任务有清晰的了解，并明确学习目标。

在直接教学过程中，教师应注意以下三点：第一，在课程开始时，教师应先告诉学生他们将学习什么内容和这些内容的重要性，教师可以通过引发学生对生活问题的好奇心来激发他们的学习兴趣；第二，在课程进行中，教师要紧密围绕教学目标和任务来进行讲解，注重需要理解的要点，并通过视听材料、操作、实例等方式来教授概念和技能；第三，在定向练习阶段，教师应引导学生思考问题并回答学生提出的问题，以评估他们对教学内容的理解程度。

（三）建立组间合作

教师在合作教学中的角色应与学生的合作学习小组密切配合。首先，教师应帮助学生组建适当规模的合作学习小组，小组成员的数量为 2～6 人。其次，教师需要设定合作学习的基调，强调团结合作的重要性，如“众人拾柴火焰高”“团结则胜利，分裂则失败”等口号，以激发学生的团队意识。最后，教师给每个小组成员分配学习任务，并明确其个人责任，同时明确成功的标准。在小组活动中，教师应组织学术讨论，引导学生围绕讨论的问题发表个人观点，并促进学生之间的交流和合作。

（四）监控学生行为

教师需要观察学生的合作学习活动，了解他们在小组中的具体行为，是否遇到问题或困难。教师要确保每个小组都能正常运作，并及时提供帮助，对遇到挫折的学生给予情感支持、鼓励和指导，并回答学生提出的问题。教师还可以介入小组活动，提供建议，教授学生必要的合作技巧和方法，以促使学生展现更好的行为。教师在监控学生行为时，需要起到观察、指导和参与的作用，以确保合作学习的顺利进行。教师通过合理的监控，能够及时了解学生的学习情况和遇到的困难，并提供适当的支持和指导，帮助学生取得更好的学习成果。

（五）总结评价合作教学结果

合作教学结束时，教师扮演着总结和评价的角色。教师应和学生一起讨论小组活动的情况，回顾和总结学习过程中的得与失。这包括评估学生在哪些方面做得好，哪些方面需要改进，以及学生从中获得了哪些经验，等等。教师还应将总结结果反馈给全班学生，以促使他们从中学习经验并吸取教训。学生通过合作教学的总结和评价，可以回顾自己的学习过程和成果，并从中获得反思和成长的机会。教师的引导和评价可以激发学生的自我意识和自我评价能力，促使他们更加深入地理解合作学习的价值和重要性。教师的评价也可以为学生提供参考，使他们能够更好地理解自己在合作学习中扮演的角色和发展方向。

四、合作教学模式的基本要求

（一）合作教学分组

在体育合作学习过程中，分组的主要原则是组间的同质性和组内的异质性。这意味着，各个小组的总体水平应相对一致，以保持各个小组之间的平衡。但是在每个小组内部，学生的性别、学业成绩、特长、体育技能水平等方面应存在一定的差异。分组策略应考虑学生的兴趣和愿望。

（二）教学中的教师任务

在教学任务方面，教师需要在熟悉学生能力的基础上，根据教学内容设计适当的教学方法和任务。在教学过程中，教师需要主导教学并指导学生进行合作学习。

（三）教学中的学生任务

学生的任务是在教师布置的任务和要求下，以合作学习小组为单位，充分发挥主观能动性，通过集体协作完成任务。

（四）体育课的开始部分

体育课的开端应由学生以小组为单位，轮流带领其他同学进行预备活动，从而提高学生的解释、组织和示范能力。

（五）集体讲授课

集体讲解课程的时间应由教师根据不同的教学内容进行合理安排，讲解过程应强调关键点，简洁明了，以效率为主。

（六）合作教学小组的课堂活动

在学生进行合作学习前，教师需要解释一些重要的问题，如只有当所有小组成员都完成了教学任务时，整个小组的任务才会被视为完成。学生需要互相监督，检查组内成员是否完成任务。同时，教师需要在学生进行合作学习时，巡视、观察、记录，并适时进行指导。

（七）测试与反馈

在学生完成任务后，应进行独立测试或组间比赛。教师需要根据测试或比赛结果来进行评估和总结，以帮助学生了解自己的不足，并在未来进行改正和提升。

（八）课后任务

课后任务的布置应根据教学目标和要求，合理安排复习、预习任务和课后作业。

五、合作教学模式应用于高校体育教学的原则

（一）导练结合原则

导练结合原则所倡导的是一个理念，即学生通过教师的引导，能够进入教学环境，实践技能，并在此过程中解决遇到的问题。教师不再是教学过程中的唯一主导者，但他们的引导和指导仍然是至关重要的。教师通过对教学内容的指导，可以帮助学生理解和掌握所学课程的基本技术和技巧。他们可以提供必要的背景知识，提出问题，引发学生的思考和讨论，从而引导学生进入学习状态。学生的“练”是学习过程的关键部分。学生通过教师的引导和同伴的合作，理解和掌握所学课程的技术。他们可以在小组学习的过程中共同解决问题，互相学习，共享知识和技巧。在实践中，学生可以深化他们对知识和技能的理解，提高他们的体育技能，同时可以培养他们的团队合作能力和问题解决能力。在这个过程中，学生也应该学会自我调整和反思。当遇到困难时，他们应该学会寻求教师或同伴的帮助，接受批评，反思自己的学习过程，以提高学习效果。

（二）适时点评原则

教师需要紧密观察学生的学习过程和演练效果。这不仅包括观察学生的动作完成情况，还包括对学生学习态度、合作精神、解决问题的能力等方面进行关注，这样可以帮助教师了解学生的实际学习情况，以进行更准确的点评。教师在点评时要实事求是，既要看到学生的进步，也要指出他们的不足。在表扬学生进步的同时，要针对学生在技能掌握、合作交流等方面存在的问题给出建设性的建议，引导他们思考如何改进。点评要具有

针对性，尽量避免模糊的评语，而是要提出具体可行的改进措施。教师在点评时要尊重学生，避免直接否定学生的表现，而是鼓励他们继续努力，以免打击他们的自信心和学习积极性。适时点评原则也要求教师应灵活运用，根据学生的具体学习情况和反馈结果，适时调整教学策略和方法，以有效推动学生学习的进步。

六、合作教学模式应用于高校体育教学的对策

（一）转变传统体育教学思想，培养学生合作学习意识

合作学习是一种以学生为中心的教学方法，强调学生之间的互助与合作，以共同完成任务和解决问题为目标。在体育教学中，合作学习不仅可以提高学生的体育技能，还可以培养学生的团队合作能力、解决问题的能力、沟通和协商的能力等。因此，教师需要积极推广合作学习的教学模式，将其应用到体育教学中。

为了成功实施合作学习，教师需要培养学生的合作学习意识，让学生认识到，合作学习不仅仅是一种学习技能的方式，更是一种解决问题、共享知识、互相学习和发展的方式。学生需要认识到，通过合作学习，他们可以在团队中找到自己的位置，提高自己的学习效率，提升自己的社会技能，为未来的生活和工作做好准备。

（二）创新设计学生合作学习的过程，进行合理分组

教师可以根据学生的性别、体质、技能水平等因素进行分组。例如，教师可以将技能水平相近的学生分在一组，这样他们可以在相互学习和交流中取得进步。教师也可以将技能水平不同的学生分在一组，利用他们之间的差异促进交流和学习，提高学生的技能水平。此外，教师还可以根据学生的性格特点进行分组，让不同性格的学生相互配合，这样可以提高团队的协作能力。对于创新设计学生合作学习的过程，这需要教师具备创新思维和方法。例如，教师可以设计一些富有挑战性和趣味性的体育活动，引导学生进行合作学习。教师可以设置一些小目标，让学生在完成目标的过程中进行讨论和合作。这样的设计，不仅能激发学生的学习热情，还有助于提升他们的团队协作能力。

在合作学习过程中，教师需要发挥引导的作用，及时给予学生反馈和建议，帮助学生调整学习策略，解决学习中遇到的问题。教师需要注重培

养学生的自我反思能力和自主学习能力，使他们能够在合作学习中不断提高和进步。

七、合作教学模式应用于高校体育教学应注意的问题

（一）注意学习中的群体发展

群体发展是合作学习的重要组成部分，因为它有助于提升学习群体的活力和效率，有助于学生了解自己在团队中的角色定位，培养他们的团队精神和合作意识。学习群体的发展涉及学生之间的互动、互助和互补。在实施合作教学模式时，教师应引导学生明确团队目标，以及各自的角色和职责，并培养他们的团队协作精神。教师需要为学生提供良好的沟通环境，鼓励他们在学习过程中交流想法，分享知识，解决问题。

在学习群体的发展过程中，教师还应关注学生的个体差异。每个学生都有自己独特的个性、学习风格和能力，这些差异可以为学习群体带来丰富的资源，但同时可能导致团队的冲突和分歧。因此，教师需要利用学生的个体差异，促进团队的多元化，同时要注意解决团队中的冲突，维护团队的和谐。为了有效推进学习群体的发展，教师还应制定出适当的评估标准，以便了解和跟踪学习群体的进展。评估标准应包括团队的整体表现，如团队协作的效果，以及每个成员对团队目标的贡献等。这样的评估既可以鼓励学生积极参与团队学习，也能帮助教师及时调整教学策略。

（二）注意培养学生的创造能力

创造力涉及独立思考、问题解决、新颖想法的提出，以及对既有概念的挑战。对于学生创造力的培养，教师应该鼓励学生在学习过程中勇于提出自己的想法，甚至是对常规想法和方法的挑战。这可能需要创设一种开放、包容的学习环境，其中学生可以自由地表达自己的看法，不用担心会被批评或质疑。教师也需要注重引导学生如何理性地评估和反思自己的想法，以培养他们的批判性思考能力。为了激发学生的创造力，教师可以设计一些需要学生共同思考和解决问题的活动。例如，教师可以让学生在小组内讨论如何在某项运动中提高效率或降低风险。学生通过这样的活动，不仅可以运用创新思维解决实际问题，还可以了解在团队合作中沟通、协调的重要性。教师还应不断更新自己的教学方法，以适应不断变化的教育

需求和学生特性。利用现代化教育技术，如在线学习平台、虚拟现实技术等，可以为培养学生创造力提供更多的可能性。

（三）注意充分发挥教师的主导作用

教师的主导作用表现在明确教学目标上。教师需要根据课程标准和学生的具体情况，设定明确、具体的教学目标，这是引导学生进行合作学习的前提。教师应将教学目标告知学生，让他们明白学习的目的和方向，以便更好地进行自主学习。教师的主导作用还体现在组织合作活动上，教师应根据教学目标和学生的实际情况，设计适合学生能力和兴趣的合作学习任务，并合理安排学习时间和环境。教师应指导学生建立有效的合作团队，如设定团队规则、分配团队角色等，以确保合作学习的顺利进行。在营造学习氛围方面，教师需要营造开放、包容、平等、尊重的学习氛围，让学生敢于表达自己的想法，愿意接受他人的意见。这种氛围有助于培养学生的合作意识，提高合作学习的效果。

（四）注意发挥小组长的作用

对于小组长来说，他们需要拥有良好的沟通和协调能力，要能够协调小组成员的关系，平衡各方面的需求，以确保小组内部的和谐和效率。他们还要能够与教师进行有效的沟通，反映小组的学习情况，以便教师针对性地进行教学指导。小组长还需要具备一定的专业知识和技能。他们应当以身作则，带领小组成员共同探究和实践，引导小组成员深入理解和掌握体育技能。在必要时，他们应能够帮助小组成员解决学习中遇到的问题，以保证小组学习的连续性和深度。在小组活动中，小组长应积极参与，有效引导，他们不仅仅是组织者，更是合作者。他们应以开放和接纳的态度对待每一位小组成员，鼓励他们表达自己的意见，积极参与小组活动。

在实施合作教学模式时，教师应重视培养和选拔小组长。一方面，教师可以通过各种方式培养小组长的领导能力，如为小组长提供领导力训练，给予小组长更多的责任和权限等。另一方面，教师应充分考虑学生的个性、能力和志愿，合理选拔小组长，使他们能够发挥出应有的作用。

第四节　翻转课堂教学模式在高校体育教学中的应用

一、翻转课堂的内涵

对翻转课堂内涵的解读，主要聚焦在两个层面，即微观层面和宏观层面。

从微观层面上解读翻转课堂，突出对翻转课堂实施流程的描述，明确具体，但不符合概念界定规范。有以下三种解释：（1）翻转课堂是教师创建视频，学生在家中或课外观看视频中教师的讲解，回到课堂上师生面对面交流和完成作业的一种教学形态。❶（2）“翻转课堂”又称“反转课堂”“颠倒的课堂”，是教师根据教学目标和教学内容及学情，制作教学视频，学生在课外或家中进行自学和练习内化，课堂上师生进行交流碰撞的一种教学形态。❷（3）翻转课堂就是在信息化环境中，课程教师为学生提供以教学微视频为主要形式的学习资源，学生在课外时间完成对教学视频等学习资源的自主学习，而师生在课堂时间则是面对面解答疑惑、开展协作探究和互动交流等活动的一种教学模式。❸

从宏观层面上解读翻转课堂，突出翻转课堂的功能和作用，但易以偏概全，并未解释清楚翻转课堂的本质。有以下两种解释：（1）翻转课堂是指通过互联网技术，采取实际教学和网络教学相结合的方式，开展的新型开放教育课程教学的改革活动。❹（2）翻转课堂即通过对知识传授和知识内化过程的颠倒，从而改变传统教学中的师生角色并对课堂时间的使用进行重新规划的一种新的教学模式，也被称为课堂翻转。❺

结合上述观点和笔者对翻转课堂的认识，本书将翻转课堂定义为，以能力培养为目标，以信息化网络平台和实际课堂为中介，以分组学习为基础，注重课前知识、技能学习，课中、课后知识与技能内化和应用的个性化教学范式。将能力提升作为教学目标，使教育教学与我国当前的人才培

❶ 王忠惠，朱德全．“翻转课堂”的多重解读与理性审视［J］．当代教育科学，2014（16）：30-33.

❷ 许兴亮．“翻转课堂”翻转了什么［J］．当代教育科学，2014（16）：34-35.

❸ 刘小晶，钟琦，张剑平．翻转课堂模式在“数据结构”课堂教学中的应用研究［J］．中国电化教育，2014（8）：105-110.

❹ 肖立志．“翻转课堂”视域下的远程开放教育式课程教学研究［J］．黑龙江高教研究，2014（7）：158-160.

❺ 马俊臣．基于“翻转课堂”的现代教育技术教学研究［J］．中国成人教育，2014（6）：125-128.

养需求相匹配；以信息化网络平台和实际课堂作为连接媒介，凸显了在翻转课堂中，信息化教育的关键作用，也揭示了翻转课堂的实现离不开实际课堂环境的支持；倚重团队协作学习，反映了翻转课堂的合作学习特性；强调课前的自主学习，以及课中、课后知识与技能的吸纳与应用，既明确了翻转课堂的教学结构和操作步骤，也映射出翻转课堂对认知规律的尊重；以个性化教学为教育模式，凸显了翻转课堂对学生个体差异的充分尊重。

二、翻转课堂的基本特征

（一）教学技术的信息化

传统的课堂教学，教师主导内容的传递，学生在课堂上主要扮演接受者的角色。而在翻转课堂模式下，教师可以利用网络视频、电子书籍等各种信息化技术提前发布教学内容，使学生可以在课前进行预习，课堂时间主要用于讨论和解决问题。信息化教学可以通过在线论坛、问答系统等方式，实现课堂之外的教学交流和互动，增强课堂的延展性和互动性。

（二）教学资源的最优化

最优化的资源运用包括但不限于采取适合学生学习特点的教学方法、制订切实可行的教学计划、使用最新的教育技术，以及有效利用丰富的线上和线下教学资源。

在翻转课堂中，教师通常将课程内容以视频或文本形式提前发布给学生，让他们在课前自主学习，而课堂时间主要用于深入讨论、辅导和解答学生疑问。这种方式最大化地利用了课堂时间，并充分发挥了学生自主学习的能力。教学资源的最优化还体现在教学计划的制订上。教师可以根据学生的学习进度和理解程度，灵活调整课程内容和教学方式，确保学生能够理解和掌握知识点。翻转课堂模式的实施，依赖现代教育技术的发展，如在线教学平台、数字化教学资源等。教师可以借助这些技术工具，优化教学资源，提高教学效率。例如，利用网络技术，教师可以引导学生独立学习，也可以轻松获取反馈，从而及时调整教学策略。翻转课堂模式通过有效利用线上和线下的教学资源，为学生提供更多元的学习机会。教师可以根据课程要求，引导学生利用网络资源进行自主学习，也可以利用课堂时间进行小组讨论，促进学生间的交流和合作。

（三）教学平台的二元化

翻转课堂模式强调教学平台的二元化，具体表现为线上和线下两个平台的并行使用。在这种模式中，线上和线下的教学活动不仅相辅相成，还可以形成一种协同效应，以提高学生的学习效果。

线上教学平台，主要是指教师利用信息技术，将课程内容以视频、音频或文本形式，提前发布在学校的在线教学系统或其他教育平台上。学生可以在课前，根据自己的时间和节奏自主学习，掌握基础知识。这种线上学习方式，不仅提高了学生的学习效率，还增强了学生的学习自主性。线下教学平台，则是指在课堂上，教师通过引导学生进行深入讨论、问题解答，以及项目式学习等形式，帮助学生深化理解，提升应用技能。与传统的教学方式相比，线下课堂的重点更多是放在知识的理解和应用上，而不仅仅是知识的传递。

（四）教与学的个性化

个性化学习以学生为焦点，教师通过为学生定制教学方法、课程及学习环境，以满足他们的个人需求和期望。这种方式可以让学生根据他们的兴趣、经验，以及节奏和方式进行学习。翻转课堂成功地将教学的重心从“以教师为核心”转移到了“以学生为核心”。在明确的任务导向下，学生能在课前根据自己的节奏、兴趣和需求去学习线上教学资源。同时，教师通过创设良好的学习环境，并根据学生的实际需求进行及时的在线辅导。课堂内，教师更多地将时间分配给学生，除了根据学生的学习情况进行必要的讲解、示范，大部分时间都花在组织学生进行各类活动和巡回指导上。学生则通过与教师、同学间的交流、互动和实践来进一步吸收并应用知识与技能。这种看似没有统一步调的教学方式，实则具有强烈的针对性，它尊重每个学生的独特性，是个性化教学的体现。

（五）教学评价的多元化和全面化

在翻转课堂的教学环境中，教学评价呈现出多元化和全面化的特征。它不仅包括对学生知识掌握程度的评价，还关注学生的学习过程，包括他们的学习策略、学习态度、学习习惯等方面。此外，评价的形式也变得多样了，既有传统的纸笔测试，也有在线的自动化测试；既有教师给出的评价，也有学生的自我评价和同伴评价；既有形式评价，也有过程评价和终结性评价。这种多元化的评价方式，能够帮助学生从多个角度了解自己的学习情况，提升自我调整和自我提升的能力。评价的目标则从传统的只关注知识的掌握，扩展到了学习过程、学习策略、学习态度、学习习惯等多个层面，评价较为全面，有助于培养学生的素质，提高他们的综合能力，从而更好地适应社会的需求。

三、翻转课堂模式下的教学目标设计

在制定教学目标时，应遵循"学生为主、以学引教"的教学观念。学习的起点应引领教学的起点，学习目标应设定教学目标。观察翻转课堂模式，可以看到学生的学习过程被分为课前、课中和课后三个阶段，每个阶段的教学目标都有其独特性。因此，遵循"以学引教"的理念，可以根据这三个教学阶段将翻转课堂的教学目标设定为课前、课中和课后三个阶段的教学目标。这三个层次的目标相互制约、指导，每个层次的教学目标都会涵盖"知识认知""情感态度"和"技能能力"三个领域，不过根据教学内容、教学任务等具体因素，可能会偏重某个领域。

为了在实际教学过程中更方便地实现教学目标，翻转课堂模式下的三种教学目标可以细分为班级、小组和个人三个层次。首先，班级教学目标为第一层次，这是根据课程特性、教学大纲、学生特性和教学任务等因素设定的。班级教学目标难度应适当，以便实现基本的班级教学目标并保持课程教学的有序进行。如果难度太高，会妨碍教学进度，而难度太低则无法激发学生的学习兴趣。其次，小组教学目标属于第二层次，主要是教师根据小组整体的学习状况和小组成员的总体需求制定的。小组教学目标的实现主要依赖小组成员的合作学习，教师则只进行监督和必要的指导。翻转课堂强调小组教学，小组成为学生合作探索和交流的重要平台，学生在学习过程中遇到的问题应优先在小组内解决，不能解决的由小组长通过与教师的在线交流解决，也可以在课堂上让教师直接解决。针对不同小组的特点，教师需要设定不同的小组教学目标，这样既可以引导小组成员之间加强交流和合作，也可以促进学生对新知识的掌握。最后，个人教学目标居于第三层次，主要根据学生的个人特点、学习情况和学习需求等因素制定。在实际教学过程中，有的学生可能很容易实现班级教学目标，而有些学生可能难以达到，教师不能因个别学生影响正常的教学进度。因此，为了让能力强的学生得到更多的提升，同时让能力弱的学生跟上教学节奏，教师需要根据学生的实际情况设定个人教学目标。

四、翻转课堂的实施条件

（一）完备的网络教学设施

翻转课堂模式的成功实施需要完备的网络教学设施。其中包括硬件设施与软件设施两部分。

对于硬件设施来说，学校应为学生提供稳定且高效的网络环境，以便学生无论在哪里都可以通过网络连接进行学习。这包括但不局限于，充足的电脑资源，确保每个学生都能够在计算机上进行学习，以及快速稳定的互联网连接，使学生在任何时候都可以快速接入网络，获取所需要的学习资源。学校还需要提供一些特定的硬件设施，如扬声器、麦克风、摄像头等，以便有效开展在线教学。

对于软件设施来说，学校需要提供一套完整且易用的在线教学平台。这个平台应包含课程管理、讨论区、在线测验、成绩管理等功能，以便教师进行教学管理，学生进行学习和互动。此外，这个平台还应支持各种多媒体资源的上传和播放，使教师可以利用更多教学手段，提高教学效果。软件设施还应包括一些辅助教学的工具，如文档编辑软件、图形编辑软件等，以便学生学习和完成作业。

（二）专门的师生培训

教师培训的重点应该在于理解和掌握翻转课堂的理念，从而调整教学策略，更好地引导学生自主学习。教师需要掌握一些必要的技术能力，如如何使用在线教学平台，如何制作和发布在线课程等。对于学生来说，他们需要理解翻转课堂的特点和要求，以便调整自己的学习习惯和策略。学生要掌握一些必要的学习技能，如如何利用在线资源进行自主学习，如何与教师和同学进行在线交流等。在师生培训的过程中，学校应当提供必要的支持和指导，如提供培训资料、组织培训活动、提供技术支持等。

（三）专项资金和技术的支持

高校需要投入一定的资金来购买和更新教学设备，如计算机、投影设备、网络设施等。高校为了制作优质的在线教学资源，可能需要购买专业的软硬件工具，或者请专业人员进行视频录制和编辑。这些都需要一定的资金支持。在技术方面，翻转课堂依赖网络和信息技术，这要求高校有一定的技术实力，比如高校需要有能力构建和维护在线教学平台，处理在线教学中可能出现的各种技术问题。教师和学生也需要掌握一定的技术能力，如使用计算机和网络进行教学和学习，使用各种教学软件等。

虽然专项资金和技术的支持是实施翻转课堂的必要条件，但是它们并不足以保证翻转课堂的成功。要实现翻转课堂的长期有效性，还需要教师的积极参与，学生的主动学习，以及家长和社会的理解和支持。可以说，专项资金和技术的支持是实施翻转课堂的重要基础，但是真正的成功还需要其他条件和各因素的配合。

（四）学校教学管理部门的支持

一方面，教学管理部门能够为教师提供必要的资源和条件，使他们有更多的时间和精力来准备和设计高质量的教学材料，从而帮助学生在课前进行自我学习。教学管理部门也可以通过对教师进行专业培训，提高他们的信息技术应用能力和教学方法，使他们能够更好地在翻转课堂中发挥作用。另一方面，教学管理部门也能够为翻转课堂提供必要的组织和管理，以确保其顺利进行，比如制订翻转课堂的实施计划，明确教师和学生的任务和责任；监控翻转课堂的实施过程，及时调整教学策略；通过评估和反馈，不断优化翻转课堂的教学模式。学校教学管理部门可以通过激励机制，鼓励教师和学生积极参与翻转课堂的实施，如可以通过奖励优秀的教师和学生，让他们在翻转课堂中得到认可和回报。教学管理部门还需要保持与其他相关部门的沟通与协调，如技术支持部门、学生事务部门、家长组织等，给予翻转课堂全方位、多层次的支持。

（五）学生高度的学习自主性

这种教学模式需要学生在课前通过网络自主学习，掌握和理解新知识，然后在课堂上通过和教师、同学的讨论与合作，进一步巩固和深化对新知识的理解。这样的学习模式，对学生的学习自主性要求较高，需要学生具有较强的学习动机、自我管理能力和自我驱动力。如果学生对学习有浓厚的兴趣和热情，他们会更加愿意投入自主学习中，积极主动地探索新知识，从而提高学习效果。因此，如何激发和维持学生的学习兴趣，使他们主动投入学习中，成了实施翻转课堂教学的关键。在翻转课堂中，学生需要独立完成大量的学习任务，如预习、复习、课后作业等，这需要他们能有效地管理自己的学习时间和资源，合理规划学习进度。自我驱动力是学生学习自主性的另一个关键因素。在翻转课堂中，学生不仅能自主学习，还能积极参与课堂活动，如提问、讨论、合作等。这就需要他们有足够的自我驱动力，能主动寻求学习机会，勇于挑战自我，不断学习、不断进步。

（六）任课教师对学生的充分了解

不同的学生可能喜欢不同的学习方式，如有些学生可能更偏向视觉学习，而有些学生则可能是听觉学习者。对于这些学生来说，提供适合他们学习方式的教学资源将更有利于他们的学习。教师在设计课程和教学资源时，需要尽可能地考虑学生的各种学习风格。在授课过程中应当了解学生的知识掌握情况，以便在课堂上提供恰当的辅助和引导。对学生学习需求和个性差异的理解有助于教师进行个性化教学。在翻转课堂的环境中，教师有更多的机会与学生进行一对一交流，这为教师提供了去理解每一个学生的独特需求和个性差异的机会，可以更好地满足每一个学生的学习需求。教师通过持续关注学生的学习过程和学习结果，可以发现教学中可能存在的问题，并及时调整教学策略，提高教学效果。

五、翻转课堂教学模式应用于高校体育教学的价值

（一）有利于高校体育教学工作贯彻“健康第一”的指导思想

中国高等教育中，体育课程的核心目标是保障学生的身心健康发展。然而，传统的教学方式往往会让教师的讲解和示范占据大部分课堂时间，这限制了学生对理论知识的理解和技能实践的机会。在这种情况下，要达到以学生健康为主导的教育目标就变得有些困难，因此这种教学理念受到了许多学者的质疑。然而，翻转课堂的教学方式将学生的学习过程分为课前、课中和课后三个阶段。在课前阶段，学生通过在线教学平台学习教师提供的音视频教学资料，从而在课程开始之前就基本了解了技能动作的要点。这意味着在课堂上，教师不再需要进行过多的讲解和示范，只需要管理整个教学过程。这种教学模式使学生在课堂上有更多的时间进行自我实践和练习，这不仅能够引发学生对运动技能学习的兴趣，还为学生提供了更多的时间进行课堂交流，以便更深入地研究运动技能。这种方法有助于提高学生的健康水平，从而实现高等教育中以健康为中心的教学理念。

（二）有效促进了高校体育教学的信息化发展

计算机科技、移动设备和互联网技术的快速发展对于高等教育的日常生活和学习模式产生了深远影响。在日常生活和学习方式中使用信息设备，如智能手机和计算机，已经成为常态。适应现代社会的变革，把先进的信息化技术应用到教育领域，已经成为教育改革的必然趋势，这对于提高教育质量和优化人才培养模式具有积极影响。尽管如此，我国高等教育体育领域的信息化程度仍然较低，尚未被广泛接纳和应用，教学方式仍是以教师为主导的讲解和示范。这种教学方式与学生的日常生活和学习模式相矛盾，因此会降低学生的学习兴趣，导致高校体育教育的效果不佳。在这个信息化高速发展的社会中，翻转课堂的教学模式为高校体育教学的改革提供了新的路径。此模式被视为科技与体育教学成功结合的典范。将翻转课堂模式引入我国的高校体育教学中，不仅可以使学生的学习方式与日常生活更为一致，还能让学生的体育学习更加轻松和个性化，这对推动我国高校体育教学向信息化、现代化的转变具有重大意义。

（三）有利于促进高校体育教学实现工具与人文的统一

从教学工具的角度来说，翻转课堂教学模式利用了先进的信息技术和教育资源，如网络视频、在线教材等。这些工具不仅提高了教学效率，还使教学方式更加多元化。学生可以根据自己的学习进度和理解程度自主选择学习资源和方法，提高了学习的自主性和灵活性。从人文关怀的角度来说，翻转课堂教学模式注重学生的个体差异，尊重学生的主体性。在教学过程中，教师更注重引导学生主动学习，鼓励学生主动参与和交流，以提升学生的批判性思维和解决问题的能力。教师对学生的教学关怀也体现在对学生学习过程的跟踪和反馈，以及对学生所面临困难和挑战的克服，营造关爱、包容、互助和合作的学习氛围上。

六、翻转课堂教学模式应用于高校体育教学的对策

（一）在线体育教学平台的建设策略

1. 选好网络教学平台

选择优秀的网络教学平台是构建在线体育教学的关键步骤。首要考量

的因素是平台的功能性和易用性。平台需要具备教学功能，包括但不限于视频上传、在线交流、成绩追踪和反馈功能。无论是教师还是学生，都需要在短时间内掌握平台的操作方法，以便尽快进行在线教学。在选择平台时，还需要考虑其稳定性和安全性。平台的稳定性决定了教学的连续性，如果平台经常出现故障或掉线问题，那么将严重影响教师的教学效果和学生的学习体验。而平台的安全性则关乎学生个人信息的安全，只有选择安全可靠的平台，才能确保学生在安全的环境下进行在线学习。随着教学需求的不断变化，平台是否能够提供足够的空间和可能性以满足未来的需求，也成为评估网络教学平台是否优秀的重要标准。因此，选择网络教学平台是一个综合性的决策过程，需要根据实际的教学需求和环境，慎重选择。

2. 做好体育教学资源的开发与上传

在开发教学资源时，应根据体育课程的具体要求和学生的学习需求，精心设计和制作符合教学目标的多媒体教学资源，如教学视频、动态示范图、理论知识解说等。这些资源需要具有一定的系统性和完整性，以保证学生通过学习这些资源，能全面、系统地掌握课程中的各项知识和技能。在上传资源时，需要考虑其组织和管理方式。资源应按照一定的逻辑和顺序进行分类排列，方便学生查找和学习。考虑到体育教学的特殊性，体育教学资源的开发和上传还需要关注动作的正确性和安全性，以及体育道德和精神的传播，以保证学生在获取体育技能的同时，建立健康的心态和价值观。

3. 做好体育教学模块的切割

在线体育课程教学资源的制定应根据体育教学模块的具体内容来进行。在创建这些资源之前，教师需要将体育教学内容细分为各个单元，然后根据这些单元进行教学资源的设计、收集、整合和上传。体育教学内容模块的细分需要考虑以下方面。

第一，应参考课程规划（教学计划）和体育教学目标，防止做出缺乏指向性的决策。第二，了解学生的体育学习状况和需求，避免过度主观的决策。第三，注重每个教学模块在知识、技巧和锻炼方法上的全面性和完整性，避免过于偏颇。第四，注重体育教学模块之间的系统性和连贯性，避免片段化。第五，充分考虑学生学习进度的差异，注意体育教学模块切割的稳定性和灵活性，避免过于刻板。第六，切割后的体育教学模块应在教学结束后便于评估。

（二）学生在线体育学习效果的评价策略

在翻转课堂教学模式中，学生的预习工作为课堂学习打下了基础。只有在完成预习任务后，课堂教学才能得以顺利进行。然而，在我国高等教育中，如何评估学生的预习效果是公共体育教学实施翻转课堂所遇到的一大挑战。在文化课的教学中，由于教学内容以知识为主，教师可以利用在线测试来评估学生的知识掌握程度。但是，体育教学以技能为主，仅仅依靠在线测试，教师仅能评估学生对于体育理论的掌握，而无法评估学生的技能掌握程度，这就需要教师寻找其他的评估方法。在如今的信息化社会中，智能手机、电脑等网络设备已经被普遍使用，利用各种网络平台进行学习和交流已成为常态。因此，应充分利用这些信息交流平台，将其融入翻转课堂的教学中。总结我国普通高校公共体育教学应用翻转课堂的经验，对学生在线体育学习效果的评价可以从三个方面进行：首先，通过学生在线测试的结果评估学生对体育知识的掌握情况；其次，让学生以小组为单位制作体育技术动作的练习视频，并上传到微信、QQ 等信息交流平台，教师通过在线浏览这些视频，就能了解学生的技能掌握情况；最后，教师通过启动网络平台上的体育技术学习讨论活动，从讨论过程中评价学生对体育知识和技能的掌握程度。

（三）课中体育教师对教学活动组织管理的策略

在体育课堂上，教师需要通过精心组织的教学活动，促使学生对所学的体育知识、技能和方法进行深化理解和实践。课堂活动的主要形式包括师生共同实践、小组研究与练习、组间竞赛、学习成果的展示，以及学习体验的分享等。值得注意的是，尽管学生在课前进行了自主学习，但由于缺乏专业教师的现场指导，他们模仿的体育技术动作可能存在误差。因此，使学生的技术动作规范化成了体育课堂教学的关键任务。教师可以引导学生进行技术动作的实践，这种师生共同实践的活动形式是必不可少的，并且应优先考虑，这将有助于及时纠正学生的技术错误动作。小组研究与练习可以进一步加深学生对技术动作的理解和体验，而组间竞赛则有助于营造活跃的课堂氛围，并加强学生的团队合作能力。学习成果的展示和学习体验的分享可以让学生体验到学习的成功和满足感，从而激发他们学习体育的积极性和自主性。将这些活动有机地结合起来，可以有效地促进学生的身心健康和能力培养。

（四）课后体育教学策略

学生通过学习和实践体育教学内容，尤其是参与各种课堂活动，可以将所学的知识、技巧和方法转化为实际能力。这与金字塔理论中的主动学习和建构主义理论中的“以学生为中心”的主张是一致的。然而，从认知形成的过程和技能形成的基本规律来看，学生在课前和课中的体育学习和实践过程仍是不完全的。在认识形成的过程中，一般需要主体发挥注意、试探、体验、识别、表达、试用、整合、记忆等智力活动的作用。[1] 整体看来，学生在课前和课中的学习和实践过程实质上是注意、尝试、体验、认识、表达和应用的过程，缺乏对知识、技巧和方法的整合及在整合之后的巩固，因此这并不是一个完整的认知形成过程。从技能形成的基本规律来看，技能形成的过程可以分为泛化、分化和巩固三个基本阶段。学生在课前进行的在线自主学习过程属于技能形成的泛化阶段，在课中参与的各种体育实践活动主要属于技能形成的分化阶段，缺少的是技能形成的巩固阶段。根据认知形成的基本规律和技能形成的基本规律，可以知道，在翻转课堂模式下的高校公共体育教学中，学生的体育学习是一个巩固的过程。如何引导学生在课后及时巩固所学的体育课程内容已经成为重要的教学任务。由于学生具有一定的逻辑分析能力，因此引导他们反思和总结学习过程中的问题，以提高其学习效果，是翻转课堂模式下课后体育教学的主要任务之一。

翻转课堂的学习过程包括课前预习、课堂内实践和课后复习三个连贯的阶段，三者共同形成一个有机的学习系统。课前阶段是学习新的知识、技能和方法，达到“过关”；课堂阶段是通过参与探索和实践活动，实现对所学内容的建构和内化；课后阶段是通过完成相关学习任务，实现对所学内容的巩固和拓展。在实际的教学中，体育教师可以采取以下三种方法指导学生在课后及时复习和巩固所学的体育课程内容，并通过反思和总结来改进他们的学习方法。首先，通过讨论区或在线作业的方式，提出问题，使学生进行巩固练习和反思总结。例如，教师可以在讨论区让学生总结在课前和课中的学习和实践中存在的问题和改进的方法，或者通过在线发布作业的方式，让学生根据本周的课程内容，提交小组的学习成果展示视频，并由小组长根据组员的学习情况撰写简短的学习总结。然后，根据

[1] 武文虎．论素质规律和学习规律［J］．教育理论与实践，2012，32（8）：11-13.

体育课程内容，提出小组间的课后比赛要求，由小组长在线报告比赛结果，并结合评价结果，使学生在课后复习和巩固体育课程内容。教师也可以在课堂中准备一些与教学内容相关的问题，让学生在课后根据自己的兴趣进行思考，这同样可以达到复习和巩固教学内容的目的。

第五节　俱乐部教学模式在高校体育教学中的应用

一、体育俱乐部教学模式的概念

体育俱乐部教学是一种独特的教学形式，它允许学生根据自己的选择和教学环境的实际情况，选择教师并进行特定项目的学习。这种学习方式旨在系统性地培养学生对特定项目原理和方法的理解，以及在组织和欣赏等方面的技能，使学生真正掌握一到两项体育运动项目，从而终身受益。体育俱乐部教学的核心在于激发学生的体育兴趣和提升其运动技能，通过俱乐部的形式进行教学。这种教学模式强调知识和趣味性的结合，理论和实践的交融，以及学生的主观能动性和创新性的发展。这种方法鼓励学生积极参与，并在体育活动中体验乐趣和成就感，旨在培养学生的体育意识，提高其运动技能。学校体育俱乐部教学模式主要以培养学生的终身体育观念、习惯和能力为目标，能有效地将学校体育和社会体育进行有机衔接，推动高校体育教学向终身化的方向发展。

二、体育俱乐部教学模式的特点

体育俱乐部教学模式主要有以下五大特点。

（一）明确的培养目标和指导思想

体育俱乐部教学模式以清晰的培养目标和指导思想为特色。这种教学模式旨在系统化和深化对特定体育项目的学习，为学生提供一个全面了解并真正掌握至少一到两项体育活动的机会。这些活动的选择取决于学生的个人兴趣和教学环境的可行性，为他们提供了终身参与体育活动的可能性。这种教学模式也旨在激发学生对体育的积极态度和兴趣，鼓励他们在学习过程中积极参与和体验运动带来的乐趣和成就感。在这一过程中，学生能够积极主动地参与学习，充分发挥他们的主观能动性和创新精神。

指导思想方面，体育俱乐部教学模式注重结合理论知识和实践操作，让学生在理论学习和实践活动中，体验知识和趣味性的交融。这种方法不仅增强了学生的学习兴趣，还有助于提高他们的运动技能，使他们能够在运动中找到乐趣，进一步培养他们的体育意识和能力。

（二）新颖的教学组织形式

体育俱乐部教学模式带来了一种全新的教学组织形式。在此模式下，学生能够自由选择他们感兴趣的体育项目，并在教师的指导下进行系统学习和实践。这种自由选择的组织形式充分体现了学生的主体地位，既满足了他们多样化的学习需求，又激发了他们的学习兴趣和积极性。体育俱乐部教学模式也强调教师与学生的紧密合作和交流。教师不仅是教学过程的指导者，还是学生在学习过程中的伙伴和引导者。他们通过设计和组织各种形式的学习活动，以引导学生深入理解和掌握所学的体育知识和技能，使他们在体育活动中获得乐趣和成就感。更为重要的是，这种教学模式鼓励学生通过参与俱乐部活动，建立和发展他们的社交能力和团队合作精神。学生可以通过组织和参加各种体育比赛、活动，加强与他人的交流和合作，提高他们的社会技能和团队合作能力。这无疑会对他们的个人发展和社会适应能力产生深远影响。

（三）会员制度

会员制度赋予学生一定的权利和义务，使他们更深入地参与俱乐部活动。一旦成为会员，学生即拥有了参与俱乐部决策、活动规划和实施的权利，这使他们有机会提升个人责任感和团队协作能力。该制度还有助于培养归属感和社区参与感。每个成员都是俱乐部的重要组成部分，他们的贡献和努力都会被俱乐部所认可和赞扬。这种归属感和认同感能有效地提高学生的参与度和满意度，从而增强他们的学习动力。在俱乐部里，学生需要遵守俱乐部的规章制度，承担起作为会员的职责，同时有机会挑战自我，提升自己的体育技能和领导能力。这不仅有助于他们在体育方面的发展，还在潜移默化中培养了他们自我管理和自我超越的能力。

（四）学生参与教学与组织管理

学生不仅是学习的主体，还是教学活动的积极参与者和组织者。他们不再是被动接受知识的对象，而是主动参与和体验学习过程的主角，他们将积极学习和掌握相关的运动技能，这种参与式的学习方法，有利于提升学生的实践技能。学生在组织管理中扮演着重要的角色，他们可以参与俱乐部的运营决策，负责规划和组织各类活动，有助于训练学生的组织协调能力和领导才能，也有利于培养他们的团队协作精神和责任意识。

（五）课内外一体化，拓展体育时空

从时间角度来看，体育俱乐部教学模式弥补了传统体育教学中局限于课堂的不足，将学习的时间线从课内延伸到课外，实现了课内外的有机结合。这种模式鼓励学生在课后的空闲时间，利用体育俱乐部的资源进行自主学习和练习。从空间角度来看，体育俱乐部教学模式打破了传统体育教学只能在固定场地进行的限制，将教学空间从课堂扩展到校园，甚至是社区，为学生提供了更丰富多元的学习环境，并将学习内容与现实生活更好地结合起来，使学生能够在实践中学习和应用知识。

三、高校体育俱乐部的分类

（一）业余体育俱乐部（课外活动俱乐部）

业余体育俱乐部作为学生课余活动的主要场所，其形式和运行方式较之传统课堂教学更为自由和开放。学生可以基于共同的兴趣点自行组织，或在学校的协助下，由学校机构组织成立。这样的俱乐部不追求盈利，运营资金可以免费，或由成员自行筹措。教练可以由学校提供，也可以由俱乐部聘请。学校的体育主管部门，如教务处、体育部、学生体育协会等，应发挥引导作用，对教研室、教练和各个系或年级进行有针对性的监督和指导。各个体育俱乐部应直接受到各个系或年级的领导和管理。俱乐部可以组织各种体育竞赛活动，以激发学生参与体育训练的热情和活跃性，磨炼学生的意志。

（二）休闲健身俱乐部

休闲健身俱乐部主要面向社会大众、教职工和一部分经济条件较好的学生，作为与市场直接相关的经济实体，其运营遵循市场原则，自主管理，并承担经营风险。从宏观视角来看，其管理主要分为外部宏观管理和内部微观管理两个层面。外部宏观管理层由省教育委员会、校领导等构成，通过制定和执行与学校相关的规章制度，对校内体育俱乐部进行宏观指导和管理。而内部微观管理层是指俱乐部内部的管理架构，作为经济实体，俱乐部应具有社会机构那样独立而完整的内部管理系统。

为此，应选择具备体育专业知识和体育经济管理经验的专家或者管理者担任管理职务。通常，管理体系的架构为董事会—董事长—总经理—主教练或部门经理。休闲健身俱乐部的日常运营资金源于个人或企业的投资，或者社会公益捐款。在经营管理方式和策略上，实行健身器材和教练服务的有偿使用，创新和拓展经营方式和范围，开发和销售具有体育俱乐部特色的商品和纪念品，为俱乐部的发展提供更多可能性。

（三）体育职业俱乐部

在体育领域中，学校的资源和能力差异导致了运动队整体水平的差异。一些院校拥有优秀的运动队和充足的经济资源，这为其提供了成立体育俱乐部的可能。一方面，这些学校可以举办职业级别的比赛，使他们的高水平运动员能够展现自己的技艺，并且通过比赛活动获取资金，为俱乐部的运营提供经济保障。另一方面，他们也可以在非课业时间安排一些适合学生参与的健身活动，既满足了广大学生的体育需求，也能够为俱乐部创造一些额外的收入。

四、高校体育俱乐部教学模式的构建

（一）健全体育俱乐部的管理体系，明确发展方向

对于如何健全体育俱乐部管理体系，会涉及一系列的组织架构和管理机制。它不仅要包含行政管理，如领导机构的设立、分工合作的机制等，还要涉及专业层面，如教练队伍的建设，学员培养计划的设计等。在这个过程中，要以学生为本，尽可能提供符合他们需求的课程内容和形式，并充分考虑师资力量和物资设备的实际情况。发展方向的明确，意味着俱乐部要制定出清晰可行的长期战略规划。这可能包括拓宽教学内容、增设新的课程类型、引进优秀教练、举办更多的比赛活动等。具体的规划要基于俱乐部的实际情况和环境因素进行制定，既要有理想的追求，也要有切实可行的步骤。

管理体系的健全和发展方向的明确也需要制度性的安排。例如，要设立合理的奖惩制度，鼓励教师和学生积极表现，也要设立适当的考核制度，以保证教学质量。要注重与其他俱乐部的交流与合作，借鉴他们的成功经验，丰富自身的教学内容和形式。

（二）加强高校体育俱乐部与社会组织的交流

体育俱乐部在教学模式的构建中，需要汲取各方面的经验与智慧。其中，与社会组织进行深度交流是一个重要的方式。这种交流可以在各个层面进行，包括与其他学校的体育俱乐部，甚至是与商业性质的健身俱乐部进行交流。这种交流可以帮助学校体育俱乐部获取新的教学理念，学习新的管理模式，还可以为俱乐部的长远发展提供一些创新性的想法。

与其他学校的体育俱乐部进行交流，可以学习他们的成功经验。这种交流可以通过参观学习、教师互访，甚至是联合举办比赛等多种形式进行。这不仅可以促进体育俱乐部成员之间的友谊，还能通过相互借鉴，提升各自的教学质量和管理水平。与商业性质的健身俱乐部交流，可以了解它们的运营模式，吸取它们在教学内容、课程设计、教师培养等方面的经验。这种交流还可以创造一些新的合作机会，如邀请俱乐部的优秀教练来校进行教学，或者由其为学校体育俱乐部提供一些高级别的训练课程。与社会其他组织的交流，如体育协会、体育培训机构等，也是较为有益的。它们可能会提供一些与专业体育训练、体育健康教育相关的知识和资源。这种交流可以提高学生的专业素质，提升他们的体育技能，有助于他们了解体育行业的最新动态，增强他们对体育事业的理解和热爱。

（三）合理设置体育俱乐部的教学内容

设置的内容应与学生的需求相匹配，既要满足他们的身心健康需求，也要满足他们对提升运动技能、认识新运动项目的需求。体育俱乐部的教学内容应设置基础和进阶两个层次。基础层面的教学内容，主要为初学者准备，目标是帮助他们了解和掌握基本的运动技巧，培养他们对运动的热爱。进阶层面的教学内容，则为已具有一定运动技能的学生而准备，其目标是进一步提升他们的技能，挑战他们的极限。体育俱乐部的教学内容还应包含一些特色项目。特色项目是指那些与众不同，具有一定吸引力的运动项目。这些特色项目，可以帮助俱乐部吸引更多的学生，也能让学生在体验中发现运动的乐趣。体育俱乐部的教学内容还应考虑现代人的健康需求。例如，可以开设一些健康教育课程，教授学生如何科学运动、如何预防运动伤害、如何健康饮食等，帮助学生建立正确的运动观念，形成健康的生活方式。俱乐部的教学内容还应具备一定的灵活性，这既体现在教学项目的多样性，也体现在教学方法的变化性。这样，才能适应学生的个体差异，使他们在俱乐部的学习中获得最大的满足感。

（四）建立“五种关系”发展俱乐部教学

“五种关系”体现了教师和学生间的互动与相互依赖，这五种关系包括互信、合作、平等、尊重和亲近。

第一，互信关系是教师和学生建立健康合作关系的前提。教师在教学中应展现出他们的专业知识和热情，全力以赴地传授知识，关心学生的学习进展和发展需求。尊重学生的个性和观点，鼓励学生表达自己的想法和问题。学生在教学中也应积极参与，表现出积极的学习态度和责任心，勇于向教师请教和讨论，以实现共同的教学目标。只有在相互信任的基础上，教师和学生才能更好地合作，形成良好的教学氛围，促进学生的全面发展。

第二，合作关系是教师和学生共同完成教学任务的必然结果。教师作为引路人，要用丰富的知识和教学技巧，引导学生在学习中前行。而学生作为学习者，应积极主动地学习，主动参与教学活动，并勇于提问和探索。在这种合作关系下，教师和学生之间能够形成良性互动，相互促进，实现教学的有效进行。教师的教学水平和能力得到提升，学生的学习成绩和学科能力得到提高，双方共同成长。合作关系也有助于培养学生的自主学习能力和解决问题的能力，使其成为具有独立思考和创新精神的终身学习者。

第三，平等关系是维护教师和学生关系的重要方面。教师和学生在教学过程中应该建立平等的权利和义务关系，相互尊重、理解和信任。教师要认识到每个学生都是独特的个体，拥有自己的兴趣、能力和学习风格，应该尊重学生的个性和差异，不偏袒、不歧视，平等对待每个学生。学生也应该尊重教师的工作和权威，遵守教师的纪律和规定，认真听讲和完成作业。只有建立平等关系，教师和学生才能真正地平等相待，相互理解，形成和谐的教学关系。这样的平等关系不仅有利于教师更好地发挥指导作用，激发学生的学习兴趣和潜能，还有利于学生积极参与教学活动，主动学习，提高学习效果。

第四，相互尊重是构建良好师生关系的重要条件。学生应该尊重教师的努力和付出，理解教师的工作压力和责任。教师是学生的引路人和指导者，在教学过程中付出了大量的心血和精力，希望学生能够认识到这一点，对教师给予尊重和理解。教师也应该热爱学生，尊重学生的自我价值和个性。每个学生都是独特的个体，拥有自己的优势和潜力，教师应该认识到这一点，不以成绩高低或其他标准来评价学生，而是要关注每个学生的进步和成长，帮助他们充分发展自己的潜力。相互尊重的关系有助于建立和谐的师生关系，营造良好的学习氛围，激发学生的学习动力和兴趣。当学生感受到教师的尊重和关爱时，他们会更加愿意听从教师的指导，主动参与教学活动，提高教学效果。

第五，亲师信道强调了教师和学生间的亲近关系和信任关系。在体育教学中，教师不仅需要具备扎实的专业知识和教学技巧，还要关心学生的个人成长和价值观的塑造。只有当教师与学生建立了真诚的亲近关系，赢得了学生的信任时，才能更好地进行教学活动，促进学生的全面发展。亲师信道的核心是师生之间的情感联系和理解。教师要积极倾听学生的心声，关心他们的需求和困惑，并且给予及时的帮助和支持。教师要关注学生的兴趣和爱好，鼓励他们参与体育活动，激发他们的学习兴趣和热情。教师还应该成为学生的榜样，自己先树立正确的价值观和行为规范，然后引导学生树立正确的价值观和人生观。亲师信道不仅有助于提高教学效果，还有助于培养学生的自信心和自尊心。当学生感受到教师的关爱和理解时，他们会更加自信，更加愿意主动参与课堂活动，更加积极地学习。亲师信道也有助于改善学生的行为表现，减少不良行为的发生，营造和谐的教学氛围。

第六节　线上线下混合教学模式在高校体育教学中的应用

一、线上线下混合式教学的概念

线上线下混合式教学是现阶段在混合式教学的基础上针对教学特点进行的补充。何克抗指出，混合学习就是把传统学习方式的优势与网络化学习优势相结合，不仅要充分发挥教师引导、启发、监控教学过程的主导作用，还要充分体现出学生作为学习过程主体的主动性、积极性与创造性。[1]

线上教学是网络教学平台与课程教学相融合；线下教学是在传统课堂的基础上，采用师生面对面实时交流与讨论的一种教学方式。线上线下混合式教学与网络远程教学有区别，也和纯粹的面授不一样，它的显著特征是线上线下两种学习途径在看似分离的时间和空间下融为一体，线上远程

[1] 何克抗．从 Blending learning 看教育技术理论的新发展：上［J］．电化教育研究，2004（3）：1-6.

教育与线下面对面教学的相互配合、相互连接，在课时分配、课程内容编排、师生角色、考核方式等方面有新的要求。

线上线下混合式教学在我国发展较晚，相关理论和实践并未完善，暂时还没有形成统一的概念。但共同之处都是将线上线下混合式教学看作教师和学生两大主体，通过在线教学与传统教学相结合的方式，教师发挥主导作用，充分引导学生进行主动和个性化学习。此时可以归纳理解为以下几点：(1) 线上线下混合式教学不是单纯的线上教学或线下教学；(2) 两者是相互融合、紧密联系的；(3) 与传统的“灌输式”教学相比，该教学模式不受时间、地点和空间的限制，在知识获取方面更加方便快捷；(4) 对教师的教学能力和学生的学习能力都提出了更高的要求。

为了使线上线下混合式教学更好地应用于本研究，本书将其定义为，是将线上教学与线下教学两者优势相结合，在整个教学活动中，以学生为主体，教师积极引导学生进行主动思考和创造性学习的一种教学方式。

二、高校体育线上线下教学模式的特征

(一) 教学形式灵活化

传统的体育教学多数在体育场馆进行，学生应按照教师的安排参与训练和活动。而在线上线下结合的教学模式中，学生可以根据自己的时间和空间自由选择参与体育活动，不受时间和地点的限制。线上体育教学可以采取诸如视频教学、在线课堂、线上教练等形式，这些教学方式能够充分利用网络资源，为学生提供丰富的教学内容。比如，学生可以在课堂之外，通过观看体育教学视频，学习和模仿运动技能。教师可以利用在线课堂，实时监测学生的学习进度，及时给予反馈和指导。线下体育教学也可以结合现代教学技术，如虚拟现实、增强现实等技术，为学生提供沉浸式的学习体验。这些技术可以帮助学生更直观地理解和掌握运动技能，提高学习的趣味性和效果。线上线下结合的教学模式，可以借助现代教学管理系统，实现教学过程的全程管理和控制。例如，教师可以根据系统收集的学生学习数据，进行个性化的教学设计和教学评价。这些都充分体现了线上线下教学模式的灵活性。

(二) 学生学习自主化

线上线下结合的教学模式，对学生的学习提出了新的需求，那就是学

生需要对自己的学习过程和结果负责。这种学习模式下，教师的角色更多的是引导者和指导者，而学生则需要自主参与学习，主动完成教学任务。在在线教学环境下，学生可以根据自己的情况，自由调整学习时间和学习进度。比如，学生可以选择在晚上或周末进行线上学习，也可以根据自己的学习进度，调整学习计划和学习速度。这样一来，学生就可以更加灵活地安排自己的学习，而不是被固定的课程表所束缚。线上线下结合的教学模式，还可以使学生自主选择学习内容，比如学生可以根据自己的兴趣和需要，选择不同的体育项目，或者选择不同的学习资源，如在线视频、教学软件等。在自主学习的同时，学生需要对自己的学习过程和结果进行自我评估和自我反思。这需要学生具备一定的自我管理能力和反思能力。为此，教师可以通过线上线下结合的教学模式，引导学生形成有效的学习策略，提升学生的自我学习能力。

三、线上线下混合教学模式在高校体育教学中的应用策略

（一）线上教学平台与综合教学管理系统的建立

构建高校体育的线上教学平台和综合教学管理系统是实施线上线下混合教学模式的技术基础。应用现代信息技术，对高校体育课程的在线资源进行共享，不仅是高校体育课程教学改革的逻辑延续，还是创新和改革的有力驱动力。线上教学平台和综合教学管理系统的建设不只是对高等教育科学发展观和高等教育质量工程理念的深化体现和聚焦呈现，还是高校体育教师利用文化和地理优势，探索信息化应用和发展新模式，为社会提供全新服务的重要步骤和尝试。

1. 对现有线上教学平台的分析

现有的线上教学平台主要分为两种类型。一种是以中国大学 MOOC 为代表的异步学习平台，这一平台主要为学生提供教学资源，使学生可以在任何时间进行学习，并在学习结束后通过平台进行问题解答和完成作业。这种教学平台的特点是强调在线自主学习和非实时交互。然而，对于重视实践和体验的大学体育课程来说，这种方式并不完全适用。这种方式需要学生具有较高的自我控制能力，并需要在线教学管理系统对学生的学习情况进行有效监督。另一种是以腾讯会议为代表的同步教学平台，教师可以实时授课，学生可以实时提问，模拟了线下教学环境。这种方式的特点是强调在线实时交互，但由于信息技术的限制，对学生的空间有一定限

制，不能进行需要大量身体活动的体育课程。

这两种线上教学平台都有自己的优点和不足，但都不能完全替代传统的大学体育课程。在建立综合性的线上教学平台时，需要兼顾这两种方式的特点，同时注意对学生学习情况的监督和教学质量的评估。只有这样，才能最大化利用线上教学平台，为学生提供更好的学习环境和体验。

2. 建立统一的高校体育教学平台

第一，实现高校体育教学的有效整合，有必要在教育行政部门的领导下，创建一个由各地高校组成的全国性和区域性的体育教学联盟。这样不仅可以提高不同区域间体育教学的效率，丰富学生的学习内容，还助于避免教学模式的同质化。同时，地域性的联盟可以强化同一地区不同高校之间的交流，提升体育教学的质量，并形成全国范围内的协调教学模式。

第二，线上教学平台的建立应向社会全面开放，以提高公众的体育素养，使他们能够享受到优秀的体育教学资源。平台的开放性不仅可以为高校之间提供互相学习、借鉴的机会，还可以通过社会反馈，提高平台的教学质量。

第三，为实现教学资源的共享，需要建立一套合理且统一的课程管理标准。在教师的培训阶段，这种统一的标准能够提高教师的学习效率，降低学习成本，并且避免因对不同学生采用不同的管理和评价标准而导致的教学混乱。

第四，搭建教师在线交流的网络系统是至关重要的。鉴于不同高校体育课程的开展有各自的特色，这就需要教师之间进行频繁交流，以提高他们的教学能力。此外，老教师的教学经验是宝贵的资源，而通过在线交流系统，这些经验可以被有效地利用，进而提升教学质量。

3. 建立高效的管理平台

(1) 建立学生画像系统。构建学生个性化画像系统是至关重要的一步，以便根据不同学生的特征，设计和实施分层次的体育教学计划。在此过程中，教师应坚持人本主义原则，也就是在尊重、关怀和理解学生的基础上，以服务为理念，制定教学管理方法。

高校培养人才的成效是否满足学生的期待，其关键在于学生的学习体验。只有坚持“以人为本”的教学管理理念，教师才能从“控制学生”转向“服务学生”。在管理学生的过程中，教师需要承认并尊重学生之间的差异，如他们的身体素质、行为习惯，以及认知水平等。因此，教师应当体现出层次性和差异性，教师需要利用在线平台，对学生的信息进行深入分析，以此来制定适应不同学生的学习策略。同时，学生的学习需求变得越来越复杂和多样，教师需要主动收集并重视学生的反馈，站在学生的角度去理解他们的需求，并据此来制订体育教学计划。

（2）建立意见反馈平台。构建意见反馈机制，携手各方共同营造优质的教学氛围，需要以教育管理结构为基础，并充分尊重和纳入教师和学生的反馈。在当下的普及化教育环境下，大学生对教学质量的期待不断提升，他们对传统教学的接受度可能会有所下降，新的需求与固有的教学模式可能会产生冲突。因此，高校教学管理需充分尊重学生的观点，通过教师、学生及教学管理者的共同参与来推动教学模式的发展，以达到提升教学质量的目标。

一方面，作为教学的主要受益者，学生在接受高等教育的过程中，有权提出自己的需求，并对教学管理提出改进建议。在教学计划管理上，学生应被赋予一定的决策权，教学管理者需听取学生的意见，满足其需求，从而提升教学管理的科学性和有效性。在教学运营管理上，应接受学生的监督与评价，定期进行满意度调查，以便深入了解学生对现有教学管理体制的看法，据此进行改进，提升管理水平。在教学质量管理上，应逐步构建有效的机制，让学生能参与学校的教学质量保障活动，积极接纳学生的反馈和建议。

另一方面，教师作为教学的主要参与者，对教学的各种因素和学生特点有深刻的理解。教学管理者需要充分发挥教师的专家角色，让他们参与到教学管理中来，这样才能有效提升管理能力，提升教学质量。同时，引入第三方评价机构也能提升教学质量评估的专业性和公信力。

（3）以线上平台为基础，建立线上线下综合教学管理平台。信息技术的运用打破了线上和线下教学的时空界限，从某种程度上提高了学生学习的自由度。在这种情况下，教学管理不能只专注于线上或线下，单一的管理方式可能会导致线上和线下教学的分离，从而将一门课程割裂为两部分，这并不能提升学生的学习效率，反而会降低教学质量。因此，需要建立一个能同时考虑线上和线下教学的综合平台，对教师的教学和学生的学习进行全面管理。

各个教学管理机构应根据自身情况制定合理的提案和策略，并以此为基础，形成适应学校实际需求的政策规划，确保线上与线下教学之间的稳定切换和连续性。应以线上平台为综合管理平台的主要工具，充分利用线上平台快速处理和传输数据的能力，实现线上线下教学数据的同步传输，并对教学过程中产生的数据进行反馈，及时解决教学中出现的问题。学校需要将信息教学资源规范化，建立功能完善的教学资源中心，不仅为学生提供优质的线上学习资源，还为教师提供有效的线上线下教学资源。同时，加强对国家、省级和学校资源共享平台的使用，实现自主研发创新。加强信息技术基础设施建设，确保在线下课程中教师和学生在教学过程中产生的数据能高效地向线上传输，使线下教学和学习的成果可视化。管理平台应便于教师和学生使用，从本质上来说，线上管理平台是为教师和学生服务的，因此在设计管理系统时应让界面简洁明了，让教师和学生都能够轻松操作。最后，需要建立让教师和学生能及时进行反馈的系统，让他们能够参与评估，充分考虑他们对教学实践的意见，让他们也能参与到教学管理工作中来，以确保线上线下混合教学的持续发展。

（二）根据高校体育课程特点分配教学内容

1. 线上同步教学

线上同步教学以网络视频系统为基础，具有方便传输文字和视觉信息的优点。它能帮助学生从宏观视角了解运动项目，并能讨论运动技能、健康行为和体育道德等方面的问题。以下是其在高校体育线上线下混合式教学中的发展路径。

第一，教师可以与学生通过共同欣赏体育赛事，分享运动员的经历来培育学生的体育道德和健康行为认知能力。例如，“奥运裁判带你鉴赏赛事”这一课程通过欣赏中国女排比赛，向学生传达爱国主义精神、团队合作精神和拼搏奋斗精神。课程以传统民族运动如太极、龙舟为讲述点，让学生理解传统体育的美。这种方式可以让学生体验体育的美妙，领略体育精神中的无私、团结、容忍和诚实，感受中华民族传统体育的深沉内涵。这样可以从思想上引导学生树立终身锻炼的意识，并进一步提高他们的身心素质，改变他们对体育的认识。通过比赛视频和教师的讲解，可以让学生更深入地理解体育精神，让他们明白参与体育活动的意义及体育活动可以带给他们什么，从而激发学生对运动的热爱，增强他们参与体育活动的积极性，并塑造他们的终身体育观念。

第二，教师通过讲解运动项目的技术动作和运动实践，提高学生的运动能力。由于当前的互联网技术存在一些限制，线上视频课程在传递三维空间中身体运动轨迹信息的效率上可能低于线下教学，因此在线上线下混合式教学模式中，线上同步教学不能完全取代线下教学中技术动作的练习，但它对体育教学的贡献不可忽视。在线下进行运动能力训练之前，线上的运动项目讲解可以作为课前的预习，来提高学生的学习热情，让学生形成动作的视觉印象，为线下课程做好准备；在线下进行运动能力训练之后，对技术动作的讲解有助于学生巩固对运动能力的认识。

第三，教师可以通过网络视频和运动健康知识的讲解，向学生传授如何通过运动保持身体健康并预防运动损伤的知识。教师教学内容需与学生的生活经验相结合，强调教师与学生、学生与学生之间的线上互动，通过互动和反思，促进学生深度学习，从而培养学生的健康行为。这里所说的生活经验指的是学生在体育课程和线下运动中获得的经验，这种经验是通过长时间的学习和活动累积的。

2. 线上异步教学

线上异步教学采用数字化平台，师生可以在不同的时间和地点进行教学交互，这种方式在高校体育线上线下混合教学中的发展路径具有以下特点。

第一，利用网络资源，学生可以自行回顾和研究已结束的教学课程，巩固和深化对知识的理解。这种方式利用了网络教学信息可留存和反复学习的特性，对于促进运动技能的练习和改进，如避免动作变形等问题，具有积极意义。例如，教师可以为学生提供精选的运动视频，作为学生学习的参考和指导。

第二，借助互联网的海量信息，学生可以自我寻找和学习相关的体育教学扩展资源，根据个人需求和兴趣，开展自我指导学习，实现个性化发展。这种线上体育教学的方式，可以帮助学生充分理解和掌握体育精神、提升体育认知水平、增强锻炼意识、了解健康知识。

第三，教师可以通过线上学习平台或互动工具，进行教学资源发布、作业批改、错题分析等教学活动，也可以参与学生的互动交流、学习成果提交、自主练习和学习感悟分享等活动。这种方式能够让教师更好地理解学生的学习情况和需求，以帮助学生学习。

3. 线下同步教学

线下同步教学需与线上教学相衔接，并主要从运动技能、运动品德和健康行为三个方向展开。

在运动技能的培养上，线下同步教学以线上同步教学的基础学习为前提，因此需缩短教师示范和解说的时间，延长学生实践和教师与学生交流的时间。这种交流的主要目的是通过教师纠正错误，优化学生的技术动作，让学生亲身体验运动技术。与其他学科不同，体育在很大程度上需要通过学生的主观感受引导其学习。纯粹的线上学习很可能会导致学生出现“看似理解，实践却忘记”的现象。

在运动品德的培养上，体育品德包含体育兴趣、健康的生活方式、体育道德和体育精神等方面，这些在理论学习的基础上，需要通过学生的参与和体验体育互动活动，进行感受和理解。例如，在素质拓展活动中的信任摔背，学生可以通过实践体验对他人的信任和被他人信任的感觉，理解付出与收获的关系及换位思考的重要性。这些只有在实践中才能真正获得。

在对健康行为的培养上，在线下同步教学中，教师除了教授运动技能，还需要讲解如何预防常见的运动损伤，在实践中让学生直观地感受到保护自己的重要性，树立正确的运动安全观念。比如，在游泳课程中，教师通过理论讲解和实践指导，教授如何进行心肺复苏等水上紧急救援技术。这类实操性的运动损伤预防及应急处理技术在实际操作中的学习，能提升学生的学习效果，使他们熟练掌握这些技能。

4. 线下异步教学

线下异步教学注重学生在非正式教学时间的个性发展和运动实践的参与，涵盖了课后作业、体育活动及校园体育赛事等环节，是高校线上线下混合式教学发展的重要组成部分。

在运动技能上，学生应通过自选的体育活动，把在课程中学到的理论知识和技能付诸实践。学生可以根据自己的兴趣和技能水平，选择合适的体育活动，加强技能的运用和提高。为此，高校需要有良好的体育设施，为学生提供足够的空间以便学生自由运动，同时应建立完善的校园体育赛事体系，为学生提供表现自己的平台。在运动品德方面，学生应在参与运动实践中，深入体验体育活动的乐趣，培养对体育的热爱和责任感。这样可以增强学生的身心健康，促进其品格培养。在健康行为上，学生应能将学到的健康知识应用于日常生活，以养成健康的生活方式和运动习惯，为拥有强健的体魄和健康的心理提供支持。

（三）加强师资队伍建设

教师是高效混合教学的主导者和实施者，他们的素质、能力和教学方式，决定了混合教学的质量和效果。在混合教学中，教师的角色不再仅仅是知识的传授者，更是引导者和协助者。他们应有能力引导学生在线上掌握理论知识，又能在线下实践中指导学生将知识应用到技能培养中。

一方面，需要加强教师队伍的专业技术培训，提高教师的教学技能和技术应用能力，使他们能有效运用各种线上线下教学手段，提高教学质量。另一方面，需要加强教师的理论知识学习和教育教学理念的培养，使他们能根据混合教学的理念，设计出有趣、富有挑战性和适合学生发展的教学方案。此外，教师应具备优秀的沟通和组织能力，能够根据学生的学习需求和情况，调整教学计划和方式，使学生能够在体育活动中体验到学习的乐趣和成就感。教师还应具备一定的创新能力，能根据混合教学的特点，设计出新的教学模式和方法，提高学生的学习效果和满意度。

第四章　高校体育的教学评价改革

第一节　高校体育教学评价的改革

近年来，随着高校体育教育改革的不断深入，体育教学评价的改革也越来越受到人们的重视。体育教学评价是教育评价的重要组成部分，是依据既定的体育教育目标，通过对评价手段和技术的有效运用，测量、分析并比较体育教学活动的过程及结果，进而给出价值判断的过程。体育教学评价的目的是更好地对体育教学工作进行宏观调控，更加科学地对体育教学工作进行管理，进而促进体育教育的发展。

一、高校体育教学评价的原则

高校在进行体育教学评价时，只有在坚持一定原则的基础上进行科学的评价，才能真正有利于体育教学目标的实现。

（一）全面性原则

在高校体育教学中，教学系统是十分复杂的，教学任务是极其多样化的，因而体育教学的质量能够从不同的侧面得到反映。因此，在进行高校体育教学评价时，应坚持全面性原则，对教学活动进行多角度、全方位的评价，以切实促进体育教学质量的提高。

（二）实践性原则

高校体育教学是一门有着很强实践性的学科，而且体育的能力、水平和素质最终要体现在实践活动中。一般来说，这种实践活动包含体育身体素质、体育技术水平、体育兴趣和爱好四个层面。因此，在进行体育教学评价时，应该在实践活动中进行，并对实践活动的四个层面都给予重要关注。

（三）科学性原则

高校体育教学评价的结果要想拥有实际的意义，就必须在进行体育教学评价时坚持科学性原则，以客观规律为依据，科学化地选择评价方法、标准以及程序，同时要力求避免经验式和直觉式的教学评价，一切结果都要有科学化的依据。

二、高校体育教学评价的特征

高校体育教学评价有着自身独有的特征，正是这些特征使得高校体育教学评价能够促进体育教育的发展。

（一）评价内容的全面性

高校体育活动的效果是对各种体育活动进行综合后的效应，因此在进行体育教学评价时，要对教学的内容进行全面性的评价。

（二）评价目标的发展性

高校体育教学目标是一切体育教学活动的出发点和落脚点，集中体现了体育教学主体的价值观念，也是进行体育教学活动成效评价的重要依据。而伴随着社会经济的发展以及思想观念的变化，体育教学目标也会有所发展。因此，在对体育教学进行评价时，要针对发展了的体育教学目标进行评价。

（三）评价主体的多元性

在高校体育教学评价中，教师和学生作为评价主体已摆脱了以前那种消极的被评价的状态，开始主动参与到体育教学评价中来。而且，体育教学评价不再只是教师和学生间的互动，学校、家长以及社会也应该参与到这个评价过程中来，使评价成为多主体共同参与的活动。

（四）评价方法的过程性

在高校体育教学评价中，评价方法不再将体育教学结果作为唯一依据，而是将重心放在对学生体育学习过程的全程跟踪与考查上，教师开始注重学生学习的全过程，对其学习过程中的进步与发展给予更多关注并及时予以评价。

三、高校体育教学评价的内容

高校体育教学评价的内容，主要有以下五个方面。

（一）高校体育教师对体育教学过程的评价

在高校体育教学评价中，教师对体育教学过程的评价是通过一定的理论与实际方法的运用，来实现对体育教学过程与教学结果的评价，包括“教师对自己教学情况的自我评价”和“教师之间的相互评教活动”两种形式。

（二）高校体育教师对体育学习过程的评价

在高校体育教学评价中，教师对体育学习过程的评价在体育教学评价体系中处于主体地位，主要的评价对象是参与其中的学生，包括“教师在学习过程中对学生的激励评价”和“教师对学生体育学习结果的成绩评定”两种形式。

（三）学生对体育教学过程的评价

在高校体育教学评价中，学生对体育教学过程的评价越来越受到人们的重视，包括“学生在学习过程中对教师教授内容的随时反馈”和“有学生参与的评教活动”两种形式。

（四）学生对体育学习过程的评价

在高校体育教学评价中，学生对体育学习过程的评价在新的《体育与健康课程标准》中得到了高度重视和提倡，包括“学生的自我评价”和“学生之间的相互评价”两种形式。

（五）其他评价

在高校体育教学评价中，其他评价主要指的是除教师和学生以外的其他人员对体育教学做出的评价。

四、高校体育教学评价的现状

在高校中，体育教学评价始终是一个非常薄弱的环节，因而当前的高校体育教学评价仍存在不少的问题。

（一）高校体育教学评价不能很好地体现体育教学目标

高校体育教学目标是体育教学评价的重要依据，而体育教学评价既是对体育教育目标实现情况的检查、鉴定及总结，也能对体育教学目标的调整和改进提供一定的反馈信息。当前，体育教学的重要目标是增进健康，但在进行体育教学评价时却主要以体能指标评价体育成绩，因而无法很好地体现体育教学目标。

（二）高校体育教学评价的标准和内容缺乏科学性

当前，高校体育教学评价的主要实现形式是考核，而考核的主要对象是学生。而且，当前的教育教学评价仅仅针对各个分开的学科课程，而忽视了各个学科课程之间的有效整合。此外，当前的体育教学评价只注重结果，而忽视了过程；只注重学生身体素质、知识技能的发展，而忽视了学生个性、意志及情感的发展。因此，高校体育教学评价的标准和内容还缺乏科学性，需要进一步进行完善。

（三）高校体育教学评价的方法过于单一

高校体育教学评价的方法有量化评价和质性评价，量化评价关注的是“是什么”“有多少”，而质性评价关注的是“什么方式”“什么样”“多大程度”。但当前的高校体育教学评价大多只是运用量化评价，而忽视质性评价。高校体育教学评价的方法还有形成性评价和终结性评价，形成性评价关注的是体育教学的过程，而终结性评价关注的是体育教学的结果。但当前的高校体育教学评价重终结性评价而轻形成性评价，因而无法对体育教学的过程进行有效评价。

（四）高校体育教学评价的主体不全面

当前，高校体育教学评价的主体是教师，学生自评以及学生间的互相评价还未被纳入教学评价体系中，学校、家庭以及社会更是很少会参与到体育教学评价中，从而使得评价的结果过于片面。

五、高校体育教学评价改革的趋势

通过以上内容的介绍，就可以进一步得出高校体育教学评价改革的趋势。

（一）高校体育教学评价由单一向多元化方向发展

高校体育教学与其他学科教学相比，在课程体系结构、授课方式以及实践等方面都存在着很大的不同，而且学生个体在体育素质方面也有着非常明显的差异，这就使得单一的体育教学评价无法保证评价结果的真实性以及准确性。因此，只有将多种体育教学评价的方法综合起来进行运用，才能使教学评价的效度和信度得到很大提高。

（二）高校体育教学评价由重视评价结果转向重视评价过程

从当前高校教学改革的趋势来看，对教学和学习过程以及学生实践能力和创新精神的重视成为了人们的共识。而且，随着体育教育观念发生的深刻变化，不但重视传授体育知识和技能，而且更加关注学生的个性发展、创造精神和能力；更加注重对体育理论和技能的贯通以及对体育学科知识和其他学科知识的融汇；更加注重体育知识的运用。因此，体育教学的评价需要与这种转变相结合，从重视评价结果向重视评价过程转变。

第二节　教学评价体系改革的策略

一、体育教学评价的本质特征

作为人类特有的一种认知活动，评价是一种以把握世界价值为目的的认识活动，其主要是表达世界对人的价值与意义所在。而价值本身是存在主客观之分的，评价是为了解释这种主客观的价值关系设计的，而不是去创造关系，因此评价仅仅是一种促进事物发展方向的措施。作为教育评价体系的组成部分，体育教学评价是一种一般评价在教育领域中的体现，是按照一定的评价标准，结合适当的方式与手段，对体育教学的构成要素、过程和效果进行的综合评价活动。体育教学评价的主体是各级教育行政管理部门、社会组织，以及学校、教师甚至学生等；客体是教学的对象，一般是指教学的质量、教学的整体过程、教学的结果、学生能力的提高程度，以及其他诸多方面。这些都体现出了教育评价中的主体和客体的价值关系。我们在进行体育教学评价时，需要先了解评价主体的需要，其次要搞清楚体育教育的本质；再次要树立正确的体育教学评价的价值观。只有将三者统一协调起来，才能充分发挥体育教学评价的功能。

二、我国体育教学评价体系的现状

（一）评价内容不全面

我国现有的体育教学评价存在以下特点：注重体育教学的结果，忽视其过程；注重发展学生的认知因素，比如学生的体育专业知识、技能、身体素质等，但是对非认知因素如情感、个性、人格、意志等的发展多有忽略；缺乏对学生终身学习能力、体育能力、合作与沟通能力等发展性目标的评价。

因此，不管从评价内容来看，还是从评价标准的制定来看，我国现行的体育教学评价都不能体现体育教学目标所要达到的整体性要求。

（二）评价方式不科学

体育教育本身是一件极为复杂的工作，存在着独有的特殊性，其中不乏大量的人文因素的参与。在21世纪，面对日益激烈的全球化竞争，我国需要的是素质全面发展的复合型人才，不仅要增强学生的体质，使其拥有健康的体魄，还要培养健全的人格、良好的学习和沟通能力、正确的价值观及过硬的心理品质，这些才是更重要的评价标准，但是这些很难量化。所以，我国高校体育教育评价方式，不能只用量化的评价方式，而应该将定量评价和定性评价结合起来。

（三）忽视过程性评价

我国目前采用的体育教学评价是终结性评价，即教学活动完成后，对教学成果进行的总评价。这种评价是对已完成的教学进行价值判断，从而为做出各种决策提供依据。在体育教学评价上，多数教师一般将评价重心放在终期考核的成绩上，这种终结性评价并没有真实反映学生学习反馈的学习效果，对帮助学生改进学习也存在一定的局限性，但教师们还没有正确认识到这一点。事实上，他们忽略了非常重要的学习的过程性评价。

（四）忽视自评与互评

评价的方式有多种，在教学中既可以教师评价学生，学生可以对老师的教学进行评价，学生还可以相互评价、自评等。但在我国体育教学评价中，体育教师往往注重对学生的评价，但师生之间的互评不常见，师生之间缺乏必要的沟通，这导致无法及时发现和处理教师与学生之间的问题，学生的积极性也会不高，这会阻碍学生终身体育习惯与能力的养成。

三、如何构建高校体育课堂教学评价体系

（一）更新体育教学评价理念

一个科学评价机制的建立，必须要以素质教育为根本，要抓住素质教育基础性、全面性、主体性、个体性等特点，正确认识学校体育在素质教育中所起的作用，明确学校体育的教育目标。评价机制要确保评价目标和教育目标的一致，并以此为依据设计体育教育评价的指标体系。科学化的评价指标与可操作性强的评价办法才能使评价体系发挥正确的导向作用。因此，体育教育评价的指导思想应全面更新，建立多角度多方法的综合质量评价，既要注重体育知识、技术、技能等学习成果的考评，又要加强对学生体育能力、情感、意志、思想、品质等方面的关注，既要注重教学效果的评价，又要加强对教学过程的评价，特别要重视学生在学习过程中的努力程度与进步幅度。

（二）体育教学评价内容多元化

把学生目标划分为运动技能、运动参与、身体发展、心理健康与社会适应等五大领域，说明学校体育的教学目标是多种多样的，这在教育界和学术界早已达成共识。因此，体育教育教学评价的内容应该向多元化发展，不能只保持单一的技能或健康测评，而应该将认知、情感等的评价予以重视。

（三）注重评价方法多样化

1. 自评与他评相结合

评价方法应该多样化，开展自评与他评、学生评价与教师评价相结合。在以往几十年的体育教学评价中，教师评价是绝对的评价主体，教师对学生的评价理所当然，几乎没有人对这个权威式评价提出质疑。但是，真正能了解学生主体的学生本人，而不是教师。心理学认为：外因是变化的条件，内因是变化的基础，要使被评价者自主地去改正自己，就必须让

他们先认识到自己的不足和缺点。而目前我国高校正是缺少学生自评、学生评价教师等评价方式，仅仅认可学校评教师、教师评学生的方式。这种他评方式让教师和学生产生急功近利的思想且备感压力，对学生终身体育习惯的培养和老师的教学效果的提高都是很不利的。然而自评的方式，会让教师与学生增强参与的积极性，大大提高主动性，这样就能更好地投入到教学和学习中去。因此，要加强学生自评与师生互相评价，将这两种评价方式与体育教师评价有机结合起来，充分发挥评价方式的功能。

2. 终结性评价与过程性评价相结合

过程性评价侧重于学习过程的纵向评价，相对于终结性评价而言，具有一定的弥补功能。过程性评价的方式比较灵活，可以给教师与学生提供及时的反馈，从而不断改进教学。同时，过程性评价更容易让教师注重学生非智力因素的发展，对体育教学终极目标的实现非常有利。因此，在评价方式中，应将终结性评价与过程性评价相结合，逐渐淡化终结性评价，而加强过程性评价的运用，可以有效调节教学的各个阶段，让教学过程更趋向于科学与合理，提高体育教学的质量。

3. 定量评价与定性评价相结合

定量评价是一个评价体系最基本的评价标准，在体育教学评价中也占据着主导地位。但体育教学作为一项复杂的教育工作，很多东西是不能用量进行衡量的，比如学生的思想、情感、习惯、学习态度等，根本无法量化。所以科学的评价体系，应该引入定性评价标准，否则这个评价体系就是不完整的。因此，要想全面把握被评价者的学习情况，应该将定量与定性评价相结合。

4. 绝对性评价与个体差异性标准评价相结合

个体差异性标准评价有利于学生增强学习的自信心，看到自己的进步。体育过程重视的是学生的进步与发展，体育学习评价既要采用绝对性评价，又得强调个体差异性评价。具体可以采用“相对评分法”：在学生入学开始时，通过诊断性评价建立一套学生个人的学习档案，包括对学生的知识、技能、体能等方面的摸底，作为学生的大学起点成绩；通过将每学期结束时的终结性评价结果与学生每学期开学时的起点成绩进行对照，就可以发现每个学生一学期学习进步的幅度，从而让每个学生看到自己的进步。

科学评价应重视对学生心理健康发展及体育学习态度与情感的评价，培养学生的终身体育习惯。体育教学的目标是为了使学生身心都得到健康的发展，在评价学生体育学习时，不仅要考虑身体素质的提高和运动技能的获得，还要把学生的心理和谐发展作为考查的指标。体育学习态度体现在参与者参与体育的积极性上，即学生是否积极地学习体育锻炼的知识，是否主动投入体育锻炼，是否主动与他人进行体育交往等。可以从平时提问时学生回答问题的程度、学生自行解决问题的能力、学生在运动中的积极性等方面，通过当场打分或口头表扬的方式，及时对学生的学习态度给予评价，以此提高学生的参与意识。只有这样，才能提高学生对体育的兴趣，才能养成终身体育的意识和习惯。

第三节　教学评价体系的构建

在我国各级教育模式中，体育一直是其中的重要组成部分，并且，在人才培养的指标体系中，体育素质的高低是衡量学生综合素质的关键要素之一。而为了适应时代发展需求，学校教育教学（包括体育教学）中正在不间断地进行着各种各样的改革甚至变革，目的是使学生的专业知识、身心水平、创新程度能够达到社会的预期，实现人才培养的目的。高校体育教学位于学校体育教学的最后阶段，它不仅关系到学生身心素质的整体提升和素质教育的全面推进，还关系到全民健身活动的实施和高等教育人才培养的质量。但是，长期以来，由于历史和社会诸多因素的影响，高校体育教学工作远未得到社会的普遍认可。为此，除了需要在体育教学资金投入、人才队伍建设等方面加大支持的力度外，还应对教学工作的过程和结果进行必要的评价，发现其中存在的问题，寻找改进的方向。

基于此，本节对高校体育教学评价体系的构建问题进行了系统的研究，阐述了构建高效体育教学评价体系的理论基础，分析了评价体系的组成要素，给出了高校体育教学评价体系的构建路径。旨在通过本文的工作，为高等教育中的体育教育和人才综合素质的培养提供一定的借鉴信息。因为，高校体育教学评价体系的建立是一个极其复杂的系统工程，并且在社会对人才要求越来越“苛刻”的今天，建立这一评价体系已经是大势所趋，唯有如此，才能更好地促进高校体育教学工作的开展，顺应社会人才观的时代取向。

一、构建高效体育教学评价体系的理论基础

（一）行为目标评价理论

在西方现代教育评价史上，行为目标评价理论是第一个产生了重大影响的理论。该理论采用“结果参与”的模式，将教育方案、计划和目标直接传递到学生层面，通过学生的成绩表示出来，并进一步地将这种“行为目标”作为教育评价的主要依据。其具体实施过程是，首先由教师制定出具体的教学目标，并将其与教学结果进行比对，并在这一过程中对教师的教学行为进行调整，使两者最大程度地保持一致。从这个角度讲，行为目标评价理论的评价目的是十分明显的，即通过对确定实际教育活动结果的确定，达到预定教育的目标。

（二）人本管理理论

该理论从心理学的视角出发，将得到尊重和获得自我实现看做是人类行为中最基本和最持久的动力。只有当个体的心理趋向得到了尊重和重视，才能激发其主体性，促使其积极主动地参与社会活动，并在这一过程中，逐渐地实现自身的价值或者行为的价值。无论是作为高校体育专业的教师还是学生，都希望通过对体育教学过程和效果的评价，确认自身行为是否符合组织的要求，由此来开发潜能，明确自身的需要与组织目标之间的关联，继而完成自我价值的实现。

（三）加德纳多元智力理论

体育教学评价体系需要根据时代的要求进行动态的调整，“多元智力理论”便是重构该体系的重要基础。加德纳多元智力理论认为，任何个体能够同时拥有多个（多种）相对独立的智力，且其组合和表现形式因个体差异而不同，不同个体的智力也就具有了不同的特点。为此，体育教师应从多个不同的视角出发，通过对学生多个方面的观察和分析，来对学生的优缺点进行综合评价，并以此为依据，促进教学水平的提高。因此，在体育教育过程中，除了要促使学生对体育活动进行主动参与和探究外，还应通过彼此之间的交流与合作，强化师生之间的角色互演，达到“教学相长”的目的。这一理论的提出，在当时的西方乃至今天的世界各地都产生了深远的影响。

（四）教育目标分类评价理论

在对教育教学进行评价之前，首先要确定教育的目标及其分类。这项工作由以布鲁姆为代表的一批专家较早地进行过，但是在被确定下来的三个领域中，未对动作技能给予必要的重视。到了 20 世纪 70 年代，这一关键性的工作继续由哈罗和辛普森补充完毕，至此，教育目标分类评价理论得以成型，成了一个相对完整的体系。在哈罗和辛普森的研究中，他们分别将“动作技能”分为六大类和七大类，虽然类别的数量不同，但整体上内容并不存在明显的差异。

二、高校体育教学评价体系的关键组成要素

高校体育教学评价体系由学生、教师、教学管理和教学环境四个关键部分组成，其共同构建了高校体育教学评价体系的层次结构。

（一）学生

学生是高校体育教学评价体系的关键群体之一，对其进行的评价往往要从以下三个方面进行——学习能力的强弱、运动兴趣和运动水平的高低。学习能力主要表现在对体育课程的理解能力、对教师示范动作的模仿能力、对体育技能的应用能力等；运动兴趣主要表现在对运动的整体态度(喜欢、一般还是排斥)、对特定运动项目的接受程度、习惯于单独进行的体育运动还是习惯于集体行为等；运动水平主要包括学生参加“体育达标”测试的成绩、对特殊运动项目运用的熟练程度、身体素质水平等。与此同时，在对学生运动水平进行评价时，应将其看做是身体基本活动能力和运动参与成绩的综合，并采用开放式的评价形式。

（二）教师

在高校体育教学评价体系中，教师的作用与学生同等重要，但是教师群体的评价内容却更加多元，除了需要对自身进行评价外，还应考虑到教学行为的对象——学生的感受。因此，评价内容包括教学技能水平、教学组织水平和学生满意水平三个方面，前两个方面指向教师，第三个方面指向学生。其中，教学技能水平是教师进行教学活动的“基本功”，只有教师具备了一定水平的语言表达能力、语言感染能力和知识储备，才能从事教学活动。可见，这一指标是根本、是最关键的一环。除此之外，教师的

教学组织水平将直接影响到教学效果的好坏，组织能力包括教学计划的设计水平、教学进度的合理安排、教学情境的创设、教学节奏的把握以及教学过程中突发情况的处置等；学生对教学活动的满意程度直接关系到教学效果的优劣，涉及的评价指标包括学生“评教”的成绩、出勤情况、作业完成情况等，因为这些指标都在某种程度上反映出学生对教师（体育教学）的满意程度。

（三）教学管理

只有学生和教师的体育教学活动是难以长久地规范开展的，因此，在高校的体育教学评价体系中，体育教学的管理工作是十分重要的，它直接关系到教学工作的整个过程。在这一方面，可供采取的评价指标主要有教学管理单位“对体育教学的重视程度”和“对体育教学的投入水平”。这是因为，从管理学的角度讲，任何组织计划的有效实施都与高层或主管部门的重视程度直接相关，有时，为了将某计划保证实施下去，需要主管领导的带头促进。体育教学工作也是如此，如果缺少了对体育教学的重视，教学活动极难有效地进行，从这个角度讲，重视的主体除了主管部门之外，还应包括学生和教师群体。除此之外，对体育教学的投入水平也在很大程度上影响着体育教学的质量，对这一指标而言，包含的内容有资金投入规模、每个学生的平均资金补助、体育器材和场地的数量及使用效率等。

（四）教学环境

创建良好的体育教学环境，将其与体育教学目标相匹配，最大限度地为体育教学服务，已经成为高校体育教学工作中的一个重要问题。对高校体育教学评价体系来说，教学环境处于体系的最“外围”，也是最为宏观的部分。按照现有的研究成果，体育教学环境分为物质环境和社会心理环境两个主要部分，前者指的是自然环境、时空环境和设施环境，即教学活动的位置、场地器材的质量和数量等；后者包括的内容更加广泛，不但涉及教学氛围的优劣，还涉及教师和学生情感的抒发和交流。一般而言，社会心理环境可以细分为人际环境、信息环境、组织环境和情感环境等。

三、高校体育教学评价体系的构建路径

（一）更新和创新评价工作观念和方法

对高校体育教学进行评价的主要目的之一就是要实现学生健康水平和体质的提高，使其能够更好地适应社会发展的需求。为此，更新和创新评价工作观念和方法，将体育教学评价看成一个复杂、全面的价值判断过程。因此，需要广泛地借助各类指标，从学生、教师、教学管理者的行为表现中做出必要、准确的观测和判断，将量性评价和质性评价进行有机的结合，突出体育教学评价的重难点，有针对性地发掘和解决体育教学工作中出现的各种问题。

（二）发挥评价对象在评价工作中的作用

在高校体育教学评价的工作中，由于评价对象中学生和教师群体是极其关键的，因此，应在评价体系中重视“人”的作用，做到“以人为本”，以促进人的个性发展为目标。除了要关注教师的职业处境和职业需要外，还应最大限度地激发其主体意识，使其成为评价工作的直接参与者；对学生群体而言，应注重对评价结果的进一步应用，按照学生个人运动水平等指标的高低进行激励，使其从被动接受评价，到主动接受评价结果，调动其积极性和主观能动性。只有这样，才能使评价对象得到应有的尊重，激发其进行积极工作的潜力。

体育教学评价工作是高校体育课程实施体系中的重要组成部分，客观、公正、科学的评价工作能够理顺现有教学模式，厘清教学中存在的问题及问题之间的关系，还能够调动教师和学生的积极性，改善教学效果，促进教学改革的深入。本节研究了高校体育教学评价体系等问题，内容涉及构建高效体育教学评价体系的理论基础，评价体系的组成要素，以及高校体育教学评价体系的优化路径等。

第四节　教学评价多元化模式的建设

教学评价就是以教学目标为衡量标准，对教学过程与教学结果进行价值判断，这一过程不仅是教育的重要环节，同时也是推动教育发展的关键因素。随着我国高等教育改革的不断深入，高校体育教学改革也逐渐走入

科学化、规范化的轨道，在这一背景下不断推进高校体育教学评价体系改革，建立多元化体育教学评价模式能够有效推动高校体育教学改革工作的开展，在当前已经显现出势在必行的重要性。

长期以来高校体育教学评价存在着评价内容单一、评价手段死板、评价结果无法真正体现学生学习情况等问题，这一问题不仅在很大程度上影响了体育教学评价的公正性，更严重的是可能会打击学生学习积极性。传统的体育教学评价模式不关注学生是否已经“会学”，而只关注学生是否已经“学会”，重视“授人以鱼”而轻视“授人以渔”。从这个角度来看，改革高校体育教学必须要重视改革体育教学评价模式，而改革高校体育教学模式又必须要着眼于调动学生自主性与积极性，从而实现既让学生“学会”又让学生“会学”的目的。

一、高校体育教学多元化评价特点与作用

在新时期的高校体育教学改革过程中推进多元化的体育教学评价模式改革如箭在弦上不得不发，而多元化的体育教学评价模式相较于传统的体育教学模式来说有着十分鲜明的特点和十分明显的优势。

（一）高校体育教学多元化评价特点

1. 评价主体多元化

传统的体育教学评价主体集中于教师一人身上，教师一人掌握着学生的“生杀大权”，很容易产生弊端，而在新时期的高校体育教学改革过程中，推进主体多元化的评价模式的建立能够有效避免这些弊端。一般来说，传统的教师“一言堂”的评价主体逐渐向学生自评、学生互评、教师评价等多元评价体系靠拢，一方面解决了教师是唯一评价主体的弊端，另一方面也能够充分体现师生间的双向选择、沟通与交流。

2. 评价过程动态化

相对于传统的体育教学评价以期中考试和期末考试为单一考核时间与考核内容，改革后的高校体育教学评价过程更加具备动态化，教师对学生的评价不仅集中在期中、期末的两次考试成绩，学生的全部学习过程都可以而且应该被纳入评价过程中，从而促进学生评价结果的准确化和公平性。

与评价过程动态化同时表现出来的特点还有评价内容的多元化，在新

时期的高校体育教学评价过程中不仅对于学生的运动成绩和身体素质进行评价，更是对学生参与体育运动的兴趣、积极性以及学生的体育学习进步情况等进行评价，除此之外，多元化的体育教学评价还对学生的体育运动精神、体育创新精神、体育情感体验等多方面进行评价，从而体现体育教学评价的全面性和人本性。

3. 评价体现修正性与激励性

教学评价能够通过自评、互评、师评等多种形式充分考察学生的学习态度、学习进度、学习成绩与学习能力等，根据评价结果针对学生不同情况分析原因，开展有针对性的后续教学，能够充分体现教学评价的修正性特点。多元化的体育教学评价模式还具有显著的激励性，学生在多元化的教学评价模式的作用下，充分体会自身的优点与不足，从而在学习过程中更好地与同学开展互帮互助、互相协作等，有助于学生的全面发展。

（二）高校体育教学多元化评价作用

1. 有利于促进学生的全面发展

高校体育教学评价体系的改革归根结底是为了促进学生的全面发展，而多元化的评价体系能够有效促进学生在体育评价中获得体育知识、运动技能、体育锻炼意识、健康心理素质、合作配合精神等，从而促进自身的身心全面发展。与此同时，多元化的教学评价模式还能够推动学生创新意识与创新能力的提升，通过积极引导学生参与不同类型的体育运动，激发学生对于体育运动的兴趣，从而调动学生参与体育运动的积极性。

2. 有利于推动学生的个性发展

与传统体育教学评价单一标准不同的是，多元化的体育教学评价模式充分尊重学生的个性，注重学生的个体差异性，从而有利于推动学生的个性发展。学生的个性有着相对较强的差异性，而促进学生从“学会”到“会学”的转变正是体现学生个性发展的重要环节。在高校体育课程的期中或期末考试中，通过多元化的评价内容充分展现学生的不同个性，能够有效促进学生身心健康成长。

二、构建多元化体育教学评价的途径

构建多元化的高校体育教学评价模式需要充分贯彻落实以人为本的教

学理念，在教学改革过程中充分重视教学评价的作用，同时根据不同的评价主体开展多元化的评价方法。

（一）构建多元一体的评价模式

一方面，从体育教学评价的主体来看，高校体育教师、大学生都可以而且应该成为评价的主体，教师承担评价的主要功能，学生根据自身表现进行自我评价，同学间根据相互了解进行互相评价。另一方面，从评价的项目来看，多元化的体育教学评价必须要兼顾学生的全面发展，因此学生的学习态度、体能测试档案与学生的合作精神、心理素质等都应该纳入多元化的评价体系内。教师评价、学生自评、学生互评可以分别按照50％、10％、10％的比例进行分配，而学生的学习态度、体测档案、心理素质等则可以分别占到10％的比重，其中，教师对学生的评价应该分为对学生运动技能与体育理论知识两方面，评价分值可以按照40％∶10％的比重进行分配。

教师对学生运动技能的评价要充分考虑学生的个体差异性，根据学生入学时的体检结果，结合学生在课堂教学与课后运动的情况进行多元化评价，并将学生的进步幅度、课堂表现等通过评价结果充分展现出来，从而对那些上课认真、进步迅速的学生给予一定程度的肯定与鼓励。

学生自评主要是以学生自身为主体，对个人的意志品质、运动观念、学习成绩等进行自我评价，从而使学生更深刻地认识到自身问题。学生互评则要充分体现学生之间的取长补短，在互评的过程中培养学生互相帮助、合作共赢的理念。

（二）制定符合学生现状的评价标准

教学评价必须要本着“标准统一”的原则进行，因此在建设高校体育教学多元化评价模式之前必须要制定明确的评价标准，且评价标准必须体现学生的现实情况。教师根据学生的个人情况，本着“因材施教”的理念帮助每一名学生制定符合其自身特点的进步目标，让学生在体育运动和体育学习的过程中能够充分感受到进步。在此基础上，教师要积极引导学生进行自我评价与自我目标的设定，从而推动学生在“学会”的基础上实现“会学”的目的。

制定的评价标准在充分体现并尊重学生个体差异性的同时还要充分体现客观性、公正性、合理性与可操作性。

（三）充分利用现代科学技术

针对当前学生人数众多、情况复杂、信息量大的情况，高校在构建多元化的体育教学评价体系的过程中必须要充分结合利用现代科学技术成果特别是计算机技术，力求评价体系工作的准确、便捷。众多的评价项目与繁杂的评价种类，长时间的评价过程与多等级的换算工作量要求必须借助计算机技术，其中主要是 Excel 工作平台，对各种表格数据进行分类整理计算，从而为建立多元化高效率的教学评价模式提供坚实帮助。

（四）保证学生自评、互评的公正客观

推动学生的自评、互评能够丰富体育教学评价的内涵，体现教学评价的多元化，但是必须要保证学生自评、互评的公正性与客观性。学生由于身心发展尚未完全成熟，在开展涉及自身乃至他人利益的评价环节时可能会产生从众心理、自我中心、附和权威、以偏概全等问题，从而影响评价结果的客观性与公正性。因此，教师必须要充分扮演好自身的引导角色，合理运用自身权威，准确控制评价顺序并重点关注弱势群体，从而避免学生自评、互评流于形式。

综上所述，推动高校体育教学评价模式改革在当前高等教育改革背景下刻不容缓，改革体育教学评价模式必须要遵循多元化的原则，从评价主体、评价标准、评价内容、评价手段等多个领域综合着手，共同发力。

第五章　高校体育教学的科学管理

第一节　高校体育教学的管理原理与方法

一、高校体育教学管理的原理

（一）系统原理

系统原理是通过对系统理论的运用，细致地系统分析管理对象，从而使现代科学管理的优化目标得以实现。系统原理的重要理论基础是整体效应观点。整体效应观点的基本内容为：因为新的有机整体的形成是系统各要素合理的排列组合的结果，伴随着新整体的构成，会产生新的功能、特性和行为等。在一个完整的系统中，系统的各要素在孤立状态下所没有的性质得以出现，产生了放大功能的效果，即“1＋1＞2”。由此可见，系统的整体功能之和可以大于各要素在孤立状态之和，且功能的放大程度与系统的规模成正比，即系统规模越大、结构越复杂，系统功能就可能越大。

为了促进高校体育教学工作的顺利完成，系统原理要求管理者在实施管理过程中应遵循以下三项基本原则。

1.“整—分—合”原则

“整—分—合”原则体现了高校体育教学管理的具体过程，它可以简单地被概括为“整体把握、科学分解、组织综合”。具体来说，在教学管理中，管理者应先对整体工作进行充分细致的了解，并以此为基础，将整体分解为一个个基本要素，进行明确分工，使每项工作规范化，建立责任制，然后进行科学的组织综合，最终实现管理功效提高的目的。遵循“整—分—合”原则要求管理者应做到以下三点：（1）树立整体观点。扩大整体效应，实现整体目标是最终目的，但其大前提是拥有整体观点。（2）正确分解，要明确分解的对象。分解不是对管理功能的分解，而是对管理工作的分解，分解要围绕着目标进行。管理功能要求人、财、物等要素统一，其中任何一个要素被孤立，都会导致管理无法进行，因此，分解是管理细化的关键所在。（3）重视分工与协作。分工是非常重要的，但它不是目的，还必须进行强有力的组织管理，使各环节同步协调，有计划、按比例地综合平衡，既分工又协作才能提高功效。分工要搞好，协作也要搞好，这是对“整—分—合”原则进行贯彻的要求。

2. 优化组合原则

系统目标的有效实现，依赖于系统内部要素组合的优化，即优化组合原则的要求。优化组合的内容是多方面的，一般应对以下四个要素进行优化组合。

（1）目标

目标优化组合的最终目的是要组成优化的目标体系，这就要求实行目标管理的单位，要大力发动群众，民主制定科学的总目标，然后以优化组合原则为根据，把总目标层层分解到下属组织或个人，使各自的长处得到充分发挥。

（2）组织

要实现组织上的优化组合必须掌握好管理跨度。管理跨度是指一个上级能直接有效地领导下属人数的限度，它对组织的管理层次、人员数量起着决定性作用，影响着组织结构的横向划分、纵向联系。管理者的素质、能力、精力、知识及管理对象的状况和分布距离等限制着管理跨度的大小。管理跨度是否恰当直接决定组织的工作效率的高低。

（3）人才

要发挥人才组合的整体效应，要求对人才进行优化组合，因此在一个人才集体中，既要有不同素质级别人才的合理搭配和组合，也要有各种特长的人才的互相配合，使人才的作用都充分发挥出来。

（4）环境

管理者、被管理者和管理环境三个要素组成了管理这种活动，所以环境的优化组合也是非常重要的，不容忽视。将组织的外部条件（自然的、社会的、生态的）科学合理地组合起来，为管理工作创造良好的环境就是环境优化组合的内容。

3. 相对封闭原则

相对封闭原则具体是指任何一个系统内的管理手段必须形成一个由连续的、相对封闭的回路。只有具备这种闭环结构，才能形成一个完整的管理系统，并最终形成有效的管理运动。一般来说，管理系统存在着两大基本方面的关系：一是本系统内部各要素之间的关系，二是它与外部相关系统之间的关系。要在学校体育管理系统内部形成有效的管理运动，必须使系统内的管理手段、措施构成一个连续的封闭回路。封闭是相对的，但不封闭的管理，即使某个环节管理得再好，也不能形成管理系统内的正常运转，都会阻碍教学管理工作的正常进行。

（二）人本原理

在管理过程中，一切管理活动均应以调动人的积极性，做好人的工作为目的，这就是人本原理。在管理系统中，人是管理活动的核心，人不仅是管理的主体，也是管理客体中最主要的因素，各项管理措施和管理手段的运用，首先是作用于人，再通过人来发挥其能动作用协调与其他管理要素的关系。因此，人本原理就是在管理中以人为根本。管理的最终目的就是不断地满足人们的物质需要和精神需要，实现人的全面发展。

在学校体育教学管理系统中，人本管理原理的应用就是研究和解决如何体现以人为本的思想，使人性得到最完善的发展的问题。具体来说，人本原理在学校体育教学管理中的应用主要通过以下管理原则表现出来。

1. 行为原则

行为是指人表现出来的各种意识和动作，是人们思想、感情、动机、思维能力等因素的综合反映。其中，意识是人的内在行为，动作是人的外在行为。人的动机支配着人的行为，而人的需要又决定着人的动机。行为原则，就是对人的需要与动机进行了解，以人的行为规律为根据来进行管理。对行为原则进行贯彻，必须对人的心理反应进行了解，使人的动机得到激发，以便人的心理适应性得到提高。

2. 动力原则

与物质运动一样，管理也需要动力，管理只有具备并正确地运用各种动力，才能使管理持续而有效地进行下去，这就是动力原则。在管理系统中，动力是决定管理效能的具有决定性的因素，它不仅是管理的能源，也是一种制约因素。没有它，管理就不能有序运动；没有强有力的动力，其他原理、原则的效能就会受到制约，人的积极性就难以发挥。如果有了动力，要是运用不当，也会影响系统的功效。动力有很多种，主要包括以下三类。

（1）物质动力

物质动力就是以适量的物质刺激来调动人的积极性。由于物质基础决定上层建筑，决定人们的行为、意识，所以物质动力是最基本的动力。它包括工资、奖金、福利等。要有效地发挥物质动力，就要把工作成果与物质利益有机结合起来，按劳分配。

（2）精神动力

精神动力是指用精神的力量来激发人的积极性。人都具有一定的精神支柱，总是受一定思想、信仰的支配。因此，一个人的精神状况如何，对其行为影响很大，在一定程度上可以弥补物质动力的不足。精神动力包括远大的理想、宗教信仰、爱国主义，以及受到尊重、组织关心等。

（3）信息动力

信息动力是指通过信息的交流而产生的动力。知识性动力、激发性动力和反馈性动力是信息动力的内容。知识性动力是最基本的动力。掌握知识越多，越有利于管理工作。激发性动力是最重要的动力，如通过体育比赛来了解运动项目的发展动向、比赛对手的训练和技术水平，以此来调整自己的训练和比赛方案。学校体育管理的各项工作，也要通过信息交流，不断激发工作的积极性。反馈性动力能使管理者随时了解与管理目标的差距，不断地加强控制，以实现管理的目标。

学校体育管理的各项工作都需要通过信息交流，不断激发管理者和被管理者的积极性，并最终实现管理目标。在学校体育管理中，应根据实际情况正确运用这三种动力，使之互相补充、扬长避短，取得最佳效果。

3. 能级对应原则

“能级”是一个现代物理学中的概念，“能”是做功的量，之后“能级”一词被引入现代管理学中。现代管理学认为，机构和法人都有一个能量问题，能量可以按大小之别进行分级，高能级办高能级的事，低能级办低能级的事，做到能级对应，这就是能级对应原则。贯彻能级对应原则，尤其要注意人的能级对应。人的能力有大小，要根据人的能力水平安排相应的能级（职位等）工作，才能适得其所、各尽其能。

（三）效益原理

在管理的各个环节、各项工作中，都要以社会经济效益的提高为中心，科学地、节省地、有效地使用有限的人力、财力、物力、智力、时间和信息等资源，以创造最大的社会经济效益，这就是效益原理的含义。在管理系统中，经济效益是管理效益的直接形态。对于现代管理系统来说，创造最佳的社会经济效益就是其根本目的，效益原理的实质在于任何管理都要以取得效益为目标。

学校体育教学管理是管理的一种具体形式，因此，效益原理同样适用，只是，在教学管理中侧重点应有所不同，具体如下。

1. 效益的追求

在学校体育教学管理过程中，追求管理效益应特别注意以下四点：第一，确定管理活动的效益观，即要以提高效益为核心；第二，追求管理效益时，更应该追求长期稳定的高效益；第三，应追求局部效益与全局效益协调一致；第四，管理效益的影响因素很多，因此必须端正主题管理思想。

2. 效益的评价

管理效益的评价标准不是绝对的，可以从不同的主体和不同的角度去进行。采用不同的评价标准和方法，得出的结论也会不同，甚至相反。评价的结果会对组织对效益的追求有着直接影响，因此有效的管理首先要求对效益的评价尽可能公正和客观。一般来说，效益的评价有首长评价、专家评价和群众评价三种。

在体育教学管理中，当下运用最多的是“首长评价”，主要是学校领导对本校的体育教学工作进行权威性的评价，而专家评价相对较少，群众评价则很少被用到。

（四）责任原理

责任原理认为，为了组织目标的实现和人的潜能的挖掘，应该以合理分工为基础，对各个部门及个人必须完成的工作任务和必须承担的与此相适应的责任进行明确的规定。

针对学校体育教学的管理，责任原理要求管理者应该做到职责明确、授权合理、奖惩分明和管理规范，具体如下。

1. 职责明确

学校体育管理是一项系统工程，任务重、头绪多、工作杂，如果没有明确的分工，工作无法正常开展；分工不明，工作必然混乱。但是，分工只是对工作范围做了形式上的划分，还无法完全地体现出分工对于工作的数量、质量、完成的时间、效益等要求；而职责是在分工的基础上，在数量、质量、时间、效益等方面有严格的行为规范。分工不等于职责，但职责明确必须建立在正确的分工基础之上。

2. 授权合理

职责明确以后，就要进行权力的授予。授予管理者的权力包括一定的人权、物权、财权，如果不进行合理授权，每个人承担的职责便难以完成。对工作完全负责，不能仅仅依靠合理委授权限，还必须让其承担一定的风险。同时，在职位设计和权限委授的过程中，还要注意每个人承担的职责要与其能力相对应，只有这样，才能做到人尽其责、物尽其用。

3. 奖惩分明

进行学校体育教学管理时，还要注意采用奖惩办法，并要做到奖惩分明。进行奖优惩劣，可以引导每个人的行为朝积极的方向发展；同时，一定要保证奖惩公开、公正、及时，否则奖惩本身的作用和意义便会丧失。

4. 管理规范

管理规范是学校体育管理工作顺利进行的保证，具体来说，要建立相应的岗位责任制、考绩制、奖惩制，组成一个环环相扣、相互配合的管理制度体系，保证责任原理的有效应用。

（五）竞争原理

优胜劣汰是事物发展的一般规律，对于体育运动来说，竞争更是其突出特征，在体育管理中处处存在竞争，时时有竞争。有竞争就有压力，有压力就要奋斗，就要拼搏。实践证明，竞争可以激发个体的工作热情，激发个体的进取精神，充分挖掘个体的潜能，从而能够促使个体创造性地工作，去克服各式各样的困难。此外，竞争还可以使组织集体充满生机和活力，促进内部团结，增强团队凝聚力。

（六）动态原理

动态原理是对管理对象的变化情况进行及时把握，对各个环节进行不断调节，以使整体目标得以实现的规律概括。任何一个管理目标的实现都是不易的，因为人、财、物、时间、信息等管理对象是不断变化和发展的，随着管理对象的变化，计划、组织、控制、协调等各个环节也必须相应地进行变化，以对管理对象的变化进行动态的适应，从而使管理目标的实现得到保证。

动态原理在学校体育管理中的应用要求管理者做到以下两点。

1. 管理要保持弹性

高校体育教学管理系统是复杂的系统，它受多种因素的影响，各因素之间的关系也具有复杂性，在管理中对所有问题的各种细节进行正确把握是很困难的，因此在管理过程中必须留有余地，保持一定的弹性，以适应客观事物各种可能的变化，保证管理活动的正常进行，这就是弹性原则。在管理中如果弹性较小，其原则性就较强，适应能力就相对较弱；如果弹性较大，其适应能力就较强，适应环境就较快。因此，弹性大小的确定没有一个绝对的标准，要以不同的管理层次要求、不同的管理对象和不同的管理目标为主要根据。

管理弹性包括局部弹性和整体弹性，又有消极弹性和积极弹性之分，因此，在管理工作中，既要注意局部弹性，又要注意整体弹性；要多采取遇事“多一手”的积极弹性，避免使用遇事“留一手”的消极弹性。

2. 重视反馈信息收集

系统把信息输送出去，又将其作用结果返送回来，并对信息的再输出起到调节控制的作用就是反馈。重视通过反馈来控制管理过程具体是指通过信息的反馈，对管理者未来行为进行控制，使行为不断接近管理目标的过程。只有通过不断的反馈，才能促成管理目标的实现。运用反馈来达到有效的控制，关键在于反馈必须灵敏、正确和有力。

二、高校体育教学管理的方法

（一）行政方法

行政方法是依靠各级管理机构和领导者运用行政手段，按照行政系统规范进行管理活动的方法。它通过采用命令、指示、规定、指令性计划和职责条例等行政手段对其各子系统进行调节与控制。

一般来说，行政方法具有以下四个基本特征。

1. 强制性

行政方法具有鲜明的强制性。因为行政方法是通过各种行政指令来对管理对象进行指挥和控制，这些指令是上级组织行使权力的标志，下级必须贯彻执行。需要强调的是，这种强制是指“非执行不可”的意思，与官僚主义的强迫命令有很大不同，它对人们的要求是在思想上和行动上服从统一意志，强调原则上的高度统一。

2. 权威性

在高校体育教学管理系统中，上级的指令具有一定的权威性，进行体育管理起主要作用的就是权威。这是因为，在实际的工作中，上级组织所发出指令的接受率在很大程度上取决于管理者的权威性。在体育管理机构中，强化职、资、权、利的有机统一，努力提高各级管理组织和管理者的权威性，是实施行政方法的重要前提。

3. 纵向性

高校体育教学管理行政方法的纵向性特征是指行政命令的传达执行通常是通过垂直纵向逐层进行的，在一个管理系统内部，下级只服从顶头上司，下一层次只听上一层次的指挥，对横向传来的命令、规定等，基本上可以不予理会。也就是说行政方法强调纵向的自上而下，反对通过横向传达命令。但复杂的管理系统中出现的横向管理需要各组织和部门之间充分沟通和协调，只有这样，才能充分保证高校体育教学管理目标的实现。

4. 稳定性

行政管理系统具有严密的组织结构、统一的目标、统一的行动、强有力的调节和控制，对于外部因素的干扰具有较强的抵抗作用，因此体育管理过程中的行政方法具有一定的稳定性，应当注意的是这种稳定性是相对的。

结合行政方法的基本特征，管理者在进行高校体育教学工作的管理实践中，运用行政方法时，上下级之间的关系应非常清晰；上级对下级所下达的命令、指令或指令性计划等一定要符合本部门的实际和管理活动的规律；要求上级领导必须具备良好的领导素质、较高的理论政策水平、较强的组织管理能力。

（二）经济方法

经济方法是指体育管理者以客观经济规律的要求为依据，通过经济手段的运用，对各种不同经济主体利益之间的关系进行调节，以实现管理目标的方法。

在高校体育教学管理过程中，价格、税收、信贷等宏观经济手段几乎不被使用，比较常用的经济手段有工资、奖金、罚款等微观经济手段。事实证明，经济方法的正确使用有助于高校体育教学目标的快速实现，管理者在运用经济方法时应正确把握其如下三个基本特征。

1. 间接性

经济方法对集体与个人行为的控制和干预是通过对各方面经济利益的调节来进行的，它不能直接改变人的行为。在具体的工作中，经济方法对集体与个人行为的控制和干预是通过对各方面经济利益的调节来进行的，如物质奖励等经济方法的运用等，它能在一定程度上引导、激励人们的价值取向和行为，调动人员的工作积极性，提高人员的工作效率。

2. 有偿性

经济方法具有有偿性。一方面，它要求组织之间的经济往来应遵循等价交换原则，实行有偿交换，如运动员的代培、科研成果转让、体育场地使用等；另一方面，它对个体的管理强调劳动成果与获取报酬之间的关系。因此，在高校体育教学管理工作中，经济方法必须和其他方法综合运用，而不能单纯和员工进行有偿交换，要重视对员工的思想教育，使高校体育教学工作者能自觉、积极地投入到教学（管理）工作中去。

3. 关联性

经济方法本身具有很大的变化，且涉及因素多，会影响到体育系统内部多方面的连锁反应。如对不同层次体育竞赛中运动员、教练员的奖励问题，体育场馆的承包机制等。因此，运用经济方法应充分考虑管理对象的特殊性质，并做好经济方法应用的预测，以便在高校体育教学管理中正确运用。

在高校体育教学管理中，经济方法运用得正确、适当、科学、合理，可以使各层次教学训练投资的经济效益得到有效的提高。教学训练管理经济方法的运用与调动各级组织的积极性和提高教学训练工作的效率有着直接关系，并涉及人、财、物的统筹安排。

（三）目标管理法

高校体育管理的目标管理法主要是依据高校体育工作有关规划及计划，科学地确定出一定阶段的工作目标并通过实施、检查达到目标的一种方法。

现阶段，为了达到更好地促进高校体育整体发展的目的，经常运用目标管理法是很有必要的，如在体育教学、课余运动训练、课外体育锻炼等方面。

（四）宣传教育方法

宣传教育方法是指使人们围绕着共同目标而主动采取行动的方法。该方法的客观依据是人们对思想活动发展规律的正确认识，它能够激发管理人员、教练员和教师的工作热情，是高校体育教学管理工作进行的重要前提。

宣传和教育是任何一种管理方法实行以及管理决策制定都必须采用的方法。与其他管理方法相比较，宣传教育方法有着自己的特点，具体分析如下。

1. 先行性

通过宣传教育，被管理者可以对管理方法和决策有充分的了解，同时可以思考自己如何配合行动。在高校体育教学管理过程中，实施各项决策之前的宣传和教育，能对被管理者可能产生的各种反应进行预防，在强化正面效应的同时抑制不良效应。

2. 滞后性

滞后性和先行性是相对而言的，在高校体育教学管理实践中，通常会在事情发生后开展一些思想教育工作，而人们的认识和思考需要一定的时间。宣传教育方法的滞后性要求管理者必须从实际出发，科学、正确地分析已经发生的问题，以理服人，改变被管理者的错误认识，从而纠正其不当行为。

3. 疏导性

和行政方法的强制性不同，宣传教育方法主要是通过对人们的教化来发挥作用的，因此，在教学管理中对思想问题采取回避的方式是不可取的，甚至会激化矛盾。只有因势利导，动之以情、晓之以理，充分发挥宣传教育的疏导性才能达到教育的实效。

4. 灵活性

宣传教育的主体是人，宣传教育的对象也是人，因此宣传教育方法的运用应因人、因时、因地而异。如体育管理时期和管理对象不同，宣传教育对象的思想基础、性格类型、价值观念和需求等会存在较大的差异，这就要求宣传教育工作必须以不同时期、不同对象为根据，合理把握宣传教育的内容、重点、形式以及手段，灵活对待和处理。

（五）评估与奖惩法

在不断地对完成高校体育工作目标的程度进行监督、控制的同时，针对完成情况采取奖励或惩罚的方法，被称为高校体育管理的评估与奖惩法。对高校体育工作进行管理时采用评估与奖惩法，主要内容包括以下方面：(1) 肯定和表扬高校体育工作中，工作完成较好的集体和体育工作成绩较好的个人。(2) 批评教育或惩罚处理高校体育工作中，没有完成好工作的集体和个人。(3) 采用评估与奖惩法的主要目的是激励高校体育管理工作者，推动高校体育工作开展的积极性。

第二节　高校体育教学活动的管理

一、高校体育课堂教学的组织管理

（一）课前准备管理

课程准备是指教师上课前的教学准备，这是上好一堂课的基础和先决条件。具体来说，高校体育的课前准备主要有以下内容。

1. 研究体育教材

教材是上课的依据。在上课前，首先，要细致钻研体育教学大纲（课程标准），并根据本学科总的教学目标及各单元、本节课的具体教学目标，对教学的基本要求诸如教材的体系范围与深度等内容进行详细了解；其次，还要注重对多种教材中的重点、难点问题进行汇总和串联，并加以总结，以备不时之需。

2. 熟悉学生基础

上课前，教师应充分了解学生，熟悉学生的体育知识、运动技能水平，其目的主要是让教学更加充分地促进学生的发展。以此作为教师选择具体教学内容和教学方法的依据，可以使教学活动更具针对性，更切合学生的实际需求。为了达到这种适配性目的，除了熟悉学生的体育知识和技能水平外，还应适当了解诸如学生的身体健康状况、认知能力、运动能力水平、学习兴趣取向以及个性特征等方面的情况。

3. 选择适当的教学方法

在确定了教学内容后，如何让学生顺利地学习就是非常值得关注的问题。这时就要求体育教师根据实际情况选择正确的教学方法，选择的依据通常为教材性质、教学任务的要求、学生的情况及场地器材条件，设计合理的教学方法，确定教学活动的类型和结构。

4. 编写教案

在备课环节中，管理者要对教师提出备课的具体要求，如教案规范。教案，也被称为“课时计划”。它是对师生课堂上预期教学活动的设计和描述，也是对每一堂课具体深入的教学准备。体育教师把教学内容以教案的形式体现出来，因此每个教师都要设计组织教学、编写教案。完整规范的教案主要包括的内容有：教学目标、教学内容、教学方法、本节课教学重点、运动负荷以及场地器材等，有的教案中还有课后记录等内容。教师应结合学生的情况，如体育基础、骨干分布、伤病情况等，并综合场地、器材的实际情况，在教案中予以如实、详细的记录。教案中的文字要精练、准确，教法运用要正确。

5. 准备场地、器材

高校体育教学可以开展的项目较多，因此，在课前就需要提前准备好课堂所需的各种场地和器材，这是上好一堂体育课必备的物质保证环节之一。另外，教师还要认真地规划场地和布置器材，力求让有限的场地能够被充分利用起来。

（二）课中课堂管理

课堂管理的好坏直接影响到学生学习的效果。因此，管理者应对上课内容提出一定的要求，并通过课堂看课、听课，并组织一定的公开课、观摩课，加强对体育课的检查督导。

管理者同时要尽可能为体育课提供必要的条件，帮助体育教师解决教学过程中的一些问题，并给学生提供良好的上课环境；体育教师在体育课上既是教育者，又是管理者，教师对体育课的管理质量起决定的作用。体育教师的管理工作包括课堂常规的建立、课的合理分组、场地器材的运用、安全措施的运用、做好思想政治工作、运动密度强度的掌握、教学方法手段的运用、学生的服装要求等。

（三）课后事务管理

高校体育课堂的课后事务管理主要包括两个方面：一方面为每堂课程主要内容之后的结束部分内容；另一方面为全部课程结束后的内容。在课程的结束部分中，体育教师要留出一定的时间做课堂总结，细数本节课的得失，以便改进今后的教学工作，最后，组织学生收回器材、整理场地，并按时下课。全部课程结束后，要将教学过程中一些特殊的心得体会记录下来。除此之外还要考虑与下堂课程内容的衔接问题。

（四）课堂上的风险管理

针对高校体育教学中可能发生的意外伤害事故，应做好以下管理工作。

1. 风险预防

(1) 严格根据国家和省、市有关规定，确保教育教学和生活的设施、设备符合安全标准。(2) 根据不同学生的生理、心理以及教育特点，建立健全各项管理和保护学生的规章制度。(3) 学校对教师的职责进行监督，做好预防和消除可能发生伤害事故的必要措施。(4) 学校要健全各项安全保障措施，活动场所和设施应当符合安全标准。

2. 风险处理

(1) 事故出现时，首先要判断伤者的伤情，轻伤者可送医务室治疗，重伤者或者生命危险者应立即转送医院抢救；接着及时通报。(2) 如果发生重大的意外伤害事故，应立即通知家长、学校领导和当地派出所或有关部门，并对事故发生的时间、地点、原因、后果与处理措施等具体情况进行详细汇报；然后填写有关意外伤害事故的报告。报告内容要实事求是，对事故现场的人证、物证都要具体进行描述。如果发生重大的死亡事故，最好请当地法医做鉴定报告。

二、高校运动队训练的管理

（一）运动队训练管理的任务

为体育运动培养优秀人才是高校运动队训练的最高目标，可见，对运动队的训练是培养专业运动人才的根本保证和重要环节。一般地，高校运动员的训练管理由某个主管领导部门统一展开。一般在学校中，是由专门的体育教练或专门的训练部门负责管理。训练管理的具体任务包括运动员起始状态的诊断、训练目标的建立、训练计划的制订、训练活动的实施、训练过程中的检查评定以及目标的管理等环节。

（二）运动队训练管理的实施

1. 组建运动队

组建高校运动队，首先，要确定训练项目，不然后续工作无法开展，从实际情况出发是确定训练项目要考虑的最重要的问题。其次，从本校学生中选拔运动员。学校课余体育训练有为国家和社会培养优秀后备体育人才的任务，因此组建运动队，选拔优秀运动员苗子是不可忽视的工作。在高校体育运动训练选拔时，常用的测试指标包括身体形态指标、生理机能指标、身体素质指标等。再次，选择合适的指导教师能提高运动队的训练效率，有助于实现训练的目标。在很多学校，指导教师或教练员都是由本校的教师担任，其他有体育专长的老师也在选择之列。条件允许的学校也可以聘请业余体校的教练或体育俱乐部的教练来充当。选择指导教师是体育运动训练中非常重要的一部分。最后，制定比较完备的规章制度。高校体育训练工作要顺利开展，并想要取得预定的效果，也需要有一定的规章制度做保障。学校组建运动队时，必须重视规章制度的建立，这样才有利于加强对高校体育训练以及运动队的管理。一般需要建立的规章制度有训练制度、奖惩制度、比赛制度、教练员责任制度和学习检查制度等。

2. 制订训练计划

训练计划是学校课余体育训练顺利进行和训练效果得到提高的重要保证，因而制订训练计划在体育运动训练实施的管理中非常重要。制订计划要从学校教育情况、学生的情况、运动项目特点出发，注重科学性。训练计划根据每个学校的具体情况不同，分为年度训练计划、阶段训练计划、周训练计划以及课时训练计划。

3. 安排训练内容

和高校体育社团或其他非校方组织的体育团体不同，高校运动训练队本身就带有半专业性质，因此，高校运动训练的许多内容也与体育专业队有些类似，具体主要包括体能训练、技术训练、战术训练和心理训练等。由于体能训练是掌握运动技术、创造优异成绩的基础；而良好的技术水平，是学生发挥身体能力的条件，也是发挥战术作用的基础。因此，体能训练和技术训练作为运动训练的基础，在平时得到最高程度的重视，在训练安排中也将大部分时间放在体能训练和技术训练这两项中。

4. 选择训练方法

在高校体育运动训练中，训练方法的选择几乎决定了训练效果。采用正确的训练方法是获得理想训练效果的唯一途径和重要保证。在现代高校体育运动队中，最常用的训练方法主要有以下四种。

（1）重复训练法

重复训练法是在相对固定的条件下，按照一定要求对某一练习反复进行训练的方法，重复训练法有利于提高机体各器官系统的功能水平，有利于建立并巩固动作技术定型，在发展学生身体素质，掌握、改进和提高技术、战术，培养意志品质等方面有着良好的作用。运用重复训练法时要注意合理安排运动负荷，运用方法要科学。

（2）变换训练法

训练中，变换各种训练条件，如环境、速度、重量、时间等，让学生在不同的情况下进行训练的方法便是变换训练法，其在技术与战术训练、身体训练和心理训练中应用广泛。学生可以通过变换训练法得到新鲜的运动感觉，消除因长期在一种情况下训练的枯燥厌烦情绪，还能提高适应训练和比赛的能力。

(3) 循环训练法

训练时，按既定的顺序、路线依次完成，并周而复始地进行的训练方法就是循环训练法。它最大的特征是系统地、有顺序地进行两臂、两腿、腹部、背部肌肉的练习，发展运动员的一般和专项素质。这种方法在技术和战术训练中比较常用。

(4) 竞赛训练法

竞赛训练法是指在比赛的条件和要求下进行练习的方法，其既是训练手段，也可以作为检查训练效果的方法。这种方法有游戏性竞赛、训练性竞赛、身体素质竞赛、测验性竞赛和适应性竞赛等多种形式。

5. 评价训练效果

对于高校体育运动队来说，运动训练的目的在于获得良好的训练效果。因此，为了客观获悉训练效果，就需要系统地对训练过程和结果进行评价。事实证明，对训练效果进行客观的评价有利于真实了解学生运动员的训练过程、训练成绩和效果，有利于总结经验和监控训练过程，保证运动训练的科学性。运动训练的评价包括身体素质水平、技战术训练水平、运动成绩和运动员输送率等方面的评价。通过对运动训练的评价，可以了解运动训练的效果并及时进行修正。

三、高校体育运动会的管理

通常来讲，体育运动会的组织实施包括三个阶段，即会前准备、会中组织、会后总结。对高校体育运动会的管理也应从上述三个方面入手，具体如下。

(一) 运动会前期准备管理

运动会前期准备管理工作通常是由赛事组织委员会或运动会筹备委员会负责。各项管理工作的具体内容如下。

1. 研究确定组织方案

为了体育运动会的正常召开，运动会计划和准备活动要根据实际情况有步骤地展开，必须首先进行总体设计构思并提出组织方案。运动会组织方案的内容大体包括：运动会的名称和目的任务、运动会的主办与承办单位、运动会时间与地点、运动会规模、运动会的组织机构、经费预算、工作步骤，等等。

2. 组建运动会组织机构

组织机构是保证运动会有序开展的重要管理部门。组建运动会组织机构在运动会组织管理中是非常重要的部分。各种运动会的组织机构一般采用委员会制。运动会的组织委员会是运动会的最高管理机构，组建时应根据高校运动会的性质和规模来确定它的机构编制、人数等，通常没有固定的限制。运动会组织委员会一般设主任一名，副主任和委员若干名。运动会组织机构成立后，应遵循简约、高效的原则，根据实际需要抽调所需的专职工作人员，以此寻求最大化地节约人力、物力和财力。

3. 拟订工作计划和建立规章制度

组建组织委员会后，要根据运动会规程、组织方案和责任分工，拟订各职能部门的具体工作计划和有关行为规范，如运动会的具体工作、宣传、安保、财务计划等，以及工作人员的管理制度与守则等，经组委会讨论审定通过后执行。现在的运动会组织管理，除了常规制订计划的方法，很多的制度和计划大多采用的是编制计划网络图、工作流程图及各类图表的方法。

4. 制定运动会规程

运动会规程是组织实施学生运动会的主要规章制度，对运动会的管理具有指导作用，它是所有参与者都必须要遵循的制度。一般地，高校体育运动会的性质主要分为两种，即单项运动会和综合运动会。单项运动会顾名思义就是由单一运动项目构成的运动会，对于这种运动会活动需制定单项运动会规程。而综合性运动会则是由多种运动项目综合而成，为此则需制定运动会规程总则和单项运动会规程两种。

在制定运动会规程时要注意运动会规程的制定要建立在运动会的目的任务和运动会计划的基础上；运动会规程必须符合国家政策方针，并与国家及国际的有关规定相协调；运动会规程应先于运动会开幕提前制发。运动会规程下发的时间应视情况而定，一般运动会的规模越大，制发时间越提前，以便于各部门和学生有充分的准备时间。此外，运动会规程的内容必须秉承“公平、公正、公开”的竞赛原则科学制定。

5. 编制运动会秩序册

运动会秩序册是把运动会组织的程序和具体运动会的秩序以文字的形

式体现出来，一般由运动会的管理竞赛部门负责编制，组委会审定颁发。各种类型运动会的秩序册都必须要在运动会前提前下发。

（二）运动会中期组织管理

运动会中的管理工作始于开幕式，止于闭幕式。其主要的管理活动内容如下。

1. 开幕式的管理

运动会开幕式的程序主要包括：宣布开幕式开始，裁判员、学生入场，升旗，领导人致开幕词，学生代表讲话（或宣誓），裁判员、学生退场，开幕式表演。开幕式表演结束，各项目比赛开始。

高校运动会的开幕式要想顺利、精彩地进行，就必须组建开幕式临时指挥系统。通常高校运动会开幕式的规模较小，现场临时指挥机构通常是由活动部门指挥，组委会及其他部门临时选派有关人员配合组成。

2. 比赛活动的管理

运动会期间要有指挥管理人员深入赛场进行第一线指挥管理。对比赛活动实行全面、具体的组织、领导与管理。管理要准确、及时、果断，如果出现问题，要迅速召集现场办公会、仲裁委员会或组委会会议研究讨论，尤其要注意解决运动会中出现的各种突发状况、弃权、争议、黑赛、弄虚作假等方面的问题，以保证运动会的顺利进行。

3. 运动会人员的管理

运动会期间的人员管理，主要包括对裁判员、运动队（员）及观众的管理，具体如下。

（1）对裁判员的管理

裁判员水平的高低对运动会的顺利进行有着直接的影响，裁判员首先要具有高尚的职业道德，做到公平、公正、公开，杜绝不良裁判作风。

（2）对运动队（员）的管理

参赛运动队（员）要尽量采取分级管理办法，提出统一要求和具体规定，并做好参赛队伍之间的协调工作，及时处理各队之间出现的问题，最根本的目的就是让参赛的运动员都能保持良好的状态进行公平的参赛。

（3）对观众的管理

观众作为重要的参与者，对比赛的顺利进行有很大的影响，比如当比赛激烈时，组委会对观众的管理不当很可能会造成运动会无法进行。

因此，针对以上人员的管理，组委会要制订相关的管理计划方案和措施，寻求防患于未然的系统预防治理方法。

4. 后勤管理

做好后勤管理是运动会顺利开展的基础。运动会的后勤管理主要包括教练员、运动员与裁判员等人的住宿、用餐、沐浴、交通与安全保卫工作的落实，以及医务监督与竞赛预算的执行状况等。

5. 闭幕式的管理

运动会闭幕式的主要流程为：宣布运动竞赛闭幕式开始，裁判员、运动员入场，宣布比赛成绩和获奖者名单，发奖，致闭幕词、宣布大会闭幕，闭幕式表演开始，宣布闭幕式结束。

（三）运动会后期善后管理

运动会闭幕后的管理工作主要有：为参赛队伍办理离会手续、借调的有关人员返回原单位、及时处理运动会的物资、做好财务决算、汇编成绩、记录破纪录成绩、整理文档资料、做好工作总结等。

第三节　高校体育教学资源的管理

一、高校体育人力资源管理

（一）体育人力资源的内涵

1. 体育人力资源的含义

体育人力资源有广义和狭义之分，具体含义如下。

首先，广义上的体育人力资源是指体育系统内外一切能够推动体育发展的智力劳动者和体力劳动者的劳动能力的总和。从该含义中可以看出，劳动能力包括的内容有很多，比如，体育知识、经验、技术、战术、技能、智慧、管理思想、体质、体能、意志力、认知等。由于人的劳动能力和人始终融为一体，不可分开，因此，又可以将广义的体育人力资源理解为：体育系统内外一切能够推动体育发展的具有智力劳动和体力劳动能力的人的总称。

其次，狭义上的体育人力资源是指体育系统内接受过体育专业培养教育或受过专门体育训练和培训的能够推动体育发展的体育专业人员的劳动能力的总和。本节中的体育人力资源主要是指狭义上的体育人力资源。

2. 体育人力资源的内容

体育人力资源主要包括三个方面的内容，具体如下。

（1）现实体育人力资源

现实体育人力资源具体是指正在投入劳动过程并对体育的发展产生贡献的劳动能力。比较具有代表性的有在职的体育教师、教练员、一线运动员、裁判员、体育管理人员、体育科研人员、体育企业家、体育经纪人、社会体育指导员等。

（2）潜在体育人力资源

由于某些原因，暂时不能直接参加特定的劳动，必须经过对人力资源的开发等过程才能形成的劳动能力，就是所谓的潜在体育人力资源。比较具有代表性的有二、三级青少年运动员，就读体育专业的学生等。

（3）闲置体育人力资源

一般来讲，“求业人口”或“待业人口”的劳动能力都属于闲置体育人力资源的范畴。退役后等待安置的运动员，下岗后等待安置的体育师资、教练员、裁判员等是这类资源较为典型的代表。

（二）高校体育人力资源管理的要求

在体育人力资源管理活动中，要想取得理想的管理效果，就必须遵循一定的管理要求，具体来说，应该做到以下四点。

1. 为职择人

为职择人具体要求高校体育工作管理者在进行体育活动的管理过程中，要以体育事业的需要为主要依据来设置相应的体育管理机构，并且以此为依据将各岗位职责规范制定出来，然后按岗位选配合适的人才。但是，在过去很长一段时间里，并没有做到这一要求，出现的问题主要表现为：有的体育部门和单位没有把工作需要放在首位，而是以人画线、因人设岗、按人设事、为人择职，这就使得体育管理部门出现人浮于事、机构臃肿、职责不明、效率低下的弊端，这些对于体育人力资源的管理是非常不利的。后来，这种为人择职的问题是在体育部门人事制度的改革中才逐渐被解决的。

2. 用当其人

用当其人就是根据高校体育发展大局，按照发展需要来选人、用人。体育人力资源会在不同方面表现出一定的差异性，比如个性特长、知识、智力、技术、能力等方面，鉴于此，这就要求在用人时，必须做到用人之长、避人之短。同时，由于每一个人的一生中其能力都会出现一定的最佳时期，一个人的才能能否及时发挥并经常得以运用在很大程度上决定着其才能储存时间的长短。因此，这就要求在体育管理中必须抓住人的最佳才能期，并且使人的最大作用得到积极的发挥和利用。

3. 任人唯贤

任人唯贤具体是指在选择和使用体育人才时，一定要根据人的水平、技能水平、能力大小等方面进行，切忌任人唯亲。

4. 用人不疑

在对体育人力资源进行管理时，做到用人不疑，就是要求在使用体育人才时，要对所选择和使用的人才给予充分的信任，并且积极听取其意见，尊重其行动，尊重其成果，从而创造出良好的尊重人才、信任人才的环境，进而达到充分发挥其工作积极性和主动性的目的。

（三）高校体育人力资源管理的机制

高校体育教学工作人员的管理机制主要有以下两个。

1. 约束管理机制

在社会范围内，人要受到社会道德法律的约束；在单位范围内，则要受单位规章制度的约束。对于高校体育教师来说，也不例外，其也要受到各种校规校章和制度的约束。具体来说，所谓约束，就是为了在统一的规章制度下，规范体育教师的教学行为，圆满地完成教学任务。服从学校的约束要将体育教师基本素质和教学水平充分体现出来。具体来说，约束的方法有很多种，比较常见的有时间约束、言行约束、着装约束以及携带教案约束等几种。

2. 激励管理机制

激励的主要目的是培养人锐意创新的意识，迅速提高体育教学质量。激励机制遵循的理念是以人为本，制定科学的管理制度和措施，奖优罚劣，能够将高校体育教学工作人员的积极性和主观能动性充分调动起来，鼓励他们创造性地工作。

二、高校体育物力资源管理

（一）体育物力资源的概念

物力资源一词是经济学领域的概念，因此，要想更好地论述和了解物力资源，首先要先认识一下经济资源。所谓经济资源，是指一国或一定地区内拥有的物力、财力、人力等各种物质要素的总称。通常情况下，可以将经济资源大致分为两大类，一类是包括阳光、空气、水、土地、森林、草原、动物、矿藏等在内的物力资源；另一类是包含人力资源、信息资源以及经过劳动创造的各种物质财富的社会资源。

一般来讲，人类社会经济活动用以依托的客观存在物都属于物力资源。作为人类社会生存和发展的基础，物质资源的任何形态、特征、用途、来源等都不可能对其这一根本属性有所改变，只能立足于最初由自然界所提供的物力资源。

结合上述观点可以认为，体育物力资源，就是用于体育活动及其相关方面的客观存在的各种资源。

（二）高校体育物力资源管理的要求

1. 体育场馆的管理要求

体育场馆是高校必备的场馆设施，是体育文化的组成部分，对场馆的管理应做到以下四点。

（1）场馆设备功能丰富

为了保障高校体育课堂教学、群体活动和业余训练竞赛等多项工作，场馆的功能要比较齐全，且搭配合理，专馆专用，能满足高校体育课程教学活动的基本需要。如篮球、排球、乒乓球、足球、田径、羽毛球、健美操、武术、游泳、体操等，是优先保证的体育项目。

（2）制定相关管理制度

体育场馆的管理是一项长期、细致、艰巨的工作，需要制度化，施行责任制。因为很多工作是周而复始的，一位场馆工作人员每天的工作有很多是重复前一天的事情，如每天打扫同一个地方，巡视同一块场地，收拾同一件物品，检查同一批器材。简单工作的单调重复很容易产生视觉疲劳、精神疲惫，使人对工作失去激情，慢慢情绪下降，热情降低、工作质量缩水，有些工作就可能逐渐被淡化忽略。所以，非常有必要把所做的工作制度化、常规化，实行岗位责任制。把工作的质量以制度的形式规定下来，一切照章办事，就可有效地保证工作的正常进行，既有利于工作人员操作，保质保量地完成工作任务，也有利于管理人员检查。

（3）设备摆放秩序井然

体育场馆内体育器材的摆放应该做到分门别类、整齐摆放。需要经常使用的大型器材固定位置摆放；小型器材定点存放，方便教学活动的进行；不需要经常使用的器材禁止在场馆内随意堆放，要收进保管室妥善处理。

（4）场馆及设备卫生状况良好

高校体育场馆是师生从事体育活动的地方，为了大家的身心健康，必须做到整洁、安全、环境优雅。对于长期使用的大型器材应经常检查维护，保证安全使用。体育器材和场馆地面要时常打扫保持卫生，尽量减少体育活动时空气中的粉尘，保证师生的身体健康。此外，体育场地周围也要保持优雅舒适，使师生在体育锻炼时心情愉快，在闲暇时间也能到此散步、休闲。

2. 体育教学器材的管理要求

体育器材在体育教学中是经常使用到的。器材有大有小，也有不同材质和用途，因此，对于体育教学器材的管理也是一项繁杂且细致的工作。实现体育教学器材管理的程序化、制度化，必须做到以下几点。

（1）分类收纳体育器材

体育器材的种类很多，且质地不同，因此，对于器材的收纳就要做到分门别类，根据实际需要摆放。例如，金属的和非金属的分开放，常用的和不常用的分开放，大型器材和小型器材分开放；标枪、篮球、排球、横竿、铅球、足球等要上架，服装、小件器材要入柜，羽毛球拍、网球拍等要悬挂整齐。此外，每种体育器材的使用频率不同，在收纳时也要有相应安排，如标志锥桶、垫子等常用的器材应摆放在离门较近或较易取放的位置。

(2) 体育器材外借规范

外借体育器材要手续齐全。任何人员都没有私自外借器材的权力，一定要根据教学规律按时、按项目、按量把器材提供给任课教师，并如实做好记录；或是体育教师根据教学的需要填写器材申请单，学生凭体育教师签名的申请单到器材室领取器材；或是由课外活动时间使用体育器材的部门提出申请，经体育部负责人批准方能借出，要在使用完后立即归还。器材管理人员发放、外借器材时，一定要认真点数检验器材，做到如数、完整、完好；回收器材，也要当面检验，同样要做到如数、完整、完好，而后一次性地放回原来的位置，严禁随意堆放。

(3) 体育器材保持清洁

体育器材室内应该随时保持整洁的状态。卫生工作要尽量做到每天一小扫，每周一中扫，每月一大扫。卫生工作不光是地面卫生，也要保证器材的卫生、器材架的卫生、器材柜和桌椅卫生。经常保持一个优美舒适的工作环境，同时减少细菌的传播，保证师生的身体健康。

(4) 器材管理人员在上课期间不得擅离职位

器材管理员要有计划、按部就班地完成一天的工作任务，很多工作如打扫卫生、整理场地器材、给球充气等必须在上课之前完成。上课期间，器材管理员的工作就是随时准备处理如任课教师改变计划、天气变化、器材损坏等随机事件的发生，保证教学秩序正常、有序地进行，不得擅离职守。

(5) 破损器材及时修理

被损坏的体育教学器材应及时修理。对于回收的器材，及时的检查和维护是必要的。特别要认真检查发现那些被损坏的器材，及时修理，使其保持正常的状态，以便下次使用。

(6) 体育器材妥善保管

各种金属、电器、秒表和各类球等体育器材，要做好防潮防灰尘等措施。金属器材如发令枪、高级跳高架、高级排球架、跨栏架、室内双杠等，需要经常保养及长期维护保持其正常状态；室外器材要每两年油漆一次，做好防锈工作。电器设备要做好防尘、防霉、防电路不畅和防腐蚀等工作。秒表属于精密仪器，保管时要注意防潮防霉，使用后要关闭一些发声功能，做好节能，并收到干燥、避光的容器里，放进仪器柜做好保管，并定期检查。总之，不同材质和功能的体育器材的管理方法有一定的差异性。管理人员应熟悉体育器材的属性，并依据具体的管理方法进行科学管理。

三、高校体育财力资源的管理

体育财力资源，总的来说，是体育事业得以顺利发展的必要条件，是体育经济学研究的重要课题。

（一）体育资金的含义

从狭义上来讲，体育财力资源就是我们所说的体育资金。根据不同标准可以将体育资金划分为多种不同的种类，即其具有多种不同的形式。其中，最主要的形式有两种：一种是以使用性质为依据，将体育资金分为体育事业投资和体育基本建设投资；另一种是以体育资金的使用去向为主要依据，可以将体育资金分为群众体育投资、竞技体育投资和体育教育科研投资。

（二）高校体育经费的整体预算

根据年度对体育教育的各项经费进行收支预算，就是高校体育经费的预算。目前，我国高校体育经费主要是依据以下几个方面进行预算的：第一，国家和学校的有关财政法规制度；第二，学校对经费预算的内容要求；第三，上年度收支指标完成情况分析和决算财务分析；第四，本年度学校经费预算的指导思想；第五，本年度开展学校体育工作所需要的经费预测或者与上年度相比主要增减项目汇算；第六，本年度学校体育自我创收经费估计；第七，熟悉预算科目和预算表格。

高校的体育教学部（室）在对体育经费的使用管理方面，应当在遵循勤俭节约原则的基础上，以财务管理的规定和权限为主要依据，履行相应的报批手续，严格执行国家和学校制定的财务制度与经费使用办法。

（三）高校体育器材经费的管理

1. 科学制定采购器材预算

以每年体育器材消耗费用、第二年增减项目的器材费用、体育教师工作服、机动费用等为主要依据，将年度采购的预算做出来。通常情况下，每年体育器材的消耗费用是固定的，如篮、排、足、羽等，每年在球和球拍的使用上消耗比较大。这笔费用是每年采购预算必列项目。第二年增减项目器材费用通常情况下是应对改革需要和特殊情况处理对器材购置做调整而准备的。体育教师工作服要根据每个学校的情况，可以集体采购，也可以由体育教师自己购买，但是必须纳入年度采购的预算项目内。机动费用一般是灵活经费，由于每年经费都会有一定的增减，机动费用是以备不时之需的。

2. 规范体育器材采购行为

高校每年的教育经费是有限的，而高校体育器材的采购花费是一笔不小的开支，采购的质量和渠道对高校有限的体育经费是否能够充分发挥作用会产生非常重要的影响。鉴于此，就要求将这些经济交往中的不正常行为杜绝掉，并且买到物美价廉的产品，增加采购透明度，提高采购行为的规范性。

3. 减耗增效

为了降低当前高校采购体育器材的经费，要充分发挥体育器材的作用，把其损耗降到最低。但是，不可否认的是，只要器材使用就肯定会有损耗，因此，这就要求一定要在管理方面加大力度，建立健全的体育器材管理制度，规范器材管理，使不必要的损失尽可能地减少。

（四）高校体育活动经费的管理

1. 高校各项体育竞赛

高校每开展一项体育比赛，就会涉及许多具体的方面，比如组织编排费、裁判劳务费、添置器材费、奖品费等。缺少任何一项都有可能会对竞赛的顺利进行产生影响。各种费用的管理具体如下。

（1）组织编排费

负责编排的教师组织制定竞赛规程、召集有关人员开会布置工作、培训裁判（理论学习与实习）、编排竞赛日程、准备裁判器材、安排裁判和比赛队、准备奖品等各种竞赛事项所得的报酬，就是所谓组织编排费。

（2）裁判劳务费

裁判劳务费要以各校制定的标准为依据来确定，而且要注意教师裁判和学生裁判是有区别的。教师裁判可以折算成课时，或用其他方式；学生裁判以培养学生的组织裁判能力为主，适当的经济补贴为辅。

（3）添置器材费

通常情况下，高校体育竞赛的器材可以使用以往赛事的旧器材，但是由于新项目需要或原有项目器材损坏，需要添置新器材的，就会产生器材购置费用。添置器材的费用会在年度体育器材预算中得到体现，如出现事先无法预料的状况，需要临时添置时，则要动用机动费用。

（4）奖品费

高校体育竞赛的奖品费与职业体育竞赛是有一定差别的，具体来说，高校体育竞赛的奖品费主要以鼓励学生为主，经济奖励为辅；集体荣誉为先，个人荣誉在后。因此，在分配奖励时，要重集体轻个人，加重集体名次的奖励，个人名次以发给荣誉证书为主，也可以发给少量奖金。

2. 学生体育协会活动

（1）教师指导费

有没有体育教师对学生单项体育协会进行科学的指导，是该项活动能否长期稳定开展下去的关键。因此，这就要求必须对教师指导设置专门的酬费或者计入第二课堂课酬。

（2）添置器材费

一般来说，学生单项体育协会活动所使用的器材都是与体育课堂教学器材共用的，但是，对于一些较为特殊的单项体育协会来说，这还远远不够，如拳击、划艇、棋牌等体育课难以开设的协会，需要专门添置器材，因此，需要将这笔费用列入学校经费预算中。

（3）内部比赛费用

为了促进本协会体育项目的发展，学生单项体育协会除了平时自己组织练习外，还可以开展协会内部的竞赛活动，而开展活动就需要增加一些奖励费用。因此，要保证比赛的顺利进行，就需要将这部分费用列入学校预算中。

（4）外出比赛费用

单项学生体育协会成立的主要目的是使在校广大学生的兴趣得到满足，能够广泛开展校际的体育交流等。但是，如果外出进行比赛，就会有一些费用开支，比较重要的有交通费、住宿费、用餐费等。这些费用靠学生缴纳的费用是远远不够的，因此，需要列入年度预算中。

3. 组织学生体育郊游

目前，随着体育课程改革的不断进步，体育课程的开展已经不仅仅局限于校内了，校外（社会、野外）活动逐渐成为体育课程结构的一部分，这不仅使高校体育教学的领域得到了进一步的扩展，同时，也增加了经费开支。要使这项活动有计划地进行，就需要有充足的资金支持，所需要的费用主要包括交通费、门票费、餐务费、体育器材费等。

（五）高校体育竞赛经费的管理

高校体育竞赛经费的管理主要包括以下五个方面的内容。

1. 教练员训练课酬

教练员训练课酬与其他公共课有一定的差异性，究其原因，主要是竞赛需要教练员全身心投入，而且还要以每个成员的情况为主要依据，随时对训练计划进行适当的调整。比如，不光要抓运动员的训练、抓文化学习，还要抓思想作风、抓生活、抓招生（体育特长生），外出比赛还需要联系交通车，比赛回来要解决运动员的洗澡、吃饭、住宿问题，还要随时掌握竞争对手的情况等，这些需要耗费很大的精力。因此，为了能够让教练员集中精力将训练和竞赛搞好，高校应该在这方面有一定的倾斜政策。

2. 运动员训练补助

运动员训练补助是体育竞赛经费的一项重要开支。运动员的训练与学生体育协会的活动是有一定差别的，他们是为学校争得荣誉，训练需要消耗体力，要有营养补充，而对于学生体育协会的学生来说，是不需要这笔费用的。要以运动员的等级、贡献的大小、技术水平的高低等要素来决定这些补助的金额。

3. 训练器材费用

为了提高竞赛成绩必须进行训练，这就需要配备专门的体育器材，要与实战要求相近。在规格方面，训练器材可以高于实战的规格，但不能比实战规格低，究其原因，主要是体育器材的质量和档次会对比赛产生直接的影响。

4. 参赛产生的费用

（1）服装费用

通常情况下，要求运动员的比赛服装每年在大赛前添置一套，配置两短一长、一双鞋，也可以根据本校情况和需要增加相应的配置。这方面的经费要根据市场价格来确定，并且要求服装要与竞赛规则相符，同时还要具有实用、美观、耐久等特性。

（2）交通费用

校代表队进行校外竞赛时，距离的远近往往在很大程度上决定着花费的多少。一般来说，在近距离时需要交通车，远距离需要交通费。

（3）其他后勤费用

如住宿费、餐务费等。这些都需要在年度预算中列出。

（4）比赛奖励

奖励是学校代表队可持续发展的一项重要措施。若校代表队在正式比赛中取得好成绩，理应进行奖励。奖励不仅能够使运动员的士气得到有效的鼓舞，同时，还能够利用重奖作为招生的有利条件，将高水平队员吸引到本校就读，这对于体育人才的引进也是非常有利的。一般情况下，是要按照获奖级别、名次进行奖励的。不同级别的比赛及不同的名次，获得的奖励也是不同的。这些也都需要一定的经费支持。

5. 外出招体育特长生经费

为了高校体育教育的发展，往往会外出招体育特长生，这项工作也需要一定的经费支持。这项工作还需要长期的情报沟通。除了一般的工作关系外，要想招到较为满意的优秀体育人才，还要进行一定的感情交流，这些都需要经费。通常情况下，外出招体育特长生需要的经费支出主要包括差旅费、交际费、电话费等。

第六章　高校体育文化建设与改革

第一节　高校体育文化概述

一、高校体育文化的定义与特征

（一）高校体育文化的定义

高校体育文化是一个多层次、多维度的概念，它涵盖了与体育相关的价值观、思维方式、行为规范、社会关系和物质文化等各个方面。这种文化源自学校的历史传统，受到学校教育理念和社会环境的影响，反映了高校的精神风貌和社会责任。

在价值观层面，高校体育文化体现了对健康、公平、尊重、团队精神等基本价值的追求和尊崇。这些价值观贯穿高校体育文化的方方面面，指导学生的行为和行动，为他们的成长和发展提供了积极的引导和规范。在思维方式层面，高校体育文化倡导科学、理性、开放、创新的思维方式。这种思维方式体现在体育教学和研究中，对培养学生的思维能力和创新能力具有重要作用。在行为规范层面，高校体育文化包括了学生的道德规范、比赛的规则、教师的职业行为等。这些行为规范不仅规范了体育活动，还对学生的行为习惯和社会行为产生影响。在社会关系层面，高校体育文化体现在学生、教师、校友、社区等各方面的互动和关系中。这些关系基于共享的体育经历和情感，形成了一种社区感和归属感。在物质文化层面，高校体育文化包括了体育设施、装备、标志、奖项等。这些物质文化是高校体育文化的载体和象征，也是高校身份和荣誉的标志。

（二）高校体育文化的特征

1. 多元性

高校体育文化的多元性表现在其内涵和形式上的多样性。在内涵方面，高校体育文化强调健康、公平、团队合作等价值观，同时注重学生全面发展。除了传统的体育竞技，高校体育文化还注重体育健康、休闲娱乐等方面的培养。在形式方面，高校体育文化包括体育课程、体育比赛、体育俱乐部、体育文化节等多种形式。这些多样的内涵和形式，使高校体育文化更加丰富多彩，满足了学生在体育方面不同层次和不同需求的发展。

2. 包容性

高校体育文化不仅关注传统的体育项目，如篮球、足球和田径等，还积极拓展各种新兴的体育项目，如攀岩、舞蹈、瑜伽等。这样的包容性使学生有更多选择，根据个人兴趣和特长参与适合自己的运动，从而激发学生对体育运动的热情。不同的学生体育水平和兴趣不同，高校体育文化欢迎所有学生参与体育活动。无论是运动天赋出众的优秀运动员，还是对体育运动一窍不通的初学者，都会被平等对待，都有机会融入体育文化的大家庭。这种包容性让学生感受到体育运动的快乐，同时促进了高校体育文化的发展。高校体育文化的包容性特征还体现在对多样化体育形式的接纳。除了传统的竞技体育，高校体育文化还鼓励非竞技性的体育活动，如健身、户外运动、休闲娱乐等。这种包容性使体育文化不仅局限于竞争和成绩，还注重学生的全面发展。不同的体育形式相互融合，为学生提供了丰富多样的体育体验。

3. 创新性

高校体育文化在教学方面注重创新，教师不再局限于传统的课堂教学，而是运用现代科技手段，如虚拟现实技术、在线学习平台等，开展线上教学和远程教学，为学生提供更灵活、多样的学习方式。教师还将课堂教学与实践结合，通过开展实地教学和体验式教学，使学生在实践中学习和感受体育知识。高校体育文化在体育活动方面也体现出创新性，传统的体育比赛和运动项目仍然存在，但高校体育文化还在不断推陈出新，引入新的体育项目和活动形式，如举办冠军联赛、创意运动会等，增加趣味性和挑战性，从而吸引更多学生参与。高校还注重将体育融入校园文化中，开展主题健身活动、文艺表演和社交活动，将体育与其他领域融合，丰富了校园文化的内涵。

4. 社区性

高校体育文化在社区中扮演着重要角色，成为学生、教职员工及校外居民之间共同参与的重要纽带。体育活动不仅仅局限于校内学生，周边居民也可以参与。例如，学校可以举办公众健身活动、社区体育赛事等，吸引社区居民积极参与，增强社区凝聚力。高校体育文化在组织形式上注重社区共建，通过学校、社区组织、企业等多方协作，共同策划体育活动。这种合作形式不仅能够充分利用资源，还能使体育活动更具吸引力和参与度。例如，学校可以与社区健身中心合作开展体育课程，引入专业教练和设备，为学生和社区居民提供更为丰富的健身选择。

5. 象征性

高校体育文化是学校形象的重要代表，它通过学校的体育活动、体育设施、体育队伍等方面，展现了学校的特色和实力。例如，优秀的体育成绩、卓越的体育项目、精心设计的运动场馆，能为学校塑造积极的形象，从而吸引更多的学生和教职员工选择这所学校。高校体育文化的象征性还体现在其作为校园文化符号的象征。体育活动在学校文化中扮演着重要角色，它代表着学校的活力、拼搏和团结精神。例如，学校的体育赛事、校队的比赛成为校园文化中的重要元素，吸引着师生的关注和参与，成为学校文化的一道亮丽风景线。

二、高校体育文化的结构

（一）体育物质层

体育物质文化在高校体育文化结构系统中居于基础地位。在高校体育文化主体参与体育实践活动的过程中，需要由体育物质层提供基础条件，体育器材、体育场馆、体育雕塑等这些可感觉到的形态都是高校体育物质文化的主要内容。

（二）体育制度层

作为高校体育的综合文化形态，体育制度文化层是将物质层与精神层联系起来的中介及桥梁。体育制度文化主要在高校体育的组织形态中显现，它反映了高校体育的认知观念和理念。其包括体育教学、课外体育活动、体育科研、体育比赛、运动队训练、体育俱乐部、体育知识讲座及体育交流等相关活动的规程、规则和政策。

（三）体育行为层

在高校体育活动中，文化主体以约定俗成的方式形成的体育行为表现方式、体育行为规范及体育行为内容称为体育行为文化，体育活动、体育协会、体育社团、学生体育等是体育行为文化的主要内容。

（四）体育精神层

简单地说，高校体育价值观、健康观就是高校体育精神文化。在高校体育文化系统中，精神文化居于核心地位，其对高校体育文化目标的确立与实现具有决定性的影响。高校体育精神、体育观念、体育风尚等都是体育精神层面的内容。

三、体育活动在高校文化中的作用

（一）体育活动是传承和弘扬学校精神的重要载体

体育活动是学生体验和理解学校历史、传统和价值观的重要载体。对于学生来说，通过参与各类体育活动，他们可以更直接、更深入地感知学校的精神内涵。例如，校际比赛中的团队合作精神、体育比赛中的公平竞争理念，这些都是学校核心价值的重要体现。不同的体育活动也可以反映出学校的历史沿革和发展变迁。对于具有悠久历史的学校来说，传统的体育活动已经成为学校历史的一部分，它们凝聚了学校的历史记忆，是学校文化传承的重要纽带。此外，大型的体育活动，如体育节、运动会等，更是展现和传播学校精神的重要平台。在这些活动中，学校精神的各个方面都可以得到充分展示。体育活动的公平竞争、积极向上的气氛、团队精神的凝聚力，都能在这些大型活动中得到充分体现。参与者和观众通过亲身经历和观察，可以更直观地理解学校的精神内涵。这些大型活动也是学生和教师共同参与、共同创造的体验，他们在活动过程中的种种经历和感受，将成为他们共同的记忆，从而进一步增强他们对学校的认同感和归属感。

（二）体育活动是培养和锻炼学生的重要途径

通过参与各类体育项目，学生的耐力、力量、速度、灵敏度等都得到了锻炼和提高。体育活动不仅仅是一种身体活动，也包括技能的训练。从基础的运动技巧到高级的运动技巧，每项技能的掌握都需要时间、耐心和努力，这对学生的专注力和毅力都是一种锻炼。体育活动也是提升学生心理素质的重要途径，在竞赛中，学生会遇到各种挑战，需要有强大的心理素质才能应对。如何在压力下保持冷静，如何面对失败，如何调整心态，这些都是学生在体育活动中常常会遇到的问题，也是学生生活中必须面对的挑战。而且，体育活动是一种团队运动，学生需要学习如何与他人合作，如何调动集体的力量，这对培养学生的团队合作精神，提高他们的社交能力有着重要影响。

（三）体育活动是塑造和展示学校形象的重要手段

学校的体育活动状况，从某种程度上反映了该校的教育理念和教育质量。活力四射的体育活动，具有开放、包容、创新的特点，既体现了学校的活力和创新精神，也展示了学校对全面发展教育的重视。例如，学校的体育节、运动会、球队比赛等，都是学校向公众展示其教育特色和教育成果的窗口。

（四）体育活动是构建和维护校园社区的重要工具

体育活动是构建和维护校园社区的重要工具。通过体育活动，学生、教师、校友等可以共享体育的快乐，增强他们的社区意识和团队精神。另外，体育活动也是促进校园内部交流和互动的有效工具。学校内部的群体，如学生、教师、校友等，他们的背景、经历和需求各不相同，而体育活动可以为他们提供一个公平、开放的平台，让他们可以自由地交流和互动。在活动中，他们可以互相了解、互相尊重，共同解决问题。这不仅可以打破校园内部的界限，促进各类群体的融合和协作，还可以提高他们的团队精神和协作能力，对构建和维护和谐、有活力的校园社区具有重要作用。

四、高校体育文化与学生发展的关系

高校体育文化与学生发展的关系密不可分，两者的相互影响与互动构建了学生全面、均衡的发展环境。

第一，高校体育文化对学生的身心发展具有推动作用。体育活动是提高学生身体素质的重要手段，能够帮助学生锻炼身体，提高学生抵抗力，使他们在繁重的学习任务中保持良好的身体状态。体育活动也对学生的心理健康有着重要影响，参与体育活动可以帮助学生缓解学习压力，调节情绪，提升自我价值和自尊心，并促进他们的心理健康。

第二，高校体育文化对学生的社会发展具有重要影响。体育活动通常需要团队合作，可以培养学生的团队精神和合作意识，帮助他们在实际社会生活中更好地融入集体，建立良好的人际关系。体育比赛中的竞争也可以让学生学到公平、公正、尊重规则的社会价值观，有助于他们成长为有社会责任感的公民。

第三，高校体育文化对学生的个性发展具有引导作用。每个学生的体育兴趣和才能各不相同，体育文化的多元化和包容性为学生提供了展示自我、实现自我价值的舞台。学生通过参与自己喜欢的体育活动，可以更好地认识自己，挖掘自身的潜能，形成独特的个性。

第二节　高校体育文化与学校文化的融合

一、学校文化的内涵

学校文化是一种独特的文化形态，它由学校的历史、价值观、使命、风俗、习惯和日常行为等元素构成。

（一）价值观和信念

学校的价值观和信念是学校文化的精神核心，它们反映了学校的核心价值和理念。每所学校都有其独特的价值观和信念，这些价值观和信念在学校的发展和教育中起着重要的指导作用。例如，一些学校强调创新和创造力，鼓励学生在学习和生活中勇于尝试和创新，培养学生的创新意识和创造能力。而另一些学校可能更加重视传统和纪律，强调学生的规范行为，要求他们遵守校规校纪。不同的学校在不同的文化背景和办学理念下，形成了独特的价值观和信念，这些价值观和信念共同构成了学校文化的基石，影响着学校的发展和教育实践。

（二）历史和传统

学校的历史和传统代表着学校的身份和特色。学校的建校历史是学校文化的重要组成部分，它记录了学校的创建过程和发展历程，是学校的骄傲和传承。学校的庆典和仪式也是学校文化中的重要元素，学校通过这些庆典和仪式，表达对重要事件和人物的纪念，加强师生间的凝聚力和归属感。学校的标志和校歌也是学校文化的象征，它们代表着学校的精神和价值观，激励着学校的师生共同追求目标。学校的历史和传统为学校提供了共享的记忆和经历，也是学校文化传承和发展的重要基石。

（三）环境和设施

学校的环境和设施会对学生的学习和生活环境产生深远影响。校园设计体现了学校的整体规划和美学价值观，舒适、美观的校园可以为师生创造良好的学习氛围和生活环境。教学设施的完备与否直接影响着教学质量，现代化的教学设施可以提供更多元化的教学方式和手段，提高教学效率。学生宿舍的舒适与安全对学生的学习和生活至关重要，温馨的宿舍环境可以为学生提供更好的休息和学习条件。图书馆作为知识的殿堂，承载着学校的学术氛围和文化积淀，丰富的图书资源可以为师生提供广阔的知识视野。体育场馆则是学校体育文化的重要体现，为学生提供了丰富多彩的体育活动和锻炼场所，促进了学生的体育健康发展。

（四）行为规范和风尚

学校的行为规范包括学生和教师的行为准则和态度要求，它们是学校行为规范的基础。学校通常会规定学生的着装要求，以保持校园的整洁和文明。学术诚信规定对学生的学术行为具有重要意义，它促使学生遵守学术道德规范，杜绝抄袭和舞弊等不诚信行为。学校还可能制定学生自治规定，鼓励学生主动参与学校管理和决策，培养学生的自我管理和领导能力。教师教学风格是学校教学文化的重要组成部分，优秀的教师教学风格可以激发学生的学习兴趣和潜能，营造积极向上的学习氛围。

（五）人际关系和社区精神

师生关系是学校文化中最基本、最核心的关系之一。师生之间的密切互动和积极合作对学生的学习和成长至关重要。良好的师生关系可以建立起师生之间的信任和理解，激发学生的学习兴趣和动力。同学关系是学校社交生活中的重要组成部分，积极向上的同学关系有助于学生形成良好的交往方式和人际技巧。学校还应积极建立校友关系，为毕业生提供校友活动和资源共享平台，促进校友间的联系和合作。学校与社区的关系也是学校文化的重要组成部分。学校应融入社区，与社区居民建立和谐、互惠的关系，发挥学校在社区教育和文化建设中的积极作用。人际关系和社区精神的健康发展有助于形成积极向上的学校文化，为学生的身心发展和社会适应奠定坚实基础。

二、学校文化的特征

（一）稳定性

学校文化的稳定性是学校文化的一大特征，它体现了学校长期积累下来的教育传统和核心价值观。学校文化的形成通常需要经历多年甚至几十年的时间，它是学校师生共同努力的结果，代代相传。学校文化的稳定性使学校在面临外部环境的变化时能够保持坚定的方向和信念，不会因为一时的冲突或困难而动摇。学校文化的稳定性也为学生提供了良好的学习和成长环境，让他们能够更好地适应学校生活和学习。然而，学校文化的稳定性并不意味着它是僵化不变的，而是不断适应社会发展和学生需求的变化，不断更新和完善自身的文化，以保持其活力和吸引力。

（二）独特性

学校文化的独特性是学校在历史传承中形成的独特教育理念、学术氛围、师生风采等方面的表现。每所学校都有其独特的历史背景和发展轨迹，这些因素使学校在教育方式、管理模式和教育成果等方面呈现出与众不同的特点。学校文化的独特性不仅彰显了学校的个性，还是学校发展的竞争力所在。它吸引了一批又一批学生和教职员工前来学习和工作，形成了学校的学术传承和精神追求。学校文化的独特性也为学校带来了良好的社会声誉和品牌价值，增强了学校的社会影响力。

（三）导向性

学校文化的导向性是学校的精神指南和价值导航。通过明确的学校文化，学校能够为师生确立共同的价值取向和行为准则，使他们在学习和工作中能够知行合一，追求共同的目标。学校文化的导向性体现在多个方面，如对学生的学习态度和学术追求进行引导，促使他们树立正确的学习观念，发扬求真务实的学风；对教师的教学方式和教育理念进行指导，鼓励他们以身作则，关注学生全面发展；对学校管理与发展进行规范，营造和谐融洽的校园氛围。学校文化的导向性有助于形成一种积极向上的学校氛围，凝聚师生共识，推动学校全体成员共同努力，实现学校的发展目标。

（四）包容性

在学校这个大家庭中，来自不同地区、不同背景、不同文化的学生汇聚一堂，这些多元的个体共同构成了学校文化的多样性。学校应倡导包容性，鼓励学生以开放的心态理解和尊重不同文化的存在，从而增进彼此之间的交流与理解。学校还应提供各种机会和平台，让学生在学校文化中体验不同文化的魅力，培养他们的跨文化交流能力和包容性思维。包容性的学校文化能够促进学生的全面成长，增强他们的社会适应能力，让他们在未来的发展中更好地融入多元化的社会。

（五）创新性

随着社会的不断发展和进步，教育面临新的挑战和机遇。学校文化作为教育的灵魂，应与时俱进，不断进行变革和创新，以适应新的教育需求和发展趋势。创新性的学校文化可以激发学生和教师的创造力和创新意识，鼓励他们尝试新的教学方法和教育理念，不断探索教育的前沿。学校应鼓励教师开展教育研究，推动教学改革，培养学生的创新精神和实践能力。学校还应积极引入新的教育技术和教学手段，拓展自身教育资源，打破传统的教学模式，创造更加开放、自主、灵活的学习环境。学校通过创新性的学校文化，可以不断提升自身教育质量，培养具有创新精神和创造力的优秀人才，为社会的发展和进步作出贡献。

（六）引领性

学校文化的引领性在于它能对学校成员的行为和态度产生积极的影响，推动学校朝着共同的目标迈进。学校文化作为学校精神的象征，激励着教师和学生共同追求卓越和进步。它明确学校的核心价值和发展方向，为学校提供了共同的价值观和行为准则，使学校成员形成共识，共同努力。学校通过树立正确的学校文化，可以引领教师树立正确的教育理念，提高教学质量；引领学生树立正确的学习态度，积极参与学校活动。学校文化的引领性还表现在其对学校管理和组织发展的推动作用。它为学校管理者提供了决策依据和方向，促进学校的科学发展和优化管理。

三、高校体育文化在学校文化中的地位

（一）高校体育文化是学校精神文化的重要体现

体育活动是学校精神文化的重要组成部分，它不仅是学校教育的重要内容，还是学校精神文化的载体和展示窗口。在体育活动中，学生可以感受到学校所倡导的公平竞争、团队合作、积极进取等精神。体育活动强调的是个体与集体的统一，注重团队精神和集体荣誉，这与学校精神文化的塑造密不可分。学生通过参与体育活动，可以在竞争中学会尊重对手、懂得坚持努力，在合作中感受集体力量、培养团队合作意识。高校体育文化的传承和弘扬有利于激发学生的潜能和活力，促进学生全面发展。可以说，高校体育文化在学生身上播下了正确的价值观种子，为学生的成长和发展奠定了坚实的基础。

（二）高校体育文化是学校教育的重要手段

体育教学不仅仅是培养学生体育技能的过程，更是培养学生全面发展的重要手段。学生通过体育教学，可以锻炼身体，增强体质，培养良好的生活习惯和健康意识。体育教学还可以培养学生的意志力和毅力，提高学生的团队合作意识和竞争意识，促进学生个性的形成和发展。这些素质对学生的个人成长和社会适应性有着重要的影响，能够帮助学生更好地适应社会发展的需求，成为有社会责任感和创新能力的综合型人才。

（三）高校体育文化是学校形象的重要展示

高校体育文化是学校形象的重要展示，体育活动可以展现学校的特色和优势，吸引公众的关注和赞赏。体育活动作为学校形象展示的窗口，承载着学校的品牌形象和教育理念。有活力、有竞争力的体育活动，可以传递学校的优秀形象，激发公众对学校的兴趣和好感。例如，学校体育代表队在全国性比赛中获得优异成绩，可以彰显学校在体育领域的实力，为学校赢得声誉和荣誉。体育活动的成功举办，也能提升学校的知名度和影响力。各类体育比赛和活动吸引了大量的观众和参与者，通过媒体的广泛宣传，将学校的名字传遍各个角落。公众对体育活动的关注也会转化为对学校的关注，进一步推动学校的发展和建设。体育活动还能展示学校的教育理念和文化氛围。例如，学校重视团队合作和拼搏精神的教育理念，在体

育活动中会得到体现。比赛中的队员互相支持、团结协作，向公众传递出学校鼓励团队合作、培养学生积极向上的精神。

四、高校体育文化与学校文化的交融

高校体育文化与学校文化的交融，实质上是价值观、理念、行为方式等元素的交融。它们在某种程度上营造了学校的氛围，影响了学生的学习、生活习惯和个性发展。

高校体育文化的传播有助于弘扬学校文化。例如，体育活动的进行，无论是课堂上的体育教学，还是课外的体育竞赛，都可以促进学生的身心健康，提升学生的团队合作能力，从而传播并弘扬学校文化中的健康、合作等价值观。学校文化对高校体育文化的影响，不仅表现在整体的理念和方向上，还体现在具体的实践中。学校的价值观和教育理念是塑造体育文化的主导力量，它们通过设定体育教学的方向和方式，反映了学校对体育教学的独特理解和期待。例如，如果一所学校的教育理念强调全面发展，那么在体育文化中，可能就会推广多元化的体育项目，鼓励学生探索和尝试不同的运动形式，而非仅仅专注于某一项或某几项竞技体育。此外，全面发展的理念也会强调体育活动对学生身心素质的培养和社会能力的提升，这可能会在体育教学中加入更多的团队活动，以培养学生的协作精神和沟通技巧。学校文化中的精神风貌，如创新精神和挑战精神，也是高校体育文化的重要组成部分。崇尚创新的学校，可能会在体育教学中引入新的运动项目，或者采用新的教学方法，鼓励学生以创新的方式参与体育活动，这样就能在高校体育文化中体现出学校文化的创新精神。同样，强调挑战的学校，可能会设定更高的体育标准，或者设立更多的体育挑战，让学生在体育活动中体验挑战和突破，这样就能在高校体育文化中体现出学校文化的挑战精神。

在高校体育文化与学校文化的交融中，也产生了许多具有深远影响的现象。例如，在体育比赛中培养的团队精神，可以进一步转化为学校社区的团结和协作；体育活动中对规则的尊重和公平竞赛、可以加深学生对社会公平、法治精神的理解；体育活动的乐趣和挑战性，也可以激发学生对生活和学习的热爱和动力。

五、促进高校体育文化与学校文化融合的策略

（一）构建共享的价值观

共享的价值观应被明确并广为传播。这可以通过学校的官方文档、教育大纲以及各类公开发表的文章或演讲等方式实现。当学校的领导层、教师和学生都清楚了解并接受这些价值观时，它们就有可能成为一个强有力的导向，影响并指导整个学校的教育行为。具体到高校体育文化与学校文化的融合，共享的价值观可能包括公平、尊重、团队合作、健康、竞争、坚韧等。这些价值观应在体育教学的各个环节中得到弘扬。例如，在体育课程设计中，教师可以注重培养学生的团队合作精神；在体育竞赛中，学校应当强调公平竞赛、尊重对手等原则；在日常体育活动中，学校可以通过设置适度的挑战，培养学生的坚韧精神和竞争意识。学校也应该充分利用体育活动的实践场景，将这些价值观与学校文化有机结合。例如，如果学校文化强调创新精神，那么学校在体育教学中，可以鼓励学生发挥创新，如设计新的游戏规则或运动方式。这样，体育活动不仅可以为学生提供展示和实践学校文化的机会，还可以丰富和拓宽学校文化的内涵。

（二）开展多样化的体育活动

体育活动的多样化表现在多个层面。例如，学校可以提供各种类型的体育课程，以满足学生的不同兴趣和需求。这包括常见的团体运动（如足球、篮球、排球等）、个人运动（如游泳、跑步、健身等），以及一些特色的、非传统的运动项目（如攀岩、潜水、瑜伽等）。这种多样性不仅可以让学生体验和欣赏不同类型的体育运动，还可以根据个人的特点和兴趣，发现和发展自己的运动特长。体育活动的形式也应当多样化。除了常规的体育课程，学校还可以通过体育比赛、运动会、体育社团等方式，为学生提供更多的参与机会，这些活动不仅可以激发学生的运动热情，提升他们的身心素质，还可以为学生提供一个交流、互动的平台，增进学生之间的情感交流和社会交往。体育活动的多样化还可以在与学校文化的融合上发挥重要作用，例如，如果学校文化强调多元化和包容性，那么在体育活动中，可以通过接纳和尊重不同的运动项目和运动形式，体现这一价值观。如果学校文化强调竞争和挑战，那么在体育活动中，可以通过设置适当的挑战和竞赛，从而激发学生的斗志和积极性。

（三）提升体育设施和环境

1. 体育设施的提升

学校应投入足够的资源，保证每位学生都能使用体育设施。传统的运动场所如足球场、篮球场、游泳池等是学校体育活动的基础设施，这些场所为学生提供了进行各类体育运动的场地，有了这些基础设施，学生可以进行各类团队体育活动，锻炼身体、培养团队合作精神。学校还应当为学生提供一些特色的设施，如健身房、攀岩墙、舞蹈房等，满足学生个性化的运动需求。学校还应保证设施的多样性，为学生提供各种类型的体育设施，因为学生的兴趣和需求各不相同，有些学生喜欢传统的体育运动，有些学生可能更喜欢健身、瑜伽等项目。因此，学校应当增设多样性的设施，以满足不同学生的喜好和需求，让他们能够在体育活动中找到自己的兴趣。提升体育设施需要持续投入和不断改进，应将体育设施建设纳入长期规划，并投入足够的资金和资源。

2. 体育环境的提升

学校要营造一种积极、健康的体育氛围，可以通过举办各类体育活动激发学生的体育热情，提高他们的参与度，如定期举行运动会、体育比赛、健身活动等，让学生积极参与，感受体育的乐趣和意义。学校应该树立正确的体育观念，这包括鼓励公平竞争、尊重对手、珍爱生命、珍视健康等，体育不仅仅是比赛和胜负，更重要的是培养学生正确的价值观和人生观。学生通过体育教学，应该学会尊重对手、理解输赢，树立健康的竞争观念，追求个人进步和全面发展。学校还可以借助校园宣传和教育活动，向学生传递正确的体育价值观。学校可以通过举办座谈会、讲座、展览等形式，让学生了解体育对身心健康的重要性，以及体育精神在社会生活中的价值。学校通过这些活动，可以培养学生积极参与体育活动的意识，从而激发他们对体育文化的热爱和追求。

（四）鼓励师生参与

对于学生来说，鼓励他们参与体育活动，有助于他们形成积极健康的生活习惯，提升身体素质，同时可以通过团队合作、竞争挑战等方式，锻炼沟通能力、团队精神、竞争意识等重要的社会能力。对于教师来说，鼓励他们参与体育活动，不仅可以提升教师的身心健康，还可以通过与学生的互动，增进师生关系，同时有利于他们在体育教学中传递学校的文化理念，引导学生形成正确的价值观。教师也可以通过参与体育活动，建立积极的角色模型，影响和激励学生。

（五）开展体育文化研究

高校体育文化研究应关注体育活动的多个方面。例如，对体育活动的参与者进行研究，可以理解他们的需求、动机、经验等，以此优化体育活动，提高参与度；对体育活动的形式和规则进行研究，可以理解其文化意象、文化符号等，以此丰富体育文化的表达方式；对体育活动的社会效应进行研究，可以理解其对个人、社会、文化等的影响，以此弘扬体育文化的社会价值。开展体育文化研究，还需要保持一种开放的研究态度，这意味着学校应鼓励教师、学生、社区等多方参与，发表他们的见解和意见，分享他们的经验和故事，以此丰富体育文化的研究内容和研究方法。国家应提供必要的研究支持，如提供研究资金、设立研究机构、举办研究活动等，以此保障高校体育文化研究的进行。

体育文化研究也应从多元视角出发。例如，从历史视角看，可以追溯体育文化的发展历程，理解其传统与变革，以此建立体育文化的历史记忆；从比较视角看，可以比较不同文化中的体育实践，理解其异同与交流，以此拓宽体育文化的视野；从批判视角看，可以揭示体育文化中的问题和挑战，理解其公平、公正、公开等价值理念，以此推动体育文化的进步。

第三节　高校体育文化的传播

一、高校体育文化的传播原则

（一）尊重多元化原则

高校体育文化作为一种文化现象，应当充分尊重和包容各类文化的多样性，避免简单地将某种体育文化强加于他人，而应考虑学生的个体差异和文化背景，以此来提高高校体育文化的有效性和普适性。在推广高校体育文化时，应充分考虑学生对不同体育项目的兴趣，鼓励他们根据个人兴趣自由选择参与体育活动。有些学生可能喜欢传统的体育项目，如足球、篮球等，而有些学生可能对新兴的体育项目，如滑板、攀岩等更感兴趣，学校应提供多样化的体育课程和活动，以满足学生的个性化需求，让他们在体育文化中找到自己的兴趣点。不同文化背景的学生，拥有不同的价值观和生活习惯。在推广体育文化时，应尊重并包容各类文化的差异，避免一切形式的文化同质化，高校可以通过多元文化教育，让学生了解和尊重他人的文化，增进学生间的相互理解和沟通。

（二）互动交流原则

教师是高校体育文化传承和推广的关键角色，他们的教学方式、言传身教都会影响学生对高校体育文化的理解和认同。教师应积极与学生互动，关注学生的学习情况和需求，根据学生的兴趣和特点，设计丰富多彩的体育教学活动，以此来激发学生的学习兴趣。学生是高校体育文化的主要受众，他们之间的互动和交流可以增进彼此之间的理解和友谊，共同营造积极向上的高校体育文化氛围。学校可以组织各类体育社团、俱乐部，让学生自由选择参与，建立互动交流平台。学生通过参与体育团队活动，可以培养团队合作精神和领导能力，也会促进学生身心全面发展，从而更加热爱和认同高校体育文化。

（三）以人为本原则

以人为本是高校体育文化传播的核心原则，体现了学校对学生的关怀和尊重，也是促进高校体育文化在学校和社区中融合发展的关键。在推广高校体育文化的过程中，学校应该充分认识到每个学生都是独一无二的个体，他们的兴趣、能力、文化背景等都有所不同，因此需要因材施教，针对不同学生提供个性化的体育教学服务。学生的兴趣是他们参与体育文化活动的动力，因此学校应该充分了解学生的兴趣爱好，并结合学生的意愿和需求开展丰富多样的体育项目和活动，让学生能够自主选择感兴趣的体育项目，从而使学生更加积极投入高校体育文化中。高校体育文化的推广不应该是强制性的，学生应该有选择的权利，学校应该尊重学生的选择，不应强迫他们参与体育文化活动，而是通过丰富多样的活动内容和形式，吸引学生自愿参与。只有在学生自愿的情况下，高校体育文化才能真正发挥其教育和社会功能。高校体育文化的推广过程应该关注学生的学习体验和感受，及时收集学生的反馈意见，了解他们对高校体育文化活动的满意度，以便学校能够持续改进和优化体育教学内容和形式，从而提高高校体育文化的吸引力和影响力。

（四）实践参与原则

体育是一种实践性很强的活动，只有通过实际动手、亲身体验，学生才能真正领会到体育文化的魅力和意义。在体育课堂上，教师应该让学生参与各种体育活动和游戏，来培养学生的体育兴趣，从而提高他们的体育技能。学生通过实践参与，不仅能够感受到体育的乐趣，还能够培养团队合作精神、竞争意识等重要素质，这些都是高校体育文化传播的重要内容。只有让学生亲身体验，才能让高校体育文化深入他们的心灵，成为他们生活的一部分。

（五）开放包容原则

在推广体育文化时，高校不应仅仅局限于传统的体育项目，还应积极开展各类新颖有趣的体育活动，吸引更多的学生参与。高校应积极开展与社区的合作，吸纳社区的体育文化元素，丰富高校体育文化内涵。通过开放包容的态度，高校体育文化能够吸引更多的学生参与，让体育成为连接学校和社区的桥梁，从而促进高校体育文化的广泛传播和融合。

二、高校体育文化传播的途径

（一）高校体育课的文化传播

1. 显性传播

体育课程以其多样的展示形式发挥着重要作用，主要因素包括专业的体育教师、适当的教学场所和有效的设备。高校的体育设施较具代表性。良好的设施可以打破体育课程的地域限制，让学生更好地享受体育课带给他们的益处。教师在高校良好的设施和器材的支持下，也可以更好地组织和控制课堂。此外，随着体育教师专业素养的持续提升，体育知识的传播质量也在不断提高。运动器械是学生体育学习的重要配套工具，是学生实现学习和训练目标的物质基础。适宜的运动器械能更有效地推动学生的学习，从而激发学生对练习的热情，而不合适的器械可能会降低学生的学习效率，压抑他们对练习的热情。在体育教学过程中，体育教师的角色是多方面的，他们不只是传授体育知识和技能的人，也是体育的推广者。通过这一“窗口”，学生可以获取大量的体育运动技巧和知识。尤其是在现今教学模式发生改变的背景下，教师不再被看作课程实施的“工具”或课程的“使用者”，他们更加关注满足学生的体育需求，解决学生的体育问题，这对体育课程的显性传播有着重要影响。

2. 隐性传播

第一，通过学生的个人表达方式传播。现如今，体育课程正在实施新的教学标准。新的教学标准不仅注重学生在体育知识和技能学习上的需求，还增添了与日常生活紧密相关的教学内容，使学生的体育学习更具实际意义。这样的变化可以使学生主动学习和思考，有利于展示他们的个性和兴趣，从而更好地维护他们的主体地位。这表明，在新的教学标准下，体育课程的文化传播方式已经不仅仅是教师的主观愿望，也不仅仅是教学大纲的具体规定，学生的个性和兴趣已经在很大程度上决定了高校体育文化的传播内容。只有在激发学生的兴趣之后，学生才会愿意参与体育教学，这样的学习才不会感到枯燥无味。尽管体育课程的内容看似由体育教学管理部门决定，但实际上，这些部门在作出相关决定时，也会考虑如何激发学生的兴趣和个性。

第二，通过优秀的体育文化传播。以乒乓球为例，正因为中国的乒乓球运动在国际竞赛中的杰出表现，使它获得了“国球”的称号，这为乒乓球的知名度提供了较大的助力。因此，即使在经济发展较慢甚至困难的地方，也可以看到一些简易的乒乓球桌，人们对参与这项运动的热情比较高。这说明，一项运动能够得到广泛接受，其背后的文化已经深入人心。同样，每个学校都有其传统的体育项目，学生会对学校的传统体育项目感到自豪。在这种深厚的体育传统中，学生会自然而然地产生强烈的兴趣，因此他们会在不知不觉中受到这种影响，为参与某种运动感到自豪。这样，学校便不再需要强制性的规定，而是通过隐性体育文化来引导学生，从而实现更好的体育文化传播效果，这种传播影响力也更为深远。

（二）高校体育活动的文化传播

1. 日常体育活动

日常开展的体育活动以其随性、普遍性和选择性为特点，是学生经常参与的体育活动方式。虽然日常体育活动呈现出明显的选择性和随性，但其活动目标依然应遵循体育健身的基本法则，任何情况下都不能背离其“健康思想”的基础。高校在巩固课堂教学的同时，应通过组织多元化的活动来丰富学生的生活，从而促进学生身体素质的提升和发展，并培养学生的体育兴趣、坚韧的意志和良好的社交情感，使学生建立良好的人际关系。

2. 体育文化节

体育文化节是展示高校体育文化的一个主要渠道。体育文化节的活动形式多样且灵活，不仅有体育竞赛，还有形式多样、娱乐性强的体育嘉年华活动。学校师生通过参加体育文化节不仅可以享受节日的快乐，还可以通过运动锻炼身体。即使没有体育特长的学生，也可以在体育文化节中找到适合自己的活动。为成功组织体育文化节，学校主要可以通过以下步骤进行：首先，进行体育文化节活动的预热，让全校师生了解活动内容和组织方式，从而激发学生的参与热情；其次，尽可能在活动中设置一些师生互动的环节，让教师也能成为活动的参与者；再次，需要让学生体育骨干积极参与活动的组织和规划，听取学生的意见和建议，使活动满足学生的需求；最后，在活动结束后，举办颁奖仪式，评选出优胜团体或个人并进行表彰。此外，还可以在全校师生中举办“我在学校体育文化节中”的征文活动，分享自己的体验和感受。

（三）高校体育文化的网络传播

1. 搭建体育交流论坛

体育交流论坛在现代网络环境下成了一个重要且广泛的用户交流中心。由于体育项目种类丰富，学生可以根据个人喜好在各个“小组”中参与相关话题的讨论。在高校体育文化的建设中，体育论坛可以作为一个重要的师生交流工具，并且有可能演化为继续教育的平台，如教师可以在高校论坛中发布学生的自我训练计划等。通过讨论，学生能把自己的想法告诉体育教师和其他学生，教师可以对学生的观点进行评价并给出合理的建议。这将加强师生间的相互理解和情感联系。教师需要重视学生在体育论坛中提出的问题，把这些问题作为高校体育文化建设的反馈信息，学校可以据此进行有针对性的改进和完善。这种方式能使高校体育文化更加满足学生的需求，推动高等教学体育文化的健康发展。

2. 构建专题性体育网站

体育课堂教学是高校体育文化的重要组成部分。除了一些专门的体育学院，其他大多数学校的体育教学主要目标是推广体育知识，指导学生掌握基本的运动技巧和健康急救知识，教学内容更加普及化。对于一些对体育有深入理解的学生来说，这样的教学程度可能过于基础。为了弥补这一点，丰富高校体育文化，学校可以考虑构建专题性体育网站。借助网络信息传播迅速、内容丰富的特性，为学生的体育学习提供便利。在创建专题性体育网站时，关键在于突出其专题性。因此，需要对体育信息进行系统性的分类，方便学生查询，如创建体育新闻网站、体育学习网站、体育宣传专题网站等。

三、高校体育文化的国际化传播

（一）国际交流活动

高校通过组织和参与各种国际体育活动、比赛和交流会，能够向世界展示本国的高校体育文化。这些活动为学生提供了与国际同龄人交流、竞技的机会，拓宽了他们的视野，加深了他们对不同文化的了解和认知。在这样的交流中，学生能够体验到不同国家的体育活动风采，感受到不同文化对体育的独特诠释，从而对本国的体育文化产生新的认识和理解。国际交流活动也是吸取他国高校体育文化优点的重要途径，在参与国际比赛和交流时，高校可以借鉴他国在体育项目、训练方法、体育教学等方面的先进经验，从而不断完善和提升本国的高校体育文化水平。在国际舞台上，不同国家、不同高校的体育文化相互交流、碰撞，促进了各方之间的文化融合与互鉴，有助于打破体育文化的壁垒，促进不同文化之间的相互理解与尊重，促进全球体育文化的多样性和丰富性。

（二）加强外语教育

英语作为国际通用语言，在全球范围内被广泛使用，成为国际交流和合作的重要工具。在高校体育文化的国际化中，外语教育有多方面的作用。学生可以通过英语学习了解国际体育领域的最新动态和发展趋势。他们可以通过阅读国际体育期刊和研究报告，获取更广泛的体育知识，从而拓宽视野，了解世界范围内的体育发展情况。通过英语的传播，国际社会可以更好地了解和接受本国高校体育文化，认识到其独特价值和特色。这有助于促进本国高校的国际化进程，从而吸引更多国际学生和学者前来学习和合作。

（三）开展国际体育合作项目

通过与国际著名体育学院的合作，高校可以与国外院校开展体育科研项目，共享研究成果和资源。高校可以与国外院校合作举办学生交流项目，如短期交换生计划、暑期学校等，使学生有机会走出国门，体验不同国家的体育文化，增长见识，提高跨文化交流能力。与国际著名体育学院合作，可以使高校在国际体育领域获得更多认可和关注，吸引更多国际学生和学者来校学习和研究，提升高校的国际声誉和竞争力。

（四）建立国际体育交流平台

国际体育交流平台作为一个连接全球的桥梁，旨在将本国的高校体育文化推介至世界各地，同时能听取各国的反馈和建议，并进行优化和完善。这个平台可以实时发布关于本国高校体育文化的各类新闻和信息。例如，可以发布国内大学体育赛事的直播和回放、比赛结果、优秀运动员的风采等内容。这些信息将体现出本国高校体育文化的独特风貌和深厚底蕴，使国际友人有机会深入了解本国的体育教学理念和实践。全球用户可以在这个平台上发表观点，交流看法，分享各自国家的高校体育文化精粹，这不仅可以进一步加深对本国高校体育文化的了解，还为相互学习、相互借鉴提供了渠道。各地用户对本国高校体育文化的认识和看法，对推进本国高校体育文化的国际化进程具有重要意义。他们的反馈和建议可以直接反映本国高校体育文化在国际上的接受度和影响力，这将为进一步优化和调整提供有力的依据。

（五）跨文化交流的推动

除了传统的体育项目，还需要引入一些具有本国特色的非主流体育项目，如中国的太极、印度的瑜伽，还有澳大利亚的板鞋足球、美国的花式石板跳跃等现代项目。这些非主流体育项目既体现了本国高校体育文化的独特性，也反映了高校体育文化的多样性和包容性。引入这些非主流体育项目，可以通过各种形式进行交流和展示，如可以在国际体育交流平台上发布相关的教学视频和资料，让国际友人通过学习和实践，了解和感受这些非主流体育项目的魅力，也可以在国际体育文化节等活动中，组织相关的比赛和表演，让国际友人亲身参与，深入体验这些非主流体育项目的独特性和乐趣。

（六）对外传播策略的制定

应针对目标受众，如国际学生、高校和体育爱好者，进行详细的市场调研，了解他们的需求和期望，这将为制定有效的对外传播策略提供有力的数据支持。通过调研，可以更准确地了解他们对高校体育文化的认知程度和兴趣点，从而更精准地传达相关信息。可制作各种语言版本的宣传材料，如宣传册、海报、视频等，以便更好地传达高校体育文化的信息。这些宣传材料应尽可能地包含高校体育文化的各个方面，如体育教学、体育活动、体育设施等，并突出高校体育文化的特色和优势。也应积极利用数字化媒体，如社交媒体、在线视频平台等，进行宣传和推广，从而提高高校体育文化的知名度和影响力，让更多的国际友人直接接触和了解高校体育文化。定期评估对外传播策略的效果，根据反馈信息进行调整和优化，以实现高校体育文化最佳传播效果。

第七章　大学生心理健康教学改革

第一节　大学生心理健康教育概述

一、大学生心理健康教育简介

（一）大学生心理健康教育的兴起

心理健康教育是现代心理学、教育学、社会学、生理学等多种学科理论与学校教育实践相结合的产物。自 20 世纪 80 年代以来，在世界许多国家和地区特别是在一些发达国家和地区，心理健康教育的理论和实践都有了长足的发展。迄今仍在使用的称谓主要有两类：一类是将“心理”与“教育”相结合的称谓，如心理教育、心理素质教育、心理品质教育、心理健康教育等；另一类则是沿用了传统的临床心理学的专业术语，如心理辅导、心理咨询、心理辅导与心理咨询。

（二）心理健康教育的概念

说起心理健康教育，许多人可能感到很神秘。就工作方式和方法而言，心理健康教育多在非医疗情境的学校及有关教育机构中进行，它常采用团体方式。心理健康教育是在学生出现问题前进行预防性培养，为时较长，甚至是终身性的。就解决问题的深度而言，心理健康教育和心理辅导只是处理一般情境中的问题即表层性（意识层）问题；心理治疗则要深入人格结构的深层，即无意识层面问题。就工作模式而言，心理治疗的工作模式是医学模式。就实施过程而言，心理健康教育和辅导工作人员在工作中是主动的，心理治疗医生肯定是被动的，心理咨询工作者的工作过程可以是主动的，也可以是被动的。

关于心理健康教育的概念，我国心理学者有各自不同的表述，但从本质上来讲，它们都能反映出心理健康教育的基本含义。

（三）心理健康教育的特点

第一，特殊的教育目的。心理健康教育以心理保健、心理适应、心理素质的发展为内容，以达到维护学生的心理健康、优化学生心理素质之目的。第二，特殊的教育内容和要求。第三，特殊的教育途径和方法。心理健康教育除借助课堂教育渠道向学生传授必要的心理常识外，更多的是结合活动课。第四，特殊的教育功能。心理健康教育属于典型的以学生为中心的主体性教育，它直接关注学生心理上的保健、适应和发展，帮助学生解决与此相应的一些心理上的困惑、烦恼和障碍。

（四）心理健康教育的意义

心理健康教育是学校素质教育的重要组成部分，对学生身心健康成长与发展、思想的教育以及社会文明建设都具有重要意义。以心理发展为目标，开发学生的心理潜能，促进学生身心全面发展，整体素质得以提高。

第一，心理健康教育是促进学生德、智、体、美、劳全面发展的需要。一是，心理健康教育是德育的基础。学生心理健康，有助于其形成良好的思想道德品质，并为德育工作创造和谐、融洽、相互信任的良好心理氛围。二是，心理健康教育是智育的基础，是有效学习的条件。心理卫生是有效学习的基础，而各种学习的发现兴趣和自我提高是心理健康的一种标志。三是，心理健康教育是体育的基础。人们开展体育活动是为了增强体质，维护和保持身体健康。日常生活中许多身体疾病的产生都与心理健康有关。

第二，心理健康教育是提高学生心理素质的需要。良好的心理素质是人们自我发展和价值实现所必需的内在条件，也是未来社会对人的基本要求。

第三，心理健康教育是提高大学生心理健康水平的需要。大学时期是一个人身心发展的关键时期，身心健康对大学生至关重要。当前，就全国范围看，大学生心理健康水平总体上是好的，多数学生的心理是健康的、积极向上的。但大学生心理健康状况不佳者仍需开展心理健康教育。

第四，心理健康教育是高校体育自身发展的迫切要求。大学生心理健康教育能推进体育素质教学，树立“健康第一”的指导思想。首先，大学生心理健康教育是开发、拓宽体育功能并加以完善的一个不可缺少的要素。其次，它在维护和增进个人心理健康中发挥着不同的作用。

第五，大学生心理健康教育是时代的呼唤。21 世纪是知识经济大发展的时代，知识经济对现代人的心理素质提出了全方位的挑战。同时，就人类自身来讲，重大的挑战则是心理危机，最大的痛苦就是心理障碍与疾病。越来越多的研究已证实，诸如超群的指挥、稳定的情绪、顽强的毅力、完善的个性、随机应变的能力等高品位的心理素质，已成为最具竞争力的人才资源的要素。

（五）大学生心理健康教育的内容

1. 大学生心理健康机理与高校心理健康教育

大学生心理健康与高校心理健康教育的关系：就目标与手段的关系来说，高校心理健康教育的目标就是保障学生的心理健康，而学生心理健康的实现无疑有赖于学校心理健康教育的开展与实施。高校心理健康教育是一种以发展为理念的教育活动，包含一系列发展性的理念：一是可持续发展的理念；二是全体发展的理念；三是全面发展的理念，即要促进学生的全面发展；四是潜能开发的理念，每人都有发展的潜力，因而要最大限度地激发每一个学生的潜能。

高校心理健康教育是一种以学生为中心的教育活动。传统教育（如凯洛夫的教育学）在很大程度上强调的是以教师为中心、以教本为中心、以教室为中心，而心理健康教育则实实在在地强调以学生为中心。心理健康教育坚持学生是自己认识、成长和发展的主体，突出学生的主体作用，鼓励学生的自主探索，通过充分发挥学生的积极性，使学生成为自己能掌控自己心灵世界的“思想家”。

高校心理健康教育是一种建立在新型人际关系基础上的教育活动。与传统教育相比，学校心理健康教育既具有人性又具有教育性。心理教师和学生的关系有两层：一层是指导者、教育者对被指导者、受教育者的关系（即“教育性”关系）；另一层是作为平等的个人对个人的关系（即“人性”关系）。换言之，与传统教育相比，心理健康教育特别倡导并强调师生间的合作式、民主式的人际关系。心理健康教育活动作为一种积极的人际互助过程，教师应对学生“任其自然”，但是，尊重“人性”也绝不意味着对学生的放纵。因此，学校心理健康教育是一种态度、一种方法，它体现的是一种教育精神。

高校心理健康教育是一种具有独特目标的教育活动。高校心理健康教育作为学校教育的一部分，其目标与学校教育目标是一致的。它既要针对少数已产生心理问题的学生提供具体的心理咨询乃至心理治疗（矫治性目标），也要根据学生的心理发展特点提供“防患于未然”的心理辅导（预防性目标）。换言之，心理健康教育既要让少数有心理问题的学生恢复正常，又要促进大多数正常学生有更好的发展。

2. 大学生心理健康的具体内容

心理健康教育是心理健康目标的具体化。因此，心理健康教育内容的确定是以心理健康目标为直接依据的，主要是宣传普及心理健康知识。具体内容表现在以下几个方面。

（1）学习心理指导

学习心理指导是指教育者依据现代学习理论，针对影响学生学习的因素，有目的、有计划和有步骤地教会学生如何学习的过程。学习心理指导能使学生心理机能得到更好的发挥，加强思维能力的教学与训练，增强学生思维自学性和积极性，开发思维潜力，提高创造性思维能力。

（2）情感教育

情感教育是一个与认知教育相对应的概念，它是指把情感作为人的发展的重要领域之一，对其施以教育的力量。情感教育是教育过程的一部分，它关注教育过程中学生的态度、情绪、情感以及信念，以促进学生的个体发展和整个社会的健康发展。

（3）智力训练

发展学生的智力是学校智育工作的一项极其重要的核心任务，智力本身的特点和它们在现代社会生产、生活中的重要地位决定了这一点。

（4）性格教育

性格是人对客观现实的稳固态度以及与之相应的习惯化了的行为方式。每个人在社会实践中，通过认识、情感、意志等心理过程反映客观事物，并将自己的反映保存和巩固下来，形成个体一定的态度体系，又以一定的形式表现在个体行为之中，构成个体一定的行为方式。性格是个性心理特征的核心，对个性心理的其他特征和倾向（如气质、能力、兴趣等）起支配作用，决定着个人活动的方向。

（5）人际关系指导

人际关系是人与人之间由于交往而建立起来的一种心理关系，它反映了个人或群体寻求满足其社会需要的心理状态，其变化和发展取决于双方需要满足的程度。人际关系指导的基本内容为：培养健康的人际关系态度，有较强的人际关系知觉能力，有人际交往能力。

（6）性心理健康教育

性心理健康教育是旨在保持和增进性健康的教育。完整的性心理健康教育应该把性知识教育与性道德教育结合起来，把性生物学知识与性心理学以及性社会学知识结合起来，把性心理卫生知识与性生理卫生知识结合起来。简言之，性心理健康教育既是知识的教育，也是人格的教育和心身健康的教育。

（7）自我意识发展指导

自我意识是个体对自己本身及与周围客观世界关系的意识。人在客观世界的影响下，不仅能产生感觉、知觉、思维、记忆、情绪、意志等心理活动，也能认识和觉察到这些心理活动。

（8）自我心理修养指导

心理教育过程不仅仅是教育者对受教育者进行教育的过程，而且也是受教育者自我教育的过程。一个具备了自我心理修养能力的人，才能不断调整自己的心理，以适应变化的社会生活，保证心理健康。可以说，在全部心理健康教育中，自我心理修养能力的培养或指导是最重要的内容之一。自我心理修养的基本内容有：认知方面的自我心理修养，即提高学生对于自身感知和认识的能力；情感方面的自我心理修养，即培养积极愉快的情绪、情感体验，克服消极的不愉快的情绪、情感体验，学会调节和控制自己的情绪、情感；性格方面的自我心理修养，即自觉塑造自身的良好性格，克服并矫正不良性格；等等。

二、大学生心理健康教育的原则与途径

（一）大学生心理健康教育的原则

1. 发展性原则

发展性原则是指在学校心理健康教育工作中，教师要注意以发展变化的观点来看待学生身上出现的问题。发展性原则有两层含义：一是在心理健康教育过程中教育者必须以发展的观点来看待大学生的心理；二是心理健康教育活动必须立足于促进人的心理发展。从发展性原则的第二层含义来看，是要全面、正确地理解心理健康教育的目标。但即使是心理健康者也有心理品质的高下，因此唯有发展才是心理健康教育之最高目的。

贯彻发展性原则，首先要在思想上明确发展的要求，明确发展是心理健康教育的出发点，也是心理健康教育的归宿。赞可夫提出“一般发展”

的要求是全面的，但他经常讲的是观察力、思维能力、操作能力这三种。所谓“走在发展前面”，就是说教育、教学的要求必须高于学生已有的心理发展水平，应向学生提供有可能理解、能满足求知欲而又有一定难度的学习内容。当然，不同学生的“最近发展区”是不同的，这就要求广大教育者必须深入到学生中去，了解他们的性格、爱好、需要和才能，从而针对他们的心理特点在发展上下功夫，因材施教，让学生通过自己的努力，不断提高自身素质。

2. 非价值性评价原则

心理学中有一种“自我证实循环”理论，这种理论认为：当我们对某人形成了某种看法时，我们就可能以某种态度来对待他。事实上，原来的“聪明”学生和“愚笨”学生的分类是随意选择的，他们在能力上并没有什么真正的差异。测试的目的，仅仅是为了联系学生实际心理，实施有效的心理健康教育。心理健康教育承认心理发展有先后之别，一切受教育者的心理状况都能得到良好的发展。

3. 相容性原则

这一原则是指在心理健康教育过程中，教育者（教师）和受教育者（学生）在人格上是平等的，在情感上是相容的。只有当求询者把咨询者看成是可以信赖和尊敬、可以交流思想并能获得帮助的朋友时，他们才会敞开胸怀向咨询者吐露真情。

贯彻相容性原则，首先要尊重学生，淡化教育与受教育的痕迹。尊重学生，其关键是尊重学生的人格，把每个学生都摆在与自己平等的位置上。其次，精神愉快，意识到自己的力量和存在。心理健康教育要想实现促进人的心理发展、开发人的潜能的目的，首先要求教育者必须对学生心理发展的实际状况有一个比较清楚的了解，这就要求教育者主动接受受教育者，设身处地为他们着想，并待以真诚的关心和爱护。最后，创造师生间最佳的“心理场”。“心理场”主要由师生之间的心理相互影响构成，它对心理教育效果的作用是不可低估的，是以彼此认知共识、情感融洽、行为相似为特征的。这种相容的人际关系，有利于师生之间最佳“心理场”的形成，对学生心理的发展无疑具有促进作用。

4. 协同性原则

协同性原则是指在心理健康教育过程中，一方面要重视心育（心理健康教育的简称）与德智体美诸育之间的相互结合、相互渗透；另一方面要重视学生心理内部各方面的协同发展。协同导致有序，不协同引向无序。人的发展是指各方面素质有机协调的发展。就教育来说，知识是可以分化的；但就学生而言，他的人格是不能分化的。

在学校心理健康教育中贯彻协同性原则应将心理健康教育与德智体美等各育的教育结合起来。从学生活动来说，心理健康教育应与学生的家庭活动、社会活动、学校活动相结合，协调好能够对学生心理产生影响的每一个环节，才能为学生的心理发展创造良好的条件。这就要求我们在心理健康教育中，要引导学生心理全面和谐地发展，为学生的人格完美奠定坚实的基础。

5. 针对性原则

针对性原则是指在进行心理健康教育的过程中，教育必须根据学生的身心特点和规律，有针对性地对学生实施心理健康教育。具体体现在以下几个方面：第一，要与学生的年龄特点相结合。第二，要与学生的性别相结合。心理健康教育必须依靠现代差异心理学的成果。第三，要结合学生的个性特点。教育上，要针对不同的个性特点采取不同的方法，才能收到“对症下药，药到病除”的理想效果。第四，要结合学生的表现特点，有针对性地进行教育。在学校教育工作实践中，常会出现一些特殊学生，这里所说的特殊学生是指学业不良、品德不良或学业与品德均不良的学生。了解他们的心理健康问题，有针对性地进行指导，不仅能帮助他们克服心理健康问题，还能从根本上改进他们的学习状况及其行为方面的偏颇。第五，要结合学生的发展特点，做好预防性教育与引导。只有根据不同阶段的发展特点，提前对学生进行教育和引导，才能做到防患于未然。

（二）大学生心理健康教育的途径

1. 大学生心理健康教育的基本途径

大学生心理健康教育的基本途径，就是要在高校的学科教学、学生工作、课外活动、校园文化建设等各种日常的教学活动中融入心理健康教育的内容。

把心理健康教育渗透于教学之中，是现代学科教学理论与实践发展的内在要求。其主要方法有介绍大学生增进心理健康的有效途径，传播心理自我调适和消除心理困扰的方法；通过个案分析，使学生对常见的心理问题及其产生的原因与主要表现有所了解。

2. 建立大学生心理健康档案

在大学生一入学时就对他们进行心理健康的全面普查，并将具体结果存档，即建立心理档案。心理档案建立后，教师在学生来访之前，通过浏览研究其心理档案，就可以迅速地了解学生，有针对性地加以辅导。

3. 强化课外教育指导的基本环节

课外教育是课堂教学的有益补充。通过专题心理讲座、主题心理报告、心理沙龙，使学生了解心理健康的基础知识，以及自我心理健康的基本方法，增强学生适应社会和心理自我调适的能力。大学生心理健康教育的有效指导，有赖于教育的三级网络——校级心理健康机构、院系级心理健康组织、班级学生心理健康小组的完善。其中，院系心理健康组织应由院系主管学生工作的领导和班主任、政治辅导员组成，在学校心理健康机构的领导下，有针对性地对学生的心理问题给予及时、必要的服务。

4. 倡导主体自我教育

只有将学习工作转变为被教育者自身的能动活动，树立其主体意识，并体现其主体参与，教育目的才得以实现。辅导员老师应注意引导学生主动参加“个人成长小组”等多种社团活动，使学生自我生存、自我调控、自我激励、自我发展和自我认知的能力不断得到提高，促进心理健康的自觉意识不断得到增强，消除负性情绪的心理困惑，适应复杂的社会生活的变化，以一颗平常心面对自己、面对集体、面对社会。

5. 创设有利于大学生心理健康发展的校园环境

一是可以创设有利于校园物质文化的心理健康教育。学生总是要学习、生活在一定的校园物质环境中，其所处的环境不同，必然使学生产生不同的心理效应，从而影响他们的心理品质与心理健康。就空间环境而言，不同的空间组织形式和空间组织密度对学生的心理健康和教学活动效果可以产生不同的影响。二是可以创设有利于校园精神文化的心理健康教育。从校园的制度文化来看，学校的各种规章制度、公约守则、集会庆典等集体组织的活动对学生不仅有团体的约束力，还有强大的号召性和感召力，它对学生良好品质的塑造和正确习惯的养成均起到导向作用。

第二节　高校体育活动促进心理健康教育

一、体育活动与心理活动

（一）体育活动中的感知觉

皮亚杰认为，感知运动是高级认知能力发展的基础，早期的动作技能作为适应的重要手段在认知发展中扮演重要角色。

1. 运动体验

运动体验就是从运动过程所提供的刺激中获得的感受，它是一种复杂的、由多种感知觉参与的综合反映。感知觉的发展是学生智力发展的重要标志。感知觉的发展需要有足够的感知觉刺激，这种刺激来自个体所处的环境和所从事的活动。本体运动感觉，也称为动觉，是指主体对身体各部分之间相对位置变动的反映，它是主体对身体姿势和身体运动的“感受”或意识。事实上，所有的体育活动都涉及来自运动感受器的反馈，尤其是封闭式的运动技能，但不是所有的本体感受器的反馈都能被运动者意识到。

2. 专门化运动知觉

专门化运动知觉是通过运动训练形成的高度分化的运动知觉，它是对某种动作技能的各个部分之间的联系。专门化的运动知觉主要有：在长期从事周期性运动（如田径、自行车等项目）的过程中形成的“速度感”，球类运动中的“球感”，游泳项目中的“水感”等。专门化运动知觉对体育教学、训练及心理发展有重要的意义。有研究表明，学生手指、手腕动作知觉的提高，对掌握和提高排球正面双手传球技术有促进作用。

（二）体育活动中的表象与记忆

1. 体育活动中的表象

研究表明，对自主运动的认知控制需要运动的记忆表象的参与。表象是大脑对过去感知过的事物形象的反映，表象在体育活动中具有特殊且重要的作用。运动表象是指在运动感知的基础上，在大脑中重现出的动作形象或运动情境。运动表象具有直观性、概括性的特点，反映的动作形象与知觉的对象类似，具有一定的鲜明性、生动性，但又离开了具体某个人的动作形象，反映了同一类动作形象的共同特征。

2. 体育活动中的记忆

记忆是一种重要的认知能力，在动作执行过程中主要涉及编码、储存等多方面的能力。具体而言，个体动作记忆能力的提高可以保持其储存更多种类的技巧模式的表象，提高个体在适宜的时候从储存信息库中提取特定信息的技能。记忆按时间长短分为瞬时记忆（在大脑中保持 0.25～2 秒）、短时记忆（一般不超过 1 分钟）和长时记忆（1 分钟以上）。记忆按内容可以分为：形象记忆、语词逻辑记忆、情绪记忆和动作记忆。动作记忆包括对身体各部分移动的位置和距离的记忆，对运动形式、方向、速度的记忆，对动作的用力特点和时机的记忆。体育运动中的记忆是一种复杂的、综合性的记忆。各种记忆形式在体育运动中共同发挥作用。

（三）体育活动中的思维

体育活动是具有一定情境和任务的特殊性的活动，体育活动中的思维与其他活动的思维既有共性也有特殊性。

1. 体育活动与思维活动

研究表明，在动作技巧获得的早期阶段或者执行复杂技巧时，需要学生大量的思维努力；但在学习的后期或做简单动作技能时，则不需要很多的认知资源。动作技能获得的早期阶段通常被称为发现阶段（或称为泛化阶段），学生通过教师的讲解、示范和自己的实践，只能对某一动作技能获得初步感性认识，而对该运动技能的内在规律还没完全理解。此后，进入分化阶段，随着思维逐渐成熟，学生的信息提取速度和加工能力都得到提高，对运动技能在时间、空间上或动作细节上的区分更加精确，从而可以更快地感知当前技能的特征以及它与过去获得动作技能的区别和联系，以更好地学习动作技巧。

2. 体育活动中发展创造性思维

创造性思维是指新颖的、有价值的思维过程。因此，转变教学理念为社会培养具有创造力的优秀人才，是每一位体育教师义不容辞的职责和义务。传统体育课堂教学强调技能技术的掌握，而忽视智力因素和非智力因素的培养，以至教法僵化、死板，强制学生顺从，教学氛围沉闷，学生精神抑郁，学习被动。民主、和谐的师生关系，有利于激发学生的创造性思维。

心理学家罗斯认为，学生创造能力的高低与周围环境有着密切的关系。如果学生从小到大都生活在压抑、循规蹈矩、一成不变的环境中，学生的创造性便会被扼杀。教学中不要过分要求学生顺从，应当尊重学生幼稚甚至荒诞的疑问，并鼓励他们要敢于向权威提出异议。民主、和谐的师生关系一旦形成，学生就会对教师产生信赖感、亲切感，从而形成有益于课堂的亲和力。因此，教师要以饱满的热情上好每一堂课，使每个学生都感到“教师在期待我”，同时，教师要充分运用自己的眼神、语调、微笑等肢体语言，来表达对学生的鼓励和爱，从而更好地激发学生的创造性思维。

创设活动情境，引导学生进行创造性思维。丰富的想象是创造性思维的翅膀，创设情境，很容易把学生带入想象的天地，非常有利于激发学生的创造性思维。通过这种师生共同创设的活动情境，对学生的心理及行为施加影响，从而逐步达到既定的教学目标，这也是激发学生创造性思维的过程。在体育教学过程中，学生接触的情境越多，发现问题的能力就越强，设想的方案也越具想象力。

二、高校体育活动促进大学生心理健康发展

（一）体育活动能有效促进大学生心理健康发展

体育活动是发现和消除学生心理障碍的重要手段。情绪是心理健康的晴雨表。学生在学习过程和身体活动过程中的行为、表情、意志等外在表现是其心理状态的真实反映，因此通过观察情绪，很容易发现存在不同心理障碍的学生。

体育竞赛活动是培养学生良好心理素质的有效途径。高校体育通过体育竞赛（包括竞技体育）这一特殊的身体活动形式，采用公开的、共同认可的方式和规则，以相互间身体运动能力（包括智力）优劣比较的形式进行挑战极限、超越自我的竞争活动，使学生自觉按照真、善、美的尺度，体验生命存在的价值、生命延续的价值和超越生命的价值。体育竞赛有着严格的纪律与规则要求，这有利于培养学生纪律性与自制力、公平竞争与创新意识以及团结协作与开拓进取的精神。

体育活动能帮助大学生有效地进行自我治疗教育。相关研究表明，体育运动有助于人们摆脱压抑、悲观等消极情绪，降低焦虑，消除忧郁等心理障碍，使人们保持心理平衡，达到心理健康的目的。此外，学校体育可以利用不同的强度和速度来消除患者消极的心理导向，从而增强自尊心、自信心，达到消除心理障碍的效果。

体育群体活动是提高学生社会适应能力的有效方法。体育活动以个人、小组和班集体等形式进行，人际交往呈群体多向性。从社会文化的视角来看，体育尤其是体育游戏、竞技体育和体育竞赛实质上是社会生产及社会生活的一种模拟，体育精神是现代社会精神的缩影。在这些活动中，学生将获得顺利与挫折、成功与失败、优势与劣势、群体与个体、合理与不合理等种种体验，将对学生情感的陶冶、人格的塑造、人生观和价值观的形成起到积极的促进作用。

课外体育活动有促进大学生心理健康的功能。在整个高校体育活动中，课外体育活动是学生参与面最广、活动最频繁、内容最丰富、形式最多样，也是对所有学生最具有健身价值和教育意义的体育教育活动之一。课外体育对学生个体而言，其功能体现在健身、健美、健心三个方面。

（二）体育活动促进大学生心理健康的内容与方法

1. 选择不同的项目促进心理健康

能调节心理状态的运动项目包含提高心理素质的运动、培养意志品质的运动、增加健康情感的运动、健全个性特征的运动四种。其中，提高心理素质的运动包括射箭、打靶、飞镖、投篮、极限运动、悬崖跳水、体育表演与展示等。培养意志品质的运动包括冬泳、冷水浴、冬锻项目、冲浪、目标跳高、竞走、半程或全程马拉松、铁人三项、公路自行车、攀岩、散打、赛车、橄榄球及野外生存等。增加健康情感的项目包括高尔夫球、门球、地掷球、交谊舞、扭秧歌、棋牌活动、体育旅游、水上运动、航空模型及放风筝等。

体育活动对人的个性塑造起着长久的、稳定的作用，因此，为了克服个性中的缺点，不同个性的人应该选择不同的运动项目。

（1）紧张型

针对这种类型的学生可以安排娱乐性内容的活动，让他们在其中调节身心，转移紧张心理，也可以参加公开性的激烈比赛。此外，还可以参加游泳、溜冰、滑雪、摔跤等活动，经过一段时期的锻炼，胆子自然会大，处事也会变得老练。

（2）胆怯型

这样的人天性胆小，动辄害羞脸红，应多参加游泳、溜冰、拳击、单双杆、跳马、平衡木等体育项目。

（3）孤僻型

对于言行孤僻、不善与人合作的学生，可以选择篮球、足球、排球等团队运动项目。

（4）优柔寡断型

对于处事犹豫不决、不够果断的学生，可以多参加乒乓球、网球、羽毛球、跨栏、跳高、跳远、击剑等体育运动项目。

（5）急躁型

对于遇事急躁、易冲动、好逞强的学生，要克服缺陷可以多参加下象棋、打太极拳、慢跑、长距离散步、游泳及骑自行车等运动强度不高的运动项目。

（6）思维迟钝型

对于那些思维迟钝，分析、综合能力较差的学生，可以多安排一些较复杂、技术性强的动作并经常练习。

2. 运用课外活动运动处方促进大学生心理健康

课外活动运动处方的意义：高校课外体育活动大多数是学生自己练习，缺乏一定的针对性、指导性，因此，有必要利用内容丰富、形式多样、直观形象、满足不同学生需要的特点并结合运动处方的课外体育活动来进一步促进大学生的心理健康。课外活动运动处方除了能提高学生的运动能力外，还以运动为载体，达到增进心理健康、培养心理素质的目的，能体现区别对待、因材施教的隐形作用。

促进心理健康的课外体育活动运动处方类型：

第一，矫正孤独、怪癖，促进良好的人际关系。制定这类学生的运动处方时，可为他们选择一些集体性较好的体育活动。在这些项目中，大学生既接受别人的帮助，又有主动帮助与保护别人的责任；既有个体的自我竞争，又有与他人或其他团体的比赛活动。

第二，矫正胆怯心理，克服挫折，树立良好的自我概念。在此类处方中要重视克服挫折，尽量从学生的实际出发，针对性地减少挫折，使学生尽量把思想上的压力、情感上的纠纷转变为精神上的动力，使其正确面对挫折，调整心态，从而使个体的自我概念增强。

第三，解除疲劳，提高智力，促进睡眠。在矫正此类心理健康运动处方制定中，要注重选择一些融合心理、技能、情感的体育活动，这些项目可以宣泄不良情绪，消除心理紧张，放松身心，调节心理状态，维持心理平衡。

第四，矫正焦虑、急躁、易怒心理。当代大学生的焦虑、急躁、易怒主要表现为：任何时间和任何事情都会引起其焦虑反应，遇事缺乏冷静，容易犯轻举妄动的错误。这些项目要求精神集中、意志专一，加强对神经系统的训练，提高神经系统的主导地位和调节功能。

第五，矫正优柔寡断心理，培养果断自信。日常生活中，许多大学生遇事常会犹豫不决，做起事来不够果断，这会影响学习与工作的效率。

制定课外活动运动处方的注意事项如下。

(1) 课外体育活动处方应尽量注重趣味性。例如进行健身操练习时，长时间的练习会使学生感到枯燥，如果加上音乐，会使学生感到轻松愉快、精力充沛、消除紧张，令肌肉放松，从而有更好的情绪体验。

(2) 同一类型处方的区别对待。在针对同一种心理疾病的大学生制定运动处方时，也要考虑到同一类型心理疾病的不同大学生的不同情况。

（三）体育活动促进大学生心理健康的原则

1. 主体性原则

主体性原则是指心理健康教育过程中要尊重学生的主体地位，注意调动学生的主动性、积极性。尽管在心理教育过程中，学生都希望老师给予指导和帮助，希望老师能解决他们遇到的一切问题，但并不是希望教师越俎代庖。教师所起的作用仅仅是外部因素，学生心理的调整，最终要依赖于学生的内在因素和自我认识。

贯彻主体性原则：首先，要根据“内部矛盾是心理发展动力”的原理，通过心理健康教育活动引发学生心理的某种矛盾状态，以促进学生的心理健康发展。只有当心理活动的内容定位在学生的“最近发展区”上，才能有效地促进学生心理的发展，实现由第一个发展水平（即学生现有的发展水平）向第二个发展水平（即“最近发展区”）的转变。其次，必须注意发挥学生的主动性和积极性，不能事事包办代替。在组织各种活动时，尽量让学生自己来组织，充分调动学生参与活动的独立性、能动性和创造性，让每一个学生都成为活动的积极参与者。要注意防止以下两种倾向：一是对活动插手过多，学生失去了自主性；二是将活动看成是学生自己的事而袖手旁观，任其自然，这实质上是一种不负责任的表现。

2. 活动性原则

活动性原则是指心理健康教育要通过开展丰富多样的活动，使学生的心理素质在具体实践中得到锻炼和提高，从而促进学生心理发展。人的心理品质是在活动和交往中形成与发展起来的，是心理的本源。活动是社会的范畴，它不仅指人的躯干、四肢、语言、表情等表露在外的可被观察到的行为举动，也包括观念、思想、欲望、想象等内隐的不能直接观察到的心理活动。随着机体的发育和力量的增强，学生活动的范围逐渐扩大，活动的水平不断提高，活动的方式日趋复杂化、多样化。一方面，学生在这些活动中不断展示其精神生活的丰富性、智慧和体验的深度、想象和意志的力量、能力和性格的特征；另一方面，他们也在不断地丰富和发展着自己的心理品质。

贯彻活动性原则：首先，要求活动的组织和开展符合发展的需要。引导和组织青年学生参加公益活动，对于满足他们日益增强的独立意识，促进其社会积极性的发展，磨砺他们的情感和意志，都有着极为重要的作用。人的心理是在活动中发展起来的，但心理的发展显然不是，也不可能在某一次或某一种活动中形成，它需要反复地训练。实验证明，学生积极地参与和学习有关的活动，可以使学生在错误的尝试中得到益处。值得注意的是，对活动的过多指导和约束，会伤害学生的主动性，妨碍他们做出自己的决定和得出自己的结论。

3. 成功性原则

成功性原则是指各种教育、训练使学生有成功的快乐体验，减少失败的体验。成功对发展具有激励作用，这是不以人的意志为转移的，并且这种情绪体验都有一种循环效应，影响着新一代身心的健康发展。

贯彻成功性原则：首先，要求教育者提出的教育要求必须是合理的，是学生经过努力可以达到的。要求过低，缺乏挑战，会失去对学生的激励作用；但要求过高，学生也会因频频失败而却步，并导致自暴自弃的消极的自我观。其次，应因人而异，帮助学生确立适宜的目标，树立适合自己的人生理想。

第三节　高校体育教师心理健康与大学生心理健康

一、高校体育教师心理健康对大学生的影响

（一）体育教师心理健康及其意义

1. 高校体育教师的心理素质与心理健康

高校体育教师的心理素质是指高校体育教师在教育教学活动过程中，决定其教育教学效果、对学生身心发展有显著影响的，在心理过程和个性心理特征方面所表现出来的本质特征。教师的心理素质作为一个系统，若其结构完整，在与环境、他人互动的过程中各个成分能协调有效地运行，那么，教师的心理就是健康的。

教师具备良好心理品质的作用不仅表现在对学生的教育影响上，还表现在对自身的不断提高和完善上。良好的心理品质是教师获得知识、能力和品德的内在条件，是影响客观存在的知识、技能内化为教师内在心理结构的重要因素。教师良好的心理素质表现在以下方面：第一，教师的智力品质，包括灵活的思维能力、迅速的记忆力、丰富生动的想象力等；第二，教师的意志品质，包括实现教育目的的坚定性、处理矛盾的自制性；第三，教师的兴趣品质，包括广泛的文化知识兴趣、学习教育理论和教育科学的兴趣；第四，教师的性格品质，包括热情、理智、独立。

高校体育教师的心理健康水平是高校体育教师心理素质的一个重要反映和评价指标，心理健康的人能客观地评价、自如地应对客观环境。教师是学生心目中的重要人物，是学生认同的楷模，在师生日常接触中，最能发挥潜移默化的作用。教师心理不健康就不能正确理解学生的行为，更无法巧妙地处理学生的问题。

2. 高校体育教师心理健康的意义

在知识经济时代，要求体育教师不仅应具有开放性的知识结构，还应具备健全的情感和人格，而且情感和人格是心理健康的核心内容和重要标志。情感人格发展健全的体育教师才可能有教育教学的创造性，才能培养出创造型人才。

保持与增进教师心理健康，在高校教育中具有十分重要的意义，主要

表现在有利于提高教师工作积极性、主动性和创造性，有利于教师的身体健康，有利于教师更好地适应现代社会生活等方面。

3. 高校体育教师的心理健康教育

高校体育教师的心理健康教育，是一项系统的教育实践活动，除了在宏观社会体制层面上对体育教师的工作提供支持和保障外，还必须在学校和个人等层面综合提高教育水平。

首先，情绪调节是个体管理和改变自己或他人情绪的过程，在这个过程中，通过一定的策略和机制，使情绪在生理活动、主观体验、表情行为等方面达到良好的、适应的可管理的状态。应注意以下两个方面：一方面要学会控制情绪；另一方面要运用积极认知。积极的认知就是在看到事物不利方面的同时，更能看到有利的方面，这种看待问题的方式，容易使人增强信心、情绪饱满。

其次，在学校方面，为减少体育教师的心理压力，激发体育教师更高的工作热情，学校在进一步改善体育教师工作的外在条件以及物质待遇的同时，应更多地提供给体育教师充分展示自己才华的创造空间和机会。各部门应支持、关心体育教师的教学、科研工作，为体育教师创造进修学习的机会，保证他们的业务学习时间。

最后，在学校方面：第一，组织心理学知识的普及学习；第二，有组织、有计划地在高校体育教师中进行一些心理测验与调查；第三，充分发挥隐性教育资源作用，创设良好的心理教育环境。创设良好的心理教育环境，就是要创设良好的文化环境和人际关系方面的心理环境。另外，要在校园创设良好的群体心理氛围，形成良好的人际关系，使体育教师之间、师生之间充满信任和友谊。

4. 高校体育教师的心理保健角色

体育教师在体育教学中担当着多重角色，他们既是知识技能的传授者、德行的培养者，又是学生的心理保健医生，在教学过程中起着心理工作者的作用。面对新的教育形势，教师应自觉承担起学生心理保健的任务。首先，要注意转变教育观念。一些教师受旧的教育思想影响，长期以来形成了“师道尊严”的观念，这是必须摒弃的。其次，自觉学习、了解一些学生心理发展及心理卫生、心理咨询方面的知识。最后，在教育过程中，教师还必须充分了解每个学生的情感、意志、能力、气质、性格等心理特征，尊重他们的人格，有的放矢地实施教育，以保证他们的心理健康发展。

（二）体育教师心理健康对大学生心理健康的影响

1. 体育教师心理健康对大学生心理健康的作用

在教师的素质修养中，教师的心理素质占有重要的位置。教师心理健康的状况，会直接影响学生的行为，影响学生的身心成长。体育教师的心理健康有助于为学生提供观察模仿的良好榜样。心理健康标准，也需要有样板，再加上学生本身具有模仿性强、好奇心盛、可塑性大的心理特点，最容易从模仿教师的行为开始。

体育教师的心理健康有助于为学生营造良好的心理成长环境。由于教师角色的独特性，决定了教师在学生心理发展中的重要作用。一方面，教师可以依据学生所遇到的矛盾和冲突设计人工心理环境，指导学生解决冲突；另一方面，教师也可以自我设计，自己也是影响学生心理发展的一种教育资源。在学校里，教师与学生有长时间面对面接触的机会，教师的言谈举止和教师的心境、情绪是构成整个教育环境的组成部分：如果教师的心理不健康，必然影响到学生心理的健康成长。

体育教师的心理健康有助于提高工作效率。心理健康水平较高的教师，在智力、情感、意志和个性等方面都得到正常的、健康的发展，形成了健全的人格，并能自如地运用自己的智慧去应付客观环境。一个心理健康的教师能以正确的态度和方法来对待矛盾和处理问题，因而能尽快地化解矛盾，解决冲突，有效、及时地处理好各类问题，工作效率必然高于心理不健康的人。

体育教师的心理健康有助于协调师生关系。教师的心理是否健康不只表现在教学工作中，还会影响教师与学生的日常交往。因此，教师的心理健康能促进学生生理、心理、行为全面、协调、健康地发展，能在宽松的气氛中使悲观的学生变得快乐，受挫折的学生建立信心，从而建立起和谐的师生关系。

2. 体育教师的人格特征及其对学生心理健康的影响

人格是个体在对人、对己、对环境中的一切事物所表现出的与别人不同的较稳定的独特个性与行为特征。教师的人格特征不仅影响教育、教学活动的效果，而且在很大程度上决定其能否有效地促进学生心理的健康发展。例如激情型教师自由散漫、不喜欢纪律约束，他们更注重学生的思想而不是学生本人，强调思考和推理的客观性，这种类型的教师最适合教有心理安全感的学生。由此可见，教师的人格特征对学生的影响是多方面的，程度是深远的。教师要尽量避免在学生面前发脾气，否则不仅不能得到学生的尊重，而且很可能会使学生在遇到麻烦时也仿效教师，只知道发脾气。总的来说，自控型的教师是最能积极影响学生的教师。畏惧型教师强调纪律规则，是因为他们在有严密组织的环境中才觉得安全。教师还可以有意寻求成功体验，满足自己的成就感，以提高自信心，降低焦虑水平，也可以先在教学工作以外的活动中尝试无组织结构或者半组织结构的活动，再把这种体验和技巧迁移到教学工作中来。

3. 师生关系及其对学生心理健康的影响

良好的师生关系对学生心理健康发展有重要意义，师生关系是教育过程中人与人之间最基本、最重要的人际关系，是教师和学生在教育活动中通过交往互动而形成的。良好的师生关系有助于师生之间加深理解，减少摩擦，增强师生之间的心理凝聚力，为双方的心理健康发展提供有利条件。在学校，如果师生关系好，学生处处感受到教师的爱，就可以培养学生的情感，使学生学会待人接物的方法和技巧，养成热情合作的习惯。相反，如果师生关系不好，学生觉得缺少爱和温暖，就容易在人性和人际关系等问题上形成不正确或片面的观念，这些错误的观念很容易使学生养成乖戾的态度，并把这种态度扩散到其他的人际关系之中。总之，建立和谐的师生关系不是一时的事，教师应循序渐进，注意日积月累的功效，让学生体验到自己的热情和关怀。

4. 体育教师心理健康对大学生心理健康的影响方式

（1）积极创造民主和谐的教学环境

民主和谐的教学环境以及和谐友善的教学态度是预防学生产生各种心理疾病的良方。如果体育教师不尊重学生，用苛刻、讥讽、挖苦的方式对待学生，就会导致学生出现紧张、恐惧、担忧的心理，甚至出现不同程度的心理问题。

（2）因材施教，在体育活动中完善学生的性格

体育活动可以锻炼学生的意志品质，培养学生耐受挫折的能力，提高学生的心理健康水平。对于身体有残疾的孩子，应主动热情地帮助他们，最大限度地发挥他们的潜能，使他们像正常学生一样快乐地生活和成长，以促进他们适应能力的发展。培养和发展学生的自尊心、自信心是形成健

康人格的关键，也是教育与心理指导的核心问题。另外，体育教师还应通过体育活动引导学生乐观积极地与他们交往，培养学生的人际交往能力。

二、高校体育教师的心理健康教育能力及培养

（一）高校体育教师心理健康的维护与调适

体育教师的心理健康从根本上说还得由教师自己维护。优秀的体育教师在需要的时候要能承受巨大的压力，但他绝不应让自己一直处于压力之中以至于身心俱损，影响工作和生活的正常进行。

1. 端正认知

树立正确的自我概念，坚持收集有关教学效果和学生学习情况的资料。教师对自己教学方法的利弊了解得越深，越了解学生是否接受这些方法，对自己的了解也就越深，自我认识就越客观，自我概念就越坚定。自我维护心理健康的能力包括很多，如角色调整的能力，从职业中获得满足和乐趣的能力，免于患上神经过敏性焦虑的能力。正因为教师是心理上“开放”的职业，失败和过错发生的概率就特别大。如果能从失败中吸取教训、总结经验，失败就是成功之母，并且能减少压力和焦虑的来源，更有利于自身的心理健康。与教育界之外的人谈论自己教学的时候，会心态平衡，语气坚定，因为他知道自己是一个有能力的教师，知道自己在说些什么，因为他客观地知道教学中的失败是不可避免的。这样，他从实际工作中建立起来的安全感就不会受到影响。而且，许多期望，包括教师对自身的期望都是非常极端的，教师只要尽到了责任，就可以问心无愧。

2. 调适情感

人们不可避免地会产生负面或消极情绪，高校体育老师也不例外。教师应该选择合适的时机、以合理的方式宣泄自己的情绪，从其他地方寻求满足感，如果教师觉得在学校中无法获得心理上的成就感和满足感，可以试着在学校以外寻求成就感。

3. 改变行为角色

学习角色是预防焦虑的途径之一，当多种角色发生冲突时，就容易产生焦虑。教师在参加工作的前几年里，几乎把时间都花在教师这个新角色的学习上。新教师的许多焦虑之所以会产生，大多是因为他们不能预料将

发生的事，更不知道该如何处理。角色学习能帮助教师消除或降低教学中可能会产生的焦虑。同时，与同事交流讨论不仅是解决问题、增加工作经验的好方法，而且也是获得支持的重要途径。身为教师只有不断提高自身的综合素质，不断学习和掌握新的知识，尽快适应新的教学观念，掌握新的教学方法，达到新的教学要求，才能真正拥有心理上的安全感。

4. 淡泊名利，换位思考

体育教师要树立正确的人生观、价值观，强化职业认同感，热爱体育事业，不把功名利禄当作人生主要的追求目标。淡泊名利，学会放弃，根据出现的新变化、新情况及时调整自己前进的目标，提高自己的心理承受能力，真正从源头缓解心理压力。树立正确的人生价值观，不以物喜，不以己悲，不被名利所束缚，克服自己在文化知识等方面的不足，虚心学习，不断进取。

5. 要用良好的心态对待工作

体育教师的心理健康问题往往源于职业倦息或挫折，为防止体育教师产生职业倦息，要注意用良好的心态对待工作，正确处理好教师心理问题与工作的关系，要正确地认识自己的心理问题，并做出积极的反应。

6. 改变自己，积极进取

体育教师不仅要精通业务知识，还要通过不断汲取新知识、适应新环境来充实、提升自我，完善知识结构，志存高远，主动适应社会的不断变化和发展。正确对待心理冲突的内涵在于自我调适，这种调适可以通过加强学习、不断充实提高自己来进行。通过不断汲取新知识、适应新环境来充实、提升自我，就会对不切实际的物质欲望和烦恼人心的庸俗是非形成一种超脱的态度，通过陶冶情操、优化素质，以积极的工作热情和健康的心理去带领学生一起进步。

7. 转变机制，科学评价

在管理和评价中要按照体育学科的规律来进行管理和评价，建立人性化的管理体制，尽量减少行政管理人员对体育教师造成的心理压力，最大限度地减少工作环境中可能产生的压力源。例如进行学术科研评价时，应将教师发表的文章数量和质量与解决一些高校体育教学的实际问题进行结合评价，使评价更合理，减轻体育教师的心理压力。

8. 劳逸结合，珍爱健康

体育教师要懂得善待自己，例如通过各种方式做到劳逸结合，注意保持健康情绪，学会自我放松调整。同时，还要重视自身的心理卫生和身体健康，定期进行身体和心理健康的检查，学会自我接受，理解和宽容别人，维护自己的心理健康。对于初来乍到，初登讲台，或者因公开课、观摩课、示范课产生的紧张情绪，应该提醒自己树立信心，相信自己不比别人差，建立心理优势，争取成功。

9. 保持良好的自我意象

体育教师对自己的工作经常伴有自我评价的情感，即会评判自己对于付出的劳动是满意还是遗憾，是喜悦还是沮丧。体育教师所从事的是一项给人类带来健康财富的伟大事业，体育教师的无私奉献会使他人的思维方式、情感方式、行为方式增添现代化的气息，从而提高其生命的层次和生活的质量。当体育教师看到学生把体育活动纳入自己的生活日程，自觉、主动从事各种各样的身体练习的时候，心中也会萌生喜悦，看到自己的心血变成学生进步的阶梯，就会从中感到极大的欣慰和满足。

（二）高校体育教师心理健康教育能力的培养

1. 完善自身的知识结构

体育教师除了掌握体育学科的知识技能外，还必须扎实掌握心理学、教育学、学生心理学这些基础学科的知识，必须深入了解社会学、教育心理学、锻炼心理学、个性心理学等相关的专业心理学知识。此外，还要提高自身的操作技能，通过自学、接受继续教育等途径，学习理论和方法。

2. 提高操作技能

通过自学、接受继续教育等途径，学习理论和方法。学会开设一般心理问题的辅导讲座、心理辅导课等。注意对学生学习过程中各种心理障碍的预防与排除，使学生有信心地、轻松快乐地学习，在良好的心理状态下，身心素质得到全面发展。

3. 增强育心意识

教师的教育、教学和管理行为作为外来刺激，会直接或者间接地影响学生的心理健康与心理发展。其教育、教学、管理过程中有意或无意的语言、行为及表情等，都有可能对学生的心理构成积极或消极的影响，成为有利或有害于学生心理健康与发展的重要因素。教师应该充分意识到自己的特殊角色，将自觉维护学生的心理健康、促进学生的心理发展作为自己的天职。

4. 具备健康和谐的心理素质

教师是代表社会向学生传递科学文化知识和道德规范的人，其一言一行都将对学生起着潜移默化的影响。高校体育教师不仅要有丰富的专业知识和技能，还要用“心”去热爱学生，尤其对于那些成绩不好的“差生”，要给予耐心细致的指导和热情的鼓励，帮助他们树立信心。体育教师不仅要保持健康的心理，还要善于做好自身的心理调节。因此，体育教师同样需要用意志力调控其情感和心境，及时运用宣泄、移情、耐挫折等方法进行自我疏导。在面对学生时，始终能处于最佳心理状态，这样的老师，才能成为学生心目中的理想教师。还要注意保持愉快的心境和健康的情感，心境对体育教师的教学、工作和身心健康都有很大的影响。在一些学校里，体育教学不被重视，体育教师也不被领导重视，认为体育教师是“头脑简单，四肢发达”，因而一些体育教师心境淡化，自卑心较重。这就影响了心理健康，产生了疾病。因此，为保持心理健康，除社会努力外，体育教师自己应该加强自尊心、自信心锻炼。面对现实，保持积极向上的情绪，保持心境的恬静和愉快。

5. 增强体育教师的心理适应能力

通过自学和接受继续教育等途径，学习心理、教育学科的理论知识和方法，增强体育教师的心理适应能力。这既是预防教师出现心理障碍的有效途径，也是预防教师出现职业倦息的有效途径。第一，体育教师要有正确的社会价值取向。第二，要注意建立良好的人际关系，使体育教师保持良好的心理状态。第三，要发挥体育教师自身个性中的积极因素，克服其消极因素。此外，体育教师还应该注意保持乐观自信的健康情绪，做到不多愁善感、不暴怒狂喜等。

第八章　高校体育教师队伍的建设改革

第一节　提升体育教师教育教学的能力

一、深化教学理念，落实以学生为中心的教学模式

体育教师的教学理念正在经历一场深刻的变革，由传统的以教师为中心转向以学生为中心的模式。在以学生为中心的教学模式下，体育教师需要改变看待学生的方式。每个学生都是独立的个体，具有独特的个性和兴趣。对体育教师来说，理解学生的独特性，并尊重他们的学习兴趣和需求是至关重要的。体育教师的任务不再只是简单地传授知识，而是鼓励学生自我发展，挖掘他们的潜力，培养他们的兴趣和才能。在教学过程中，体育教师不再仅仅是传授知识的讲师，而是鼓励学生主动参与学习过程的引导者。体育教师通过创设丰富多样的学习情境，可以激发学生的学习兴趣，使他们更加积极主动地学习。学生通过这些活动，可以在实践中学习，体验成功；也能从失败中学习，总结经验教训。

以学生为中心的教学模式也要求教师在教学过程中发挥引导者和推动者的角色。在具体实践中，体育教师通过设计具有挑战性的学习任务，激发学生的求知欲和探索欲。体育教师通过为学生提供开放的问题和项目，培养学生自主解决问题的能力。体育教师要积极引导学生反思，从而提升其自我调节和自我控制能力。在教学过程中，体育教师要为学生提供思考和表达的机会，让他们在思考和表达中培养独立思考能力及自信心。体育教师还应对学生的自主学习能力进行培养。这包括教导学生如何制订和管理自己的学习计划，如何自我评估学习效果，如何从失败中吸取教训，以及如何调整学习策略等。

团队合作在体育教学中也比较重要，教师通过设计和组织各种团队活动，培养学生的协作精神和领导能力。例如，在健美操教学中，体育教师可以组织各种团队协作活动，如集体动作的设计、编排和练习，每位学生都应精准执行自己的动作，同时要与队友的动作高度协调一致。这种过程

对于培养学生的团队协作精神，尤其是集体荣誉感有着重要的作用。教师通过让学生担任团队的领导角色，也可以培养他们的领导能力。在健美操团队中，队长不仅要协调队员间的关系，还要把握整体的节奏和风格，这有利于提升学生的领导力和判断力。在团队中，每个人都应学会取长补短。不同的人有不同的优点，学生通过团队活动，可以观察并学习他人的优点，也可以发现并改正自己的不足。

二、持续学习，提升教学方法和手段

（一）持续学习的意义

教育是一门艺术，也是一项复杂的社会实践活动。它需要教师以高度的敬业精神和专业素养，持续进行专业学习，以便更新知识、提高素质、提升教学技术。持续学习可以帮助教师随时了解和掌握教育教学的最新理论、研究成果和最新的教学技术，这对提升教师的教学方法和手段具有重要作用。持续学习可以帮助教师开阔视野，学习新的理论和方法，接触新的研究成果，也可以帮助教师跳出自我局限的视角，从更广阔的角度理解和审视教学活动。例如，体育教学并非仅仅关乎运动技能的训练，更涉及学生身心健康、社会适应能力等方面的培养。这就需要教师具有开阔的视野，深化对教育教学工作的理解和把握。随着社会的发展，学生的需求和期望也在发生变化。持续学习有助于教师更好地理解学生的需求，从而有效针对这些需求进行教学设计和实施。例如，现在的学生更倾向富有创新性和自主性的学习方式，这就要求教师在教学中更加强调启发引导，并提供多元化的教学手段，从而激发学生的学习兴趣和主动性。持续学习还能促使教师不断完善自我、提升自我。教师的教学水平、教育素养和专业技能，都是在持续学习中得以提升的。教师通过阅读、研讨、研究和反思，可以不断丰富和提升自我，以满足教育教学工作的需求。

（二）持续学习的内容

在教师的持续学习内容中，以教育教学的基本理论和方法为基础，是进行教学活动的关键。这包括了对教育目标、教学原则、教学方法等核心理论知识的深入理解和应用，能够帮助教师在实践中准确地设计和执行教学计划，充分发挥每个学生的潜力。教育教学研究方法的掌握，有助于教师开展更高质量的教育教学研究工作。例如，研究设计、数据收集与分析、研究报告撰写等技能，教师通过这些工具，可以更准确地掌握学生的学习状况，更有效地改进和提升教学效果。教育教学最新进展和趋势的了解，可以帮助教师探寻教育教学的发展脉络，了解教学方法的变化和发展，以及国内外教育界的重要研究成果，从而提升教育教学的先进性和时效性。例如，近年来，在线教育、混合式学习、个性化学习等新兴教学模式的发展，为教育教学提供了新的可能，教师需要适时学习并掌握这些新的教育教学理念和技术。

（三）持续学习的方法

持续学习路径的多样性，可以涵盖不同的形式和领域。例如，参加学术会议、研讨会和工作坊，这样的场合使教师得以听取专家的报告和讲座，以获取领域内的前沿信息和最新成果，更重要的是，它也为教师提供了一个平台，让教师能够交流和分享自己的教学经验和想法，从而带来新的启示和思考；阅读有关教育教学的书籍和期刊，它们是理论知识和研究成果的重要载体，能够帮助教师系统地了解和掌握教育教学的最新理论和研究成果，为教学实践提供理论指导和参考；利用网络课程和远程教育，这些平台为教师提供了便利的学习条件，使教师可以在任何时间和任何地点学习教育教学的新知识和新技术。

持续学习是一个持久的过程，需要教师有坚定的学习意愿、明确的学习目标、恰当的学习方法、良好的学习习惯，以及合适的学习环境。只有这样，教师才能在持续学习中不断提升教学方法和手段，从而更好地完成教育教学工作。

三、教学管理与组织能力的提高

教学管理与组织能力涵盖了多个方面，包括但不限于课程设计、教学计划、教学过程管理、教学评价及学生管理等。

课程设计是教学活动的基础，体育教师应具备将教学目标转化为可操作的教学内容和教学步骤的能力。教师还需要根据学生的实际情况，灵活调整教学内容和教学方式。

教学计划是教学活动的指南，在制订教学计划的过程中，体育教师需要明确每个教学环节的预期目标，以及学生在学习过程中应达到的能力水平。这样，教师可以根据具体目标有针对性地选择教学内容和教学方法，从而确保教学的针对性和有效性。有了清晰的教学计划，教师可以更好地控制教学进度和教学时间，避免了教学过程中的拖沓和浪费。这样，教学活动可以有条不紊地进行，提高了教师的教学效率和学生的学习效果。

教学过程管理是教学活动的核心，体育教师应具备有效组织和引导教学活动的能力，包括在课堂上对学生进行引导，鼓励学生参与并全身心投入体育学习中。体育教师需要灵活应对不同学生的学习需求，采用不同的教学方法和策略，确保每个学生都能获得高效学习体验。体育教师应对体育场地和器材进行合理安排和使用，并维护和保管器材，确保其正常使用和持久耐用。在体育教学中可能涉及一些高风险的活动，如激烈的运动项目或特殊环境下的活动。体育教师应对这些活动进行风险评估，并采取相应的安全措施，保障学生的安全。

教学评价是教学活动的闭环，体育教师应通过科学的测试和评估手段，了解学生的运动水平和体质状况，为其提供个性化的学习指导和改进建议。体育教学不仅培养学生的身体素质，还培养学生的体育意识和体育情操。体育教师应关注学生在运动中的表现和态度，鼓励学生积极参与体育活动，培养其积极向上、团结协作的体育精神。为确保评价的客观性和公正性，体育教师应采用多种评价手段和方法，如课堂观察、测试、作业评定等，并充分考虑学生的个性差异和特长，避免片面评价和武断评判。

学生管理是教学活动的保障，学生管理包括课堂纪律的维护。体育课堂往往需要学生积极参与和合作，体育教师应建立明确的课堂纪律，让学生知道应遵守的行为准则。学生管理还包括引导学生的行为。体育教师应引导学生形成积极向上的学习态度和行为习惯。教师通过激发学生的兴趣，培养他们的自律能力和合作意识，帮助他们树立正确的学习观念，主动参与体育活动，并养成良好的体育锻炼习惯。学生的心理问题同样不容忽视，体育活动对于学生来说是一种身心合一的锻炼，教师应关注学生的情绪波动和心理压力，及时对其进行心理疏导和关怀，并帮助学生保持良好的心理状态，提升学习效果。

四、有效的课堂沟通与反馈

课堂沟通不仅包括教师对学生的单向传递，还包括教师与学生间的双向互动。在教学过程中，教师需要清晰、准确地传达教学内容和教学要求，也需要通过问询、讨论等方式，激发学生思考，引导学生主动参与教学活动。这种教师与学生间的互动式沟通，能够调动学生学习的积极性，提高教师教学效果。有效的课堂沟通需要教师具备良好的口头表达能力、观察和倾听能力、情绪管理能力等。口头表达能力是教师向学生传授知识的基础，教师应掌握如何用语言清楚、生动、有条理地表达教学内容和教学要求。观察和倾听能力是教师理解学生需求，获取学生反馈的重要途径，教师应注重观察学生的行为表现，倾听学生的言语表达，以了解学生的学习状态和思考过程。情绪管理能力是教师在教学过程中保持良好情绪状态、调动学生学习积极性的关键，教师应学会控制和调整自己的情绪，以营造积极和轻松的课堂氛围。

课堂反馈是教师对学生学习过程和学习成果的评价和回应。笼统或模糊的反馈往往无法给予学生明确的方向，使他们无法确定自我学习的优点和需要改进的地方。具体的反馈意味着教师需要关注学生的学习细节，指出他们在哪些具体的行为或技能上做得好或做得不足。例如，在体育课中，教师可以指出学生在某个动作的完成上是否到位，动作的连贯性如何，呼吸方式是否正确等。这样的具体反馈能帮助学生了解自己的优势和不足，从而有的放矢地进行学习和训练。

对于及时性，良好的反馈应当在学生完成动作或任务后立即给出。让学生在记忆还新鲜的时候，就能知道自己哪里做得好，哪里需要改进，从而在下一次尝试时即刻调整。如果反馈的时间跨度太长，学生可能会忘记自己的表现，或者没有足够的动力去改变已经习惯的方式。反馈的充分性也是提高学生学习效率的关键。充分的反馈不仅仅指对学生表现的评价，更是包括学生如何改进的建议。教师在评价学生表现的同时，应当给出明确的建议，指导学生如何改进，从而使学生在学习过程中得到实质性的帮助。教师在给出反馈时，应考虑学生的学习过程。过程往往比结果更重要。在教学过程中，教师需要注重对学生学习过程的引导和指导，帮助他们形成正确的学习习惯和技巧，从而提高他们的学习效率。

五、引导学生形成健康的体育生活习惯

在体育教学中，体育教师不仅需要传授体育技能和知识，还需要引导学生树立正确的体育价值观，培养他们积极参与体育活动的态度和习惯。

第一，体育教师需要让学生明白体育的价值，以此引导他们主动参与体育活动。体育不仅仅是一种锻炼身体的方式，更是一种对综合素质的培养和提升。体育能够强身健体，提高人的生理功能，让学生拥有更好的体魄和体质。体育还能提高学生的精神素质，如毅力、坚韧、自信等，帮助他们更好地面对生活中的各种挑战。除了个人的发展，体育还能培养学生团队精神和合作意识，在团体体育项目中，学生需要相互协作、相互配合，从而培养团队合作的意识和能力。这种团队精神既可以在体育活动中发挥作用，也会影响学生的学习和生活。体育教师需要在教学过程中通过

举例、讲故事、分享成功经验等方式，让学生深刻理解体育对个人发展和团队合作的重要作用。体育教师还可以通过组织丰富多样的体育活动，让学生亲身体验体育的乐趣和价值，激发他们参与体育活动的动力。只有让学生认识到体育的价值，他们才会主动参与，积极投入体育教学中，从中受益并获得成长。

第二，体育教师需要教会学生如何科学、合理地进行体育活动。这涉及一系列重要的知识和技能，体育教师应指导学生制订合理的运动计划，学生需要了解自己每周、每天的运动量，对运动内容进行合理安排，避免过度训练或训练不足的情况发生。合理的运动计划可以让学生充分发挥自身潜力，达到最佳的训练效果；指导学生选择适合自己的运动项目，每个人的体质和兴趣爱好不同，因此教师应根据学生的特点和需求来选择适合他们的运动项目；教会学生如何避免运动伤害，在体育活动中，运动伤害较为常见，体育教师应引导学生掌握正确的运动技巧和姿势，提高学生的自我保护意识，以降低运动伤害的风险；让学生了解饮食和休息的相关知识，合理的饮食和休息可以帮助学生更好地恢复体力，提高体育训练的效果，从而提高学生的体育能力。

第三，体育教师需要鼓励学生在课余时间自发开展体育活动。学校应提供多样化的体育设施和器材，如运动场、篮球场、游泳池、健身房等，以及各种体育器械，让学生可以开展不同类型的体育活动，以满足不同学生的兴趣和需求；定期组织各类体育活动和比赛，如运动会、体育节、校际比赛等，鼓励学生积极参与，提高他们的体育意识和参与度；通过课堂讨论、分享体育经验和成果等方式，鼓励学生在课余时间参与各种体育活动，让他们认识到体育活动是生活的一部分，不仅仅是学校课程的一部分；提供一些有趣的体育活动建议，如组织跑步小组、篮球友谊赛、健身挑战等，让学生在轻松愉快的氛围中参与体育活动；体育教师应发挥榜样作用，积极参加学校组织的各类体育活动和比赛，在课余时间积极锻炼身体，让学生看到教师对体育的热爱和投入，从而激发学生对体育活动的兴趣和热情。

第四，体育教师需要持续关注学生的体育习惯，建立良好的反馈机制，以确保学生良好体育习惯的形成。体育教师应对学生的积极参与和进步给予表扬，从而激发他们的学习动力和体育兴趣，通过积极的反馈，学生会感受到自己的努力和付出得到认可，从而更愿意参与体育活动；教师要及时发现学生在体育习惯方面存在的问题，并给予针对性的指导和帮助。例如，教师如果发现学生在某个体育项目上进展缓慢，体育教师可以制订个性化的训练计划，帮助学生克服困难；教师要与学生家长进行沟通，了解学生在课余时间的体育活动情况，以便及时调整教学计划和培养学生的体育习惯。

第二节　提升体育教师的专业技能

一、体育基本理论知识的掌握与更新

（一）深入理解运动生理学和运动生物力学

体育教师需对运动生理学和运动生物力学有深入的理解。运动生理学的知识能帮助教师更好地了解人体在运动中的生理反应及机能变化。教师通过了解运动对心血管、呼吸、代谢等系统的影响，可以科学制订运动训练计划，为学生提供更加个性化的训练方案。而了解运动生物力学的知识可以帮助教师深入理解运动技术的本质，掌握运动技术的规律和要领。教师可以通过运动生物力学的知识，指导学生优化运动技术，提高其运动效能，从而帮助学生在体育活动中取得更好的成绩。

（二）具备专业的健康教育和运动心理学知识

健康教育涉及运动饮食、恢复等方面的内容，这些对学生的运动表现和健康状况有着直接的影响。体育教师需要了解不同运动项目所需的饮食要求，合理引导学生选择适宜的食物，以保证能量供给和身体机能的维持。在学生进行剧烈运动后，恢复的方法和时间也是至关重要的，体育教师应引导学生利用正确的恢复方法，以预防运动损伤。

运动心理学是研究运动中心理现象的学科，对体育教师了解学生的需求、调整教学策略具有重要意义。体育教师通过运用运动心理学的知识，可以更好地理解学生在运动中的动机，从而帮助学生树立正确的运动目标，提高他们的运动动力。运动焦虑是影响学生运动表现的常见问题，体育教师可以运用运动心理学的方法帮助学生应对焦虑，提高他们的比赛心理素质。在团体运动中，团队合作也是至关重要的，体育教师需要了解运动心理学中有关团队合作的理论和方法，帮助学生建立团队意识和合作精神，从而提高团队运动的整体表现。

（三）关注最新体育科研成果，更新自己的知识库

体育科学作为一个不断发展的领域，每天都涌现出新的研究成果和理念。体育教师要时刻关注最新体育科研成果，不断更新自己的知识库，以提升自身的专业水平和教学质量。这需要体育教师具备良好的学习习惯和学习能力。体育教师通过阅读专业期刊、参加专业研讨会等方式，可以及时了解最新的研究成果和前沿理论，了解新的运动技术、训练方法和健康理念。体育教师还需具备探究问题、解决问题的能力，在学习新的科研成果时，体育教师要有批判性思维，能够理性地分析和评估新知识的可行性和适用性，将科研成果有针对性地应用于教学实践中。体育教师应培养自身的科研意识，勇于探索未知领域，开展教学实践研究，探索适合自身教学特点和学生需求的教学方法和策略。

体育教师在接受新知识和应用新理念时，需要保持开放的心态。有时，新理念可能会挑战传统的教学观念和方法。但体育教师要敢于尝试，勇于创新，不断进行自我反思和自我挑战，通过实践和反思，体育教师可以调整教学策略，提高自身教学质量。在专业研讨会上，体育教师可以和其他同行分享自己的教学经验和教学成果，通过借鉴他人的经验，互相学习，共同进步。体育教师通过与其他同行的交流和合作，可以开阔自己的视野，拓展自己的知识领域，不断丰富自己的知识库。

二、体育教学方法和技术的提升

（一）多元化的教学方法

体育教师通过运用多元化的教学方法，能够满足学生的多样化学习需求。在教学过程中，体育教师应根据实际教学情境和学生特性灵活运用和创新教学方法。

例如，对于运动基础较差的学生，任务驱动的教学方法往往能够发挥较好的效果。在这种教学方法中，体育教师会设计一系列具有挑战性的任务，每个任务都设计得刚好超出学生当前的运动能力，但又在学生的努力下能够完成。学生通过这种方式，能够在实践中学习和提高，体验到运动的乐趣和成功的满足感。例如，在篮球教学中，体育教师可以设计“三步上篮”“绕柱运球”等任务，学生通过完成这些任务，能够逐步掌握篮球的基本技术和技巧。而对于运动基础较好的学生，探究式的教学方法则更

为适用。这种教学方法强调学生的主动性和创新性，引导学生通过自我探索和实践来理解和掌握运动技术和规则。体育教师的主要任务是引导和激发，而不是传授和指导。例如，在排球教学中，体育教师可以提出“如何提高发球的准确性”这样的问题，让学生去寻找答案，通过试验和实践，深入理解和掌握发球的技术原理。

（二）现代教学技术的应用

利用现代教学技术不仅可以丰富教学方法，增强教学效果，还可以帮助体育教师更有效地管理教学过程，更精准地评估学生的学习效果。例如，录制视频是一种比较有效的教学技术。体育教师通过录制学生的运动过程，可以更清楚地看到每个动作的细节。这不仅可以帮助学生了解自身的运动技能，还可以帮助体育教师发现学生存在的问题，给出更具针对性的指导。例如，在游泳教学中，体育教师可以录制学生的划水动作，然后和学生一起分析，指出学生的错误动作，给出改进建议。虚拟现实技术也在体育教学中发挥了重要作用。学生通过虚拟现实技术，可以体验到不同的运动场景，这不仅可以激发学生的学习兴趣，还可以帮助学生更好地理解运动规则和技术。例如，在足球教学中，体育教师可以通过虚拟现实技术，让学生体验到守门员的第一视角，理解和掌握守门技术。智能设备也为体育教学带来了很多便利。体育教师通过智能设备，可以实时收集和分析学生的运动数据，如心率、速度、力量等，这不仅可以帮助体育教师了解学生的运动状态，还可以为其教学决策提供依据。例如，在长跑教学中，体育教师可以通过智能设备监测学生的心率和速度，根据数据调整训练强度和方式。

（三）教学方法与技术的选择

教学方法和技术的选择，需要以学生为中心，这并不仅仅意味着体育教师要尽可能满足学生的学习需求，更意味着体育教师要深入了解学生的兴趣和期望，然后才能够选择合适的教学方法和技术。例如，如果学生对篮球有浓厚的兴趣，那么体育教师可以选择使用案例教学法，通过分析篮球比赛的实况，引导学生理解和掌握篮球技术和战术。体育教师还需要及时调整教学策略。这需要体育教师有一定的敏感性和灵活性，能够根据教学反馈，快速调整教学方法和技术，如果体育教师发现某种教学方法效果不佳，那么应立即寻找原因，尝试新的教学方法。

三、体育规则和运动技能的熟练运用

体育规则是各项体育活动的基本要求，它确立了比赛的基本要求和标准，规定了学生在比赛中应遵循的行为准则。对于体育教师而言，深入理解和准确把握各项体育规则至关重要，深入理解体育规则意味着要对规则的背景、目的和适用范围进行全面了解，不同体育项目和比赛可能有不同的规则和要求，体育教师需要对每个项目的规则有清晰的认识。例如，足球比赛中的越位规则、篮球比赛中的犯规规则等，体育教师只有掌握了这些规则，才能正确指导学生在比赛中的表现。随着社会和体育界的发展，一些体育规则可能会随之调整和改变。体育教师应该持续学习和更新体育规则知识，保持与时俱进。体育教师通过参加培训课程、学习专业资料、与其他体育教师交流等方式，可以及时了解最新的体育规则，以确保自己能掌握领域前沿。对于一些复杂和变化的体育规则，体育教师可能需要更深入地学习和研究，这些规则可能涉及一些具体的技术细节和裁判判罚标准，需要体育教师投入更多的精力去理解和掌握。在教学过程中，体育教师还应通过实际操作，带领学生进行实地练习，让学生更好地掌握和运用体育规则。

运动技能是体育活动的核心内容，它涵盖了各种体育运动的基本技术、技巧和战术。体育教师作为学生的榜样和指导者，需要具备扎实的运动技术。这包括跑步、跳跃、投掷、接球、传球等基本技术。这些基本技术是学生学习和掌握其他高级运动技能的基础，因此体育教师应能够准确地展示和解释这些技术动作，并能够纠正学生在学习过程中可能出现的错误。不同体育项目和比赛需要不同的技巧和战术，体育教师需要对各项运动的技术要领和战术策略有一定的了解。只有这样，体育教师才能在教学中针对不同的体育项目，有针对性地进行教学指导和训练安排。另外，随着体育运动的不断发展和创新，新的运动技能也在不断涌现。体育教师需要通过专业训练和个人实践，不断提高自身的技能水平。这包括参加专业培训和研讨会，向专业教练和运动员学习，以及亲身参与各项体育运动。体育教师通过不断学习和实践，可以不断更新和提升自己的技能和知识，为学生提供更加专业的、高水平的指导。

四、身体素质和心理素质的强化

对于身体素质的要求，体育教师应有一定的身体素质来保证他们能够进行有效教学。身体素质不仅包括身体健康、力量、灵活性、耐力和协调性，还包括对各种体育项目的技术熟练度。例如，足球教师应该具备足球比赛所需的基本技巧，并有良好的身体素质进行比赛。此外，体育教师还需要通过定期的锻炼和训练来维持和提升他们的身体素质。

心理素质的重要性也不容忽视。心理素质的重要组成部分是情绪管理能力。良好的情绪管理能力使体育教师在面对学生的挫折、失败或挑战时，能够保持积极的情绪状态，不被消极情绪所困扰。他们能够快速地从消极情绪中解放出来，重新集中精力投入教学工作中。这不仅能提高他们的教学效果，还能为学生树立积极应对困难的榜样。心理素质的另一重要组成部分是责任心和使命感。体育教师不仅要教授学生体育技能，还要帮助他们树立正确的价值观和生活态度，帮助他们养成健康的生活习惯。他们需要认识到教学工作对学生的影响，认识到自己对学生的成长和发展负有责任。这种责任心和使命感能驱使他们用心教学，不断提高自己的教学水平，以期为学生提供更好的教学服务。

五、体育器材与设备的使用和维护能力的提升

体育教师需要熟练使用各种体育器材和设备，既包括传统的体育器材，如篮球、足球、羽毛球、乒乓球等，也包括现代的体育设备，如健身器材、运动测量设备、运动模拟器等。体育教师需要了解这些器材和设备的特点和使用方法，以便在教学中正确、有效地使用它们。

体育器材和设备的使用寿命、安全性，很大程度上取决于日常的维护。体育教师需要知道如何保养和维修这些器材和设备，以确保它们在长期使用中的稳定性和可靠性。在日常维护中，体育教师需要做好以下几个方面的工作。(1) 清洁和保养，定期对器材和设备进行清洁，防止灰尘和污垢积聚。特别是器材表面和关键部位，要保持干净。(2) 检查和修理，定期检查器材的各个部件是否完好，是否有松动或损坏现象。对于损坏的部件，要及时进行修理或更换，确保器材的正常运行。(3) 润滑和防锈，对于需要润滑的部件，要选择合适的润滑剂进行润滑，以减少摩擦和磨损。对于金属器材，要注意防止生锈。(4) 存放和保管，正确存放器材和设备，避免阳光直射、雨淋等自然因素的侵蚀。尤其是易损坏的器材，要存放在干燥、通风的地方。(5) 定期检验，定期委托专业机构对器材和设备进行检验，确保其性能和安全符合标准要求。

体育教师还需要具备对新型体育器材和设备的学习和掌握能力。随着科技的发展，体育器材和设备也在不断更新和发展，新型体育器材和设备可能涉及先进的科技原理和复杂的操作方法，体育教师需要通过系统学习

和实践，迅速掌握其使用要点。体育教师可以通过反复实践、模拟演练、与专业人士交流等方式，熟悉和掌握新型器材的操作技巧和使用技巧。新型体育器材和设备通常具有更多的功能及特点，能够为体育教学提供更多元化的教学手段和体验。体育教师需要创新教学方法，将新型体育器材融入教学过程中，从而激发学生的学习兴趣和积极性。例如，利用虚拟现实技术，可以为学生创造更真实的体育场景，让学生身临其境地感受运动的乐趣；利用智能化体育器材，可以实时监测学生的运动数据，帮助体育教师更好地了解学生的运动状态，提供个性化的指导和反馈。学习和掌握新知识只是第一步，体育教师需要将其应用于实际教学中，探索适合自己教学风格和学生需求的教学方式。在教学实践中，体育教师应注重教学效果的评估和反思，不断总结经验，完善教学方法，提高教学质量。

第三节　提升体育教师的科研能力

一、掌握基本科研方法

（一）掌握科研的基本步骤和方法

科研是一个系统性的过程，它涉及提出问题、提出假设、设计研究、收集数据、分析数据、解释结果、撰写研究报告等多个环节。首先，体育教师需要学会如何准确定义研究问题，明确研究的目标和范围。其次，根据研究问题，提出相应的假设，构建科学的研究框架。最后，体育教师需要设计研究方案，选择合适的研究方法和样本，以确保研究的科学性和可靠性。数据的收集是科研中至关重要的一步，体育教师可以采用实验法、观察法、问卷调查法等多种方法进行数据收集，并对收集到的数据进行有效整理和归纳，采用合适的统计方法进行数据分析，数据分析的结果将为研究提供有力的支持和证据。在解释结果的过程中，体育教师需要运用专业知识和理论，将研究结果与现有理论相结合，得出科学合理的结论。在科研中，撰写报告也应当引起重视，体育教师需要清晰准确地描述研究的目的、方法、数据分析结果和结论，使研究报告具有科学性和可读性，将研究成果通过学术会议和期刊等途径进行交流和分享，从而得到同行的反馈和建议，促进学科发展。

（二）遵循科研的伦理原则

1. 诚实

诚实是科研的基础。在科学研究中，各个学科都需要秉持诚实的原则，以确保研究结果的真实性，避免虚假成果误导他人。诚实的科研行为建立了学术界和科学界的信任，促进学术交流及合作，推动科学研究的持续发展。如果体育教师在研究中不诚实，将导致研究结果失真，影响研究成果的可信度和可靠性。这不仅对科学界造成损害，还会影响整个体育教学领域的发展。因此，体育教师要始终坚守诚实的原则，在科研过程中严格按照规范和要求进行实验和记录，不得篡改、伪造或掩盖实验数据和结果。

2. 公正

体育教师在进行研究时，要摒弃个人主观偏见，客观评估数据和结果，确保研究的客观性和可靠性。公正的科研立场不仅有利于保证研究结果的真实性，还是维护科学研究的信誉和声誉的重要保障。当体育教师能够客观公正地进行研究，不偏袒任何一方，不歪曲事实，就能够为科学发展提供真实可信的研究成果，推动学科的不断进步和创新。

3. 尊重知识产权

在科研过程中，教师应充分尊重他人的知识产权，不得抄袭他人的研究成果。抄袭他人的研究成果是一种学术不端行为，这不仅剽窃了他人的智慧和劳动成果，还严重损害了科学研究的公正性和可信度。当体育教师抄袭他人的研究成果时，不仅是学术诚信缺失，还是对学术界和学术精神的不尊重。尊重知识产权不仅包括对已有成果的尊重，还包括对科研中产生的新知识的保护，体育教师在进行科研时，要注意保护自己的研究成果，不让他人擅自使用或抄袭。这需要体育教师在发表论文、参加学术会议等场合时，严格控制信息的传播，以确保自己的研究成果得到充分的认可和保护。尊重知识产权是科学研究的基本准则，也是学术界共同遵循的规范。只有每位体育教师都能充分尊重他人的知识产权，坚守科研诚信的底线，才能共同构建公正、透明、和谐的学术环境，推动科学研究的健康发展。

（三）具备批判性思维和创新性思维

批判性思维是指对已有知识和理论进行深入思考和分析的能力，不盲从、不墨守成规，而是以客观、理性的态度对现有知识进行审视和评价。在科研过程中，体育教师需要对文献进行仔细阅读和理解，对研究问题进行准确界定，对研究方法进行合理选择，以确保研究的严谨性和有效性。创新性思维是指对问题寻求新的解决方案和观点的能力。体育教师在科研中不仅需要将已有的理论应用于实践，还要敢于质疑传统观念，提出新的研究假设，探索新的研究领域。创新性思维需要体育教师具备广泛的知识储备，善于思考和提出新问题，有勇于冒险和接受失败的心态。

体育教师要培养批判性思维和创新性思维，首先，体育教师需要不断充实自己的学识，通过阅读专业文献、参加学术讲座和研讨会等方式保持学习的热情和动力。其次，体育教师要勇于质疑现有理论，尝试提出自己的观点，并与同行进行讨论和交流。在科研过程中，体育教师还要鼓励学生发展批判性思维和创新性思维，从而培养他们对问题进行思考和探索的能力，鼓励他们提出自己的见解和研究课题。

二、参与科研项目，提高科研成果产出

（一）提升问题解决能力

在科研项目中，体育教师需要运用科学的方法和技术，对问题进行深入分析和研究。体育教师通过参与科研项目，能够培养敏锐的问题识别能力，准确把握研究方向和目标；科研项目的开展也需要体育教师具备较强的问题分析能力，能够深入挖掘问题的本质，找出关键因素和影响因素；体育教师通过科研实践，能够提高自己解决问题的实际操作能力，通过数据的收集、分析和解释，从而得出科学的结论和有效的解决方案。这些能力的提升不仅有助于体育教师在科研领域取得成果，还能够应用于教学实践中，解决学生学习和训练中遇到的问题，提高其教学效果，促进学生全面发展。因此，参与科研项目是体育教师不可或缺的重要途径，通过科研实践，能够不断提升解决问题的能力，推动体育教学事业高质量发展。

（二）提升团队合作能力

参与科研项目能够提升体育教师的团队合作能力。科研项目通常需要

多人合作完成，团队合作需要体育教师具备良好的沟通能力、协调能力和倾听能力，能够与团队成员建立良好的工作关系，共同解决问题，取得研究成果。体育教师还需要具备灵活适应和妥协的能力，能够在团队中发挥各自的优势，形成合力，共同实现项目目标。体育教师通过参与科研项目，能够不断锻炼和提升团队合作能力，培养团队精神和协作精神，这些都是体育教师在日常教学工作中必备的素质。团队合作不仅能够帮助体育教师取得科研成果，还能够在教学中加强师生间的互动与合作，提高其教学效果，促进学生全面发展。

（三）提升创新能力

参与科研项目能够提升体育教师的创新能力。科研项目通常需要对现有的知识和理论进行批判性思考，挖掘问题背后的本质，勇于质疑传统观念和假设。体育教师通过与其他研究人员的交流和合作，可以接触到各种新的想法和研究方向，从而激发自己的创新思维。在科研项目的实施过程中，体育教师需要设计新的研究方案、采用新的研究方法，甚至开展跨学科的研究合作，这些都是对体育教师创新能力的挑战和锻炼。在日常的教学过程中，体育教师需要不断尝试新的教学方法和策略，以满足不同学生的需求。体育教师通过参与科研项目，可以更加深入地理解学科知识和教学实践，从而更有针对性地进行教学创新。科研项目的实施也会带来许多挑战和困难，需要体育教师不断寻找解决问题的办法，从而培养自己解决问题的能力，这也是创新能力的一部分。

（四）促进职业发展

科研成果是评价教师科研能力和学术水平的重要标志。教师通过参与科研项目，不断深化学科知识，掌握研究方法，积累科研经验，从而能够产出高质量的科研成果。这些成果可以通过发表论文、获得科研奖励等途径得到认可和肯定，为教师的职业发展增添光彩。在学术界和教育界，科研成果往往被视为教师综合素质的重要体现。教师通过积极参与科研项目，不仅拓宽了其学术视野，丰富了教学内容，还增强了教师个人的专业影响力。这些因素将有助于教师在学校和学术界获得认可和尊重，从而提升其职业地位。优秀的科研成果会吸引更多的合作机构和学术团队与教师合作，进一步拓宽教师的合作网络。教师通过与其他领域的学者合作，可以接触到更多的学科交叉和跨领域的研究方向，为个人的职业发展打开更广阔的空间。

三、增强学术论文写作能力

学术论文是科研活动的主要成果之一，体现了教师的专业素养和科研水平。它不仅是教师展示科研成果的重要方式，还是与其他教师和学者交流学术思想的重要平台。要增强学术论文写作能力，教师应当具备以下能力。

（一）具备深厚的专业理论知识

体育理论涵盖广泛的学科内容，包括运动生理学、运动心理学、运动训练学等，这些理论知识对研究问题的定位和解决具有重要的指导作用。只有对体育理论有深入的理解，才能在研究中把握问题的核心和关键，设计出科学合理的研究方案。在学术论文的撰写中，理论框架是至关重要的。深厚的专业理论知识能够帮助教师选择恰当的理论框架，将所研究的问题与已有的学术理论相结合，为研究提供坚实的理论支撑。对体育理论的深刻理解还能帮助教师准确地解读研究结果，从而提炼出有价值的结论，提高学术论文的质量和水平。体育理论不断发展和演进，教师需要持续学习和更新自己的理论知识，持续学习和更新的过程，能够帮助教师保持学术论文写作能力的活力，不断提高教师学术研究的水平。

（二）具备扎实的科研方法和技能

在学术论文写作中，科研方法决定了研究的深度和广度。教师通过运用恰当的科研方法，能够更好地解决研究问题，提供有力的证据支持研究结论。例如，在体育教学改革研究中，通过采用实验设计和问卷调查等科研方法，可以帮助教师评估教学改革的效果，为改进其教学提供依据。科研方法的正确应用也能帮助教师减少研究中的误差，提高研究的准确性和可靠性。例如，在体育训练研究中，合理的样本选择和数据采集方法，能够更好地反映训练效果，增强研究结论的说服力。然而，要掌握扎实的科研方法和技能，并不是一蹴而就的。教师需要通过学习和实践不断提高自己的科研水平。参加相关的培训和研讨会，阅读优秀的学术论文，向有经验的科研人员请教，都是提高教师科研方法和技能的有效途径。

（三）具备良好的逻辑思维能力

学术论文的写作需要教师能够清晰地阐述研究问题，明确地展示研究过程，准确地解释研究结果，批判地讨论研究意义。这些都需要教师有强大的逻辑思维能力，能够厘清研究思路，合理地组织论文结构，使论文的内容和结论能够有条理地呈现。

（四）具备良好的写作技巧

学术论文的写作需要遵循一定的学术规范和格式，以确保论文的准确性和可读性。教师应注意以下几个方面来提升写作技巧。第一，准确运用学术语言。学术论文需要使用专业的学术语言和术语，以确保研究成果的准确传达。教师应熟悉体育学科领域的专业术语，并在论文中恰当运用，以保证论文的学术性和权威性。第二，遵守学术格式。学术论文的格式通常包括摘要、引言、方法、结果、讨论和参考文献等部分。教师需要严格按照学术期刊或学术机构要求的格式来撰写论文，以确保论文的结构清晰，内容完整。第三，构建合理的逻辑结构。学术论文的逻辑结构应紧密贴合研究问题和目的，清晰展示研究过程和结果。教师应该合理安排论文的段落和章节，以确保论文的逻辑连贯，脉络清晰。第四，进行有效的学术论证。学术论文需要对研究问题进行充分论证和阐述。教师应该深入分析研究问题，运用逻辑和数据进行合理的论证，确保论文的结论可信、有力。

四、积极开展教学改革研究

（一）掌握现代教育理论与实践

教师需要了解并掌握现代教育理论和实践。这包括了解新的教育理念，如以学生为中心的教学理念，强调学生主动参与学习和自主发展，教师不再简单地传授知识，而是成为学习的引导者和促进者，从而激发学生的学习兴趣和动力；掌握新的教学方法，如协作学习和探究式学习等，有助于教师更好地组织教学活动，协作学习可以培养学生的团队合作和交流能力，提高他们共同解决问题的能力，探究式学习则鼓励学生主动探索和发现知识，并提高他们的学习自主性和创造性。现代教育理论强调教学内容的生活化和情境化，教师需要根据学生的兴趣和生活经验设计教学内容，使学习更加贴近学生的实际生活，增加学习的吸引力和可感知性。

（二）积极参与教学实践

将新的教育理论和方法应用于实际教学中，是将理论转化为实践的关键一步。教师通过实践，可以深刻体会到理论在实际操作中的适用性和局限性，进一步明确如何在具体的教学场景中灵活运用。实践中的教学活动是检验理论是否可行和有效的重要标准。在教学实践中，教师应该及时反思和总结，通过反思，教师能够及时发现教学中存在的问题和不足，进而分析问题产生的原因。这样的反思过程有助于教师从失败中吸取教训，从成功中总结经验，不断改进和优化教学方法。总结教学实践的经验和教训，能够提高教师的教学水平，为今后的教学提供借鉴和参考。积极参与教学实践还有助于教师积累丰富的教学经验，在实践中，教师会遇到各种各样的学生，面对不同的教学情境和问题。教师通过不断地实践和解决问题，逐渐积累了丰富的教学经验，从而提高了应对复杂教学环境的能力。

（三）关注学生的学习需求和变化

一方面，教师可以关注学生的学习兴趣。兴趣是学习的原动力，激发学生的学习兴趣可以让学生更加主动、积极地参与学习活动。例如，教师可以尝试引入游戏化的教学方法，通过设置有趣的游戏环节，让学生在游戏中学习和进步。这样的教学方法能够激发学生的学习动力，提高学习的效率和成效。另一方面，教师也需要关注学生在学习中遇到的困难和问题。学生的学习能力和水平各异，教师需要差异化地设计教学方案，满足不同学生的学习需求。例如，对于学习困难的学生，教师可以采用个性化辅导的方式，帮助他们克服学习难题；对于学习进步较快的学生，教师可以提供更高难度的教学内容，促使他们不断挑战自我。教师通过关注学生的学习困难和问题，能够更好地指导学生，帮助他们实现个人学习目标。

（四）积极参与教育研究

通过参与教育研究可以帮助教师分享和交流教学改革的实践经验和成果。在教学实践中，教师可能会探索出一些有效的教学方法和策略。通过参与教育研究，教师可以将这些实践经验分享给其他教育工作者，让更多的人受益于教学实践。教育研究是一个开放的学术领域，教师可以与其他研究者共同探讨教育问题，交流研究成果，合作开展项目。这种学术交流和合作可以促进教育研究的深入发展，从而推动教育改革不断前进。

五、建立与同行的学术交流和合作关系

（一）参加各种学术活动

教师需要积极参与各种学术活动，参加学术会议可以让教师深入了解各领域专家的最新观点和研究成果。在学术会议上，教师有机会聆听来自不同学科和背景的专家的报告和演讲，了解最新的研究动态和学术前沿。参加研讨会和讲座可以为教师提供专业的培训和指导，在这些活动中，教师可以听取专家的讲解和演示，学习先进的教学方法和技巧。教师通过专业的培训，能够不断提升自己的教学技能和知识水平，更好地应对教学中的挑战。学术活动也是教师与同行进行面对面交流和讨论的机会。在这些活动中，教师可以与其他教育工作者交流经验，分享教学方法和实践心得。这种交流可以使教师之间相互学习和借鉴，共同探讨教学中的难题，推动教育事业的发展。

（二）建立和维护良好的同行关系

教师需要具备良好的人际交往能力，善于与同行进行沟通和交流。教师应该尊重他人及其观点和成果，不轻易批评他人。教师通过积极倾听和理解他人的观点，能够建立起与同行之间的信任和尊重，为进一步的合作打下坚实的基础。在与同行的交流中，教师可以分享自己在教学实践中的成功经验和教学方法，从而帮助其他教师更好地解决教学中遇到的问题。教师也应该乐于接受来自他人的建议和意见，不断改进和提高自己的教学水平。

（三）积极寻找合作机会

教师需要积极寻找合作机会。教师可以与同行合作开展研究项目，通过与其他教师合作，可以集思广益，共同探讨和解决研究问题，凝聚各自的智慧和经验，提高研究的质量和创新性。合作研究还可以拓展研究领域，增加研究的广度和深度，使研究成果更具有实际应用价值。教师可以与同行共同撰写学术论文，合作撰写论文可以结合多方面的研究成果和观点，使论文更加全面和可信。合作撰写论文也有助于教师提高论文的学术水平和影响力，增加被引用和传播的机会。在撰写论文的过程中，教师需

要学会倾听和尊重他人的意见，认真修改和完善论文，确保论文的学术质量和可读性。

在寻找合作机会的过程中，教师需要保持开放的态度，不同的合作伙伴可能有不同的观点和方法，教师需要学会包容和接受不同的意见，通过合作交流来不断完善自己的工作。此外，教师还需要主动与其他学校、研究机构等建立联系，积极参与学术会议、研讨会等学术活动，拓展人际网络，为合作打下坚实基础。

第四节　提升体育教师服务社会的能力

一、社区体育活动的组织与指导

体育教师除了在校园内进行教学工作，还能发挥其专业技能，组织和指导社区的体育活动。这样的活动不仅可以推广体育运动，提高社区居民的身体素质和健康水平，还可以增强社区的凝聚力，从而提升社区活力。

第一，体育教师可以利用其专业知识和技能，开展运动技能训练、健身课程、运动比赛等活动，不仅可以满足社区居民锻炼身体的需求，提高他们的身体素质，还可以丰富他们的生活，增强他们的社区归属感。为了实现这些目标，体育教师应与社区居民进行深入交流和互动，通过问卷调查、访谈等方式，收集关于他们的年龄、性别、身体状况、运动偏好等信息。体育教师通过这些信息，可以了解社区居民对体育活动的需求和期望，从而设计出他们感兴趣的活动。多样化的体育社区活动设计应考虑社区居民的不同需求和兴趣，如对于年轻人，体育教师可以组织更有挑战性的运动比赛；对于中老年人，体育教师可以开展更注重健身和养生的课程。体育教师还需要考虑社区居民的身体状况，设计出适合他们的运动强度和难度的活动，以防止运动损伤。

第二，体育教师需要在活动中发挥指导和教育的作用。体育教师通过示范和教学，帮助社区居民学习和掌握运动技能。例如，在组织健身课程时，体育教师可以示范正确的运动动作，解释动作的目的和效果，教导居民如何控制呼吸和节奏，如何调整身体姿态，从而提高居民运动效率，防止其受到运动伤害。体育教师的专业知识和经验，是居民学习运动技能的重要资源。体育教师通过引导和教育，帮助社区居民了解运动的重要性，从而形成正确的运动观念。他们可以向社区居民解释运动对身体的好处，引导他们理解运动的目的不仅是瘦身塑形，更是为了健康。他们还可以通过教育，帮助社区居民了解运动伤害的原因和预防方法，让他们知道运动要有计划和节制，不能过度。通过教育，帮助社区居民养成良好的运动习惯，他们可以设计和推广适合社区居民的运动计划，教导他们如何在日常生活中融入运动，如何利用空闲时间进行有效健身。通过定期的健康讲座，向社区居民传授运动营养、运动恢复等方面的知识，让运动成为社区居民生活的一部分。

第三，体育教师还可以通过社区体育活动，与社区居民建立良好的关系。他们可以通过亲切和友好的态度，赢得社区居民的信任和尊重。他们还可以通过倾听和交流，了解社区居民的需求和期待，为他们提供更好的服务。体育教师通过这样的互动，不仅可以提高自己的社会影响力，还可以增强社区的凝聚力，提升社区活力。

二、积极参与公益体育项目

（一）体育教师在公益体育项目中的作用

体育教师是公益体育项目的重要参与者和推动者。作为专业的体育人员，体育教师拥有丰富的体育知识和技能，他们可以设计和实施各种有益于公众的体育活动，有效推广体育运动，从而提高公众的运动意识和技能。无论是在社区组织羽毛球比赛，还是在公园里指导太极拳，他们都能通过自身的专业素养，将体育运动的乐趣带给公众，并引导他们积极参与体育运动，养成健康的生活方式。体育教师在公益体育项目中，还可以发挥教育者的角色，引导公众正确理解和参与体育运动。他们可以通过运动技能的教学，帮助公众掌握运动的正确方法，预防运动伤害；体育教师也可以通过健康讲座，让公众了解运动对身心健康的重要性，引导他们形成科学的运动观念，从而提升他们的运动素养。

（二）体育教师在公益体育项目中的责任和挑战

在公益体育项目中，体育教师的首要责任就是确保所有参与者的安全。在规划和执行活动时，他们需要从各个角度预测可能出现的安全风险，并采取相应的预防措施。这可能包括对场地的详细检查，以确保其安全适用；对运动设备的严格把关，保证其符合使用标准；对参与者的详细指导，使他们掌握正确的运动方法并遵循规则，以降低受伤的风险。特别是在为弱势群体，如老年人服务的活动中，体育教师需要展现出更高的敬业精神和责任感，以确保每个人都能在安全的环境中享受运动的乐趣。体育教师在公益体育项目中，还承担着吸引公众参与和提高项目影响力的任务。他们需要通过有效宣传和推广策略，使更多的人了解和参与公益体育项目。这可能包括通过社交媒体进行推广、举办开放日活动，或者与当地社区、学校、企业合作等。这对他们的沟通和推广能力是一种考验，同时是提升自身社会影响力的一种方式。

在挑战方面，每个人的体质、年龄、健康状况、运动水平等因素都不同，因此体育教师需要设计和组织多样化的活动，以满足不同人群的需求。他们需要精心策划活动流程，合理分配资源，以确保活动的顺利进行。这对他们的项目管理能力提出了较高的要求，也是他们提升自身专业能力的一个重要途径。

（三）体育教师参与公益体育项目的方式和策略

体育教师与社区、学校、非营利组织的合作，是参与公益体育项目的重要方式。他们通过这种方式，可以直接服务公众，了解并满足他们的体育需求。在这种合作中，体育教师不仅可以分享他们的专业知识和经验，帮助公众提高运动技能和健康水平，还可以从中了解公众的需求和反馈，改进教学活动设计。而对于社区、学校和非营利组织来说，他们也能通过体育教师的专业服务，提高其活动的质量和效果。体育教师也可以通过互联网和社交媒体，开展在线教学。在数字化和网络化的今天，互联网和社交媒体为体育教师提供了一个广阔的平台，让他们可以通过视频教学、在线直播、社交媒体分享等形式，推广体育知识和技能，进而影响更多的人。体育教师还可以与企业合作，开展企业社会责任项目，企业社会责任项目是企业履行社会责任、提升企业形象的一种重要方式。体育教师可以利用其专业能力，为企业员工提供健康和健身指导，帮助他们提高生活质量和工作效率。他们也可以为社区居民提供体育服务，并帮助企业建立良好的社区关系。

在参与公益体育项目的过程中，体育教师需要具备良好的策略性思维。他们需要根据公众的需求和条件，设计和选择合适的活动和形式；具备良好的沟通和协调能力，与各方有效合作，共同推动项目的实施；具备持续学习和改进的精神，通过实践和反思，不断提升自身的能力，提高项目的质量和效果。

三、开展体育健康咨询和指导活动

（一）体育教师在体育健康咨询中的作用

体育健康咨询是为公众提供体育健康信息，解答体育健康问题，制订和实施体育健康计划的过程。在咨询中，体育教师可以解答公众对体育健康的疑问，帮助他们了解运动的益处，包括身体健康、心理健康等方面。他们通过传授正确的运动方法和技巧，可以引导公众进行有效的体育锻炼。运动损伤是不可避免的，但通过正确的预防措施和处理方法，可以减少运动伤害。体育教师可以教授公众正确的热身和拉伸方法，并引导他们合理安排运动强度和时间，从而降低运动损害的风险。对于已经受伤的人，体育教师可以提供相应的康复建议和治疗方案，帮助他们尽快康复并重新参与体育活动。体育教师可以通过咨询的方式，了解公众的需求和问题，为其提供针对性的建议和方案。不同的人在体育健康方面的需求各异，有些人可能需要减肥塑形，有些人可能需要改善心血管健康，有些人可能需要增强体力。体育教师可以根据公众的具体情况，制订个性化的体育健康计划，从而满足他们不同的需求和目标。

（二）体育教师在体育健康指导中的作用

在体育活动中，正确的运动技能和姿势对提高运动效率和防止运动伤害至关重要。体育教师可以通过示范和指导，帮助公众正确掌握运动技能，避免不正确的动作带来的损伤，并最大限度地发挥运动的效果。运动效率是体育活动中的重要指标，它关系着运动的效果和效益。体育教师可以通过教学和指导，向公众介绍高效的运动方法，并帮助他们在有限的时间内获得更好的运动效果，这不仅可以激发公众对体育活动的兴趣，还可以激发他们坚持运动的动力。体育教师在体育健康指导中还可以帮助公众掌握安全的运动设备使用方法。在某些体育项目中，运动设备的使用是必不可少的，但如果不正确地使用这些设备，可能会造成严重的伤害。体育教师可以向公众传授正确的设备使用方法，教导他们如何安全使用设备，避免事故的发生。

（三）体育教师在开展体育健康咨询和指导活动时的策略

良好的沟通和人际关系技巧对体育教师至关重要。在咨询和指导过程中，体育教师需要与公众进行有效沟通，倾听他们的问题和意见，理解他们的困惑和需求。同时，体育教师需要和公众建立良好的关系，取得他们的信任和合作。只有在良好的沟通和人际关系的基础上，体育教师才能更好地向公众传递体育健康知识，并帮助他们解决问题。此外，持续学习和提升自身的专业知识和技能是体育教师在咨询和指导中不可忽视的一部分。体育健康领域的知识和技术不断发展和更新，体育教师需要紧跟时代步伐，不断学习新的研究成果和健康理念，以为公众提供最新、最准确、最实用的体育健康信息。体育教师可以通过参加专业培训、学术研讨会、阅读学术期刊等方式，不断丰富自己的知识库，从而提高自身的专业水平。

四、提高校园体育活动的组织和管理能力

体育活动的组织和管理能力，是指体育教师通过自身的专业技能和知识，能有效地组织和管理各类体育活动，包括运动会、体育课程、体育竞赛等。

提升体育教师的沟通协调能力是提高体育活动组织和管理能力的关键。体育教师可以通过接受专业的沟通技巧培训，提升沟通技巧。沟通技巧包括听、说、读、写四个方面，听和说是面对面沟通的基础，读和写是文字沟通的基础。体育教师通过专业的培训，可以学习和掌握如何进行有效的听、说、读、写，提升沟通效率和质量。体育教师可以通过参与实践，从而提升沟通经验。沟通不仅需要技巧，还需要经验。在具体的沟通实践中，体育教师可以学习和理解各方的需求和意见，体验和掌握如何进行有效沟通。他们通过反思和总结，可以不断提升沟通经验，提高沟通能力，还可以通过建立有效的沟通机制，提升沟通效果。沟通机制包括沟通的方式、时间、频率、内容等。体育教师需要根据具体的情况，设计和实施合适的沟通机制，如定期的会议、定期的报告、即时的信息交流等。他们通过有效的沟通机制，可以更好地收集和传递信息，更好地理解和满足各方的需求，更好地协调和推动体育活动的实施。情绪管理能力和冲突解决能力也很重要，在沟通和协调过程中，可能会出现情绪和冲突问题。体育教师需要学会管理自己和他人的情绪，学会通过谈判和解决冲突，保证沟通的顺利进行。

提升体育教师的创新思维和问题解决能力是提高体育活动组织和管理能力的保证。问题解决能力需要在实践中学习和提升。在具体的活动组织和管理中，体育教师可以接触和处理各种问题，通过实际的问题解决过

程，他们可以理解和掌握有效解决问题的方法，从而提高问题解决能力。体育教师可以通过构建和优化体育活动的组织和管理机制，提升问题解决能力。有效的组织和管理机制，可以帮助体育教师更好地预见和处理问题，从而提高问题解决的效率和质量。体育教师需要根据具体的活动条件和需求，设计和实施合适的组织和管理机制，如资源管理机制、时间管理机制、安全管理机制等。最后，体育教师需要有一种勇于尝试和面对失败的精神。创新思维和问题解决能力需要在尝试和失败中提升。体育教师需要勇于尝试新的方法和策略，面对失败和挫折，从中学习和成长，从而提升自己的创新思维和问题解决能力。

第九章　新兴技术与方法在高校体育教学发展中的应用研究

第一节　网络教育技术在高校体育教学中的应用

一、国内高校体育网络建设现状

（一）学校体育网络教学的基础——校园网

我国高校校园网实施体育上网主要包括以下四种形式。

1. 系、部体育主页

系、部体育主页是当前高校体育上网的最主要途径。由学校的体育教学和管理部门负责编制、开通和维护。访问到的体育主页中，一般可见到如下内容：学院简介、组织概况、人员构成、体育教学、群体活动、运动竞赛、场馆设施、体育科研。比较完善的体育主页会包含相关体育教学的素材库。体育院系的主页除以上内容外，还包括专业设置、人才培育、学科建设等。部分学校的体育主页还有历史沿革、获奖情况等。还有一些学校在网上刊登了招聘专项体育教师的信息，这也使校园网体育主页的功用不断得以拓展。

2. 素材库中的体育课件

这是由一些网络学院或者教育技术学院设置的不同科目的教学课件，很多学校也设置了相当数量的体育教学课件。其网页的开通和维护一般由学校网络管理中心或者教育技术中心来负责。这一主页中通常会包含一些体育项目的文字、图片介绍、精彩赛事剪辑等内容。由于该类体育主页的开通缺乏体育专业人士的参与，通常在内容的设置上缺乏一定的逻辑性、连贯性，没有按照一定的体育教学规律安排网页之间的层次。这些主页一般包括体育卫生保健理论网与体育技术教学网两部分内容。体育技术教学网页下设不同运动项目的教学课件，内含该运动项目的基本情况介绍、比赛规则、技术战术讲解、动作要领、重点难点、精彩比赛剪辑等内容。有的素材库还会链接一些其他专业体育素材网，作为校外体育资源的延伸。

3. 校园网中的体育社团主页

体育社团主页是学校里的各个体育社团组织利用校园网开辟的简单体育主页，一般由本社团成员进行管理与维护。通常每个社团主页只围绕一种体育运动项目设置主页内容，且本运动项目通常是本校开展比较普及、水平较高的项目。

这些主页中一般包括社团简介、社团章程、教学课堂、成员组织、本社团历年来的参赛情况、精彩图库等内容，还有一些体育社团上传了国内外大赛的报道、优秀运动员的近况介绍等极为丰富的内容，并在本主页底部大量链接了相关的专题体育网站。校园网中的体育社团主页大多由学生自行维护，其目的是加强本校学生对该运动项目的了解，扩大本体育社团的宣传，增强本社团在校内、外的影响力。

4. BBS 论坛

BBS 主要是供人们对某一问题发表意见、进行讨论的电子公告栏，体育自然也是一个极富吸引力的话题。调查显示，BBS 讨论大量集中在对竞技体育比赛消息的转载和评论上，也有一部分是学生们亲身参加体育活动的感受和体会，以及对所碰到的问题求助于其他同学的帮助。BBS 的最大特点是交互性强，往往一个学生提出问题或发表意见，时常会有许多同学提供帮助或参与讨论。

（二）高校大学生上网情况

高校大学生上网主要通过三种方式：（1）学校开设的计算机网络基础课；（2）自己购买电脑在宿舍进行上网；（3）在学校的网络中心或网吧上网。

学校计算机、网络等基础条件及学生上网方式在一定程度上决定了其上网时间，学生之间、地区之间的经济差异也会对学生上网时间产生一定影响。

国内在校大学生基本都具备一定的上网条件，具备相对稳定的上网时间，并对网络上的体育资源信息表现出较高的兴趣与接受程度。开发网络体育资源的教育功能应具有一定的可行性。

二、网络教育技术在体育教学中的应用形式

网络教育技术在体育教学中的应用主要是通过开展体育网络教学来实现的。网络教学主要包括同步教学与异步教学两种形式，由于受学校体育“增强体质”效果目标的影响，注定了网络教学无法替代传统教学的位置。所以当前国内高校面向公共体育学生所开展的体育网络课都是开发了网络教学的异步教学功能，将体育网络教学定位为课外体育学习的辅助手段。

（一）湖南科技大学——“刷卡制”健身体育课

湖南科技大学以学校校园网为技术支持，探索出一种新型教学模式——“大学体育健身活动课程网络化学习与管理教学模式”，并展开相关教学实验。他们提出，取消传统的公共体育课教学模式，改为利用计算机网络管理的“刷卡制”健身体育课。在本校内建立健身活动课程网站，学生利用业余时间自学活动课程内容。同时成立多个健身中心，在健身活动中心，每一项活动配备 3～5 名教练员。利用网络管理健身时间、教练员指导技术的模式开展教学活动。

1. 课程教学过程

课程教学过程为：利用课程网站进行自主学习→接受健身中心教练的技术指导→网络资源指导下的课余锻炼。

（1）课程学习网站

基本功能：网络课程按项目将主要知识点以章节为单位进行设计，具有全文搜索功能；教师利用交互系统，可以回答学生提出的问题；教师将教学内容的技术动作制成静态图片并制作一定的动画，通过动画演示加深学生对基本动作及动作惯性的理解；采集比赛剪辑。

网站结构：网络课程信息量大，内部信息的联系比较复杂，建立目录索引表，让学生了解网络课程的信息结构，直接达到所需的学习页面。

（2）课时设计

改两年制公共体育课为四年制“刷卡”管理的健身活动课程，在体育健身活动课程内健身活动时间四学年累计不少于 250 小时，每学年活动时间不低于 60 小时。体育健身活动课程的设计，打破传统的课时安排计划。从早 6：00 到晚 6：00，学生可根据时间安排参加健身活动。

2. 课程的管理模式

学生持入校时办理的“一卡通”，在进出运动场时各刷卡一次，电脑自动累计参加活动时间。每年在健身活动中心活动时间达标者，电脑自动显示该年该生体育成绩合格。

3. 体育活动课程的选项与设项

学生每学期开学时，可通过网上报名选择1～2个健身指导中心，一经选定，一学期内不得更改。每个指导中心均包含3～5个运动项目，并配备相应的指导教师。

在项目设置上，根据学生爱好、兴趣和社会体育各项目发展趋势，开拓性的设置。如：球类健身活动指导中心，武术、游泳指导中心，全民健身指导中心等，下设若干分会进行活动。

（二）深圳大学——网络环境下的俱乐部制体育课

深圳大学公共体育课以选项俱乐部为组织形式，以本校校园网上的体育教学资源素材库为辅助教学手段展开教学活动。该教学模式打破年限，面向全校学生开设初级俱乐部和高级俱乐部，将体育教学划分为课堂教学和课外教学两部分。学生课余利用网络学习系统自学部分体育基础理论及专项理论知识，教师课堂内实施组织指导，课后会员利用网络素材巩固学习效果，俱乐部通过校园网定期向学生在线播放体育理论专题讲座、专项教学课件。课余每周会员需参加一次小组活动。

1. 网站系统

（1）体育教育网络系统：学生可在选课前浏览各俱乐部主页，了解该项目基本开设情况及教师情况。在整个学年中，教师可随时指导学生通过体育理论网来学习体育理论与体育卫生保健等基本理论知识。学生亦可根据自身需要选择学习运动处方、运动小常识等理论知识，还可通过网络“百题解答”专栏咨询老师相关问题。

（2）网络选课系统：学生对各俱乐部有所了解之后通过网络选课系统进行选报，由学校利用专门的网络选课管理软件进行处理。

（3）体育资源素材库：学生点击“网络课件”体育类，进入体育资源素材库，其中包括体育课程、体育素材、智能检索、教学研究、在线交流、网上调查六个部分。在体育素材中又分为竞技体育、休闲体育、社会体育、训练要领、精彩回放等不同栏目。其中训练要领里面利用文本、图片、视频等多媒体手段对不同学习项目进行了详尽的讲解、示范，并提出重点、难点。精彩回放这一栏目中则包含了大量的精彩比赛剪辑，可起到加深动作理解及满足平时欣赏要求的作用。

2. 教学模式

该校体育教学模式分为三个体系：网络环境下的自学体系、教师指导体系、小组活动体系。

学生登陆教学素材库→网络环境下的自主学习→参加俱乐部指导课→学生练习，教师指导→课后浏览视频动画加深学习→课下教师学生通过论坛互动答疑→每周一次小组活动（学生协作学习）

学时设置：改 140 学时的两年体育课为 252 学时的三年半体育课。

教学评价：取消传统体育课五项达标考核，教师结合学生平时登录网络学习系统的实际情况及小组活动情况给定平时成绩；学生参加俱乐部活动出勤 70%以上即为合格。

两所学校开设的体育教学形式表现为：以校园网作为教育技术平台，在校园网中建立体育教学素材库；开发网络异步教学功能，利用课余时间进行体育网络教学；将体育教学体系重新分化成课内、课外两部分，将体育网络教学定位于课堂教学的延伸与拓展。网络环境下的课程模式体现出了丰富教学内容、延长教学时间的特点。这两种教学模式都在本校体育网络素材库中设置了大量教学课件，学生可以根据自身需要，有选择地学习。素材库中的学习内容远远超过传统体育教学内容数倍，既有教学类内容也有赏析类内容，可以满足不同学生的学习需求。网络环境下的教学模式比传统体育教学模式多出课余网络学习这一环节。该环节可承担部分课堂教学任务，且不占用课堂教学时间。学生可随时进行网上学习，极大突破了传统体育教学课时的限制。

三、网络技术在体育教务管理工作中的应用

校园网的建立，在信息系统功能上给学校的各个方面带来了全新的教育理念。体育课程管理的现代化，使得体育教学的管理摒弃了旧有的人工选课、人工给成绩这样重复工作较多、工作量大、效率低的方法。网络技术在高校体育教务管理中的应用主要体现在网络选课、监测、计算成绩等几个方面。网络技术在高校体育管理工作中，主要是利用体育教学管理系统软件来实现的。

体育教学管理软件是在校园网学校教学管理整体应用软件控制下的一个教学专用软件。它可以经过系统管理专业人员的操作，通过网络接口，自动获取学生点课信息、教师个人信息、各专业课程设置信息，可对全校各年级学生在体育课程的点课情况进行查询、拷贝、打印等。学生可在校园网的教学管理数据库课程管理软件上，根据规定的时间和要求，在只要有计算机与校园网连接的任何一个地方，使用普通浏览器，结合自己的体育学习爱好项目，自己认定课程教得好的老师，去获取信息，点击其课程。该系统的软件操作面向学生、教师、系统管理人员三类用户，他们都各自拥有不同的操作权限。其中学生拥有查询、选课、退课权限；教师拥有查询、成绩登录权限；系统管理人员拥有课程目标、课表编排分班、成绩公布、建立数据库、建立教师的个人信息和代码等操作权限。其中，成绩修改权限不直接属于教师本人，而是要提交成绩改正报告查明原因，经教学管理部门认定后，由学校教务部门修改。而教师一旦在学期结束前输完学生成绩，并经过确认，信息转送后是再也不能改动的。

系统管理是根据软件设计进行的，它对不同的访问者和操作者设置不同的权限，充分考虑到网络信息的安全性。

课程管理模块负责建立课程数据库，包括课程名称、代码、学时、内容、教学管理、体育课程管理。

学生管理模块采用全校统一的学生数据方案。数据库可以通过校园网直接从学生管理系统中读取学生资料。学生只要在网上注册，就可以点击课程；否则不能选课、上课。

选课管理模块支持选课、退选操作。学生可在线了解选课情况，如发现所选课程名额已满，学生可以进行退选和二次重选。教师可查询选课情况，进行最后安排。

成绩管理模块提供选课班级名单的下载，包括学生的学号、姓名及成绩。该成绩只能由任课教师凭密码登录操作，其他任何人在不知密码情况下，都不能更改内容。任课教师在学期结束前输入学生的体育成绩，经校对确认后提交至系统。学生可在网上查询自己的本学期成绩。

体育课管理系统不仅在学校体育工作管理上可以发挥网络的优势，还可以通过窗口建立起自己的网页，在上面发布学校体育活动简介、课程查询、网上作业答疑等信息资源。教师、学生通过使用本系统，可以迅速地得到教学信息，充分做好网上选课的准备，并能方便快捷地对学生成绩、平时表现进行统计汇总，建立学生档案袋，对学生的学习过程进行评价，进而可以客观而准确地对学生成绩进行动态评价。

另外，大连大学利用校园网指导学生课余体育社团活动的管理系统也正处于开发之中，它包括网上社团报名、网上技术指导、成员网络交流等几个部分的应用。相信随着网络技术的不断发展，计算机网络技术在学校体育管理工作中的重要作用必将日益显著。

四、网络教育技术应用对学生和教师的影响

（一）网络教育技术应用对学生产生的影响

1. 对体育知识信息来源结构的影响

网络教学模式下学生获取体育知识信息的来源渠道排序依次为：（1）电视广播；（2）网络资源；（3）体育课的学习；（4）报刊书籍；（5）聊天谈话。传统教学模式下学生获取体育知识信息的来源渠道排序依次则为：（1）电视广播；（2）体育课的学习；（3）报刊书籍；（4）网络资源；（5）聊天谈话。

可见，网络教育技术的应用改变了学生体育知识的获取途径，并丰富了获取的知识量。学生依靠网络媒体获取的体育知识、信息超过体育课上的传授，表明网络教学已经发挥出替代教师课堂讲授的作用，并在知识量的获得上超越传统教师讲授形式。

2. 对学习兴趣的影响

网络教育技术在体育教学中的应用，改变了传统教学模式，在教学思想上也更加注重发展学生个性、以人为本的教育理念。供学生选择的学习内容更丰富，这对激发学生学习热情、提高学生的体育课兴趣具有特别重要的意义。

3. 对体育学习方式的影响

网络教学环境下的自主学习方式更容易使学生养成独立解决问题的习惯。经常利用网络素材的学习方式已经对学生信息素养的形成发生了潜移默化的作用，并体现在他们体育学习方式的差异上。部分学生在潜意识中已经将网络学习视为自己终身体育学习的主要途径，这对构建学生终身体育体系具有一定的现实意义。

（二）网络教育技术应用对教师产生的影响

1. 教师角色的重新定位

网络教育技术在体育教学中的应用促使了教师中心权威的弱化。有研究者指出："网络环境下，师生各自享有的权利产生了内涵上的变化。交往中的权利中心也发生了转移，并带来了教育资源中权利资源的重新分化与整合。"[1] 这无疑对教师传统角色发生了极大的冲击。传统体育教学模式中，教师始终处于主导甚至主体位置，但在网络教学模式下，教师这种"知识传授者"的角色已经不适应网络环境下的教学。学生利用网络学习与传统课程相比特色鲜明；不同于以往"以学科为中心"的课程，而是"以学生发展为中心"的课程；课程的内容不是专家编写的教材，而是师生在交互过程中共同建构的。网络教学的这些特点决定了教师在课程中要扮演课程的组织者、情感的支持者、学习的参与者、信息的咨询者。另外，网络教学的异步性也决定了教师的职责已不仅仅停留在课堂上，体育教师需在课余体育指导方面进一步拓宽自己的职责，如在课余时间对学生解惑、对网络教学素材的开发等，这些工作都要求教师能及时地转换自己的角色。

教学模式的改变也促使教师在教学活动中对自己的角色重新定位，而且还要在教学过程中根据教学目标的不同及时改变自己的角色。在一些高校的体育网络实践教学中，就是因为许多教师对自己的角色定位不够准确，不能适应新教学模式下的角色要求，才导致许多网络教学名不副实，教学效果大打折扣。

2. 对教师素质提出更高要求

开设网络教育课，教师必须具备一定的专业技术能力。很多教师在利用网络资源及多媒体课件辅助教学方面的积极性不高，主要是因为这些教师的计算机网络技能水平不强，对网络教育的实质理念缺乏理解，因而在教学中无法很好地贯彻网络教学的宗旨。几所学校的网络资源素材库大部分内容是由学校网络管理部门和教育技术学院进行开通与维护的，大多数从事一线教学的体育教师不具备自行开发、维护教学素材的能力。在教学中，网络教学与面授教学基本脱节，学生只是在教师的要求下自我进行网

[1] 田凌晖．网络教育：挑战传统的师生观［J］．教育科学．2002（2）．

络学习，教师基本无法进行网络学习的指导。面授教学也是脱离网络教学孤立的存在，教师很难将二者很好地整合成一种完整的教学模式。这也是目前部分高校虽开设网络教学，但教学效果不明显的主要原因。

第二节　多媒体技术在高校体育教学中的应用研究

一、多媒体技术在体育教学中应用的现状

（一）多媒体技术应用于体育教学所表现出来的优势

1. 更新了体育教学观念

把多媒体技术应用于体育教学，改变了传统体育教学以“教”为中心的教学模式。教师运用现代化的多媒体教学手段进行授课，同时借助于人机交互与学生进行相互交流，激发了学生的参与意识，体现了体育多媒体教学是以“学”为中心的教学思想。这对体育教学教法多样性与实践性的变革，以及学生学习体育知识与技能的思路方式的改变都具有极大的促进作用。

2. 提高了教学质量

传统的高校体育教学中，理论课教师以讲授为主，辅之以图片、挂图等展示形式。体育课主要依赖于教师的讲解和示范，由于受主客观条件的限制，许多技术动作示范难以做到完全标准、规范，学生们也很难在短时间内形成正确的动作概念，学生的学习状况也只能依靠教师的反馈，这种教学效果是可想而知的。实施多媒体教学大大改变了这种状况，抽象的体育概念借助图文得以形象化，高难度的动作可以进行计算机模拟演示。而对于结构复杂、速度极快的动作的讲解和示范，其效果更为显著。通过多媒体技术就可以利用慢动作让学生清晰感知这一系列动作，形成概念，掌握要领，便于模仿和掌握，大大提高了教学效果和效率。

3. 提高了学生的体育学习效果

多媒体技术能刺激人体视、听等多种感官系统，使大脑不同功能区交替活动，使学习内容形象生动、趣味性强、直观、易于理解。多媒体技术综合运用图表、动画、音乐、闪烁、色彩、字体等表现手段，“有声有

色”，“声图并茂”，增强了体育教学内容艺术的表现力和强烈的感染力，活跃了课堂气氛。尤其是多媒体体育教学资料所体现的力量美、技艺美、肢体和谐美，使大学生真正认识到体育的功效和个性的社会价值，激发了大学生的求知欲和他们爱体育、学体育的学习热情，有效地提高了学生的学习兴趣和体育课堂教学质量。

（二）现阶段多媒体技术应用的无效性

现阶段条件比较好的学校虽然都投入了多媒体设备，但多媒体大容量、大信息的特点却发挥得不够充分。客观地说，现阶段多媒体在体育教学中多半只是充当了教师的板书。教师上课仅显示已保存好的教学内容，使学生难以寻找重点，反而增加了学习内容的模糊性，根本无法达到多媒体的图、文、声、像四位一体的效果。

（三）辅助课件在教学过程中存在的问题

1. 课件在某些非逻辑判断方面无能为力

在教学的某些方面，特别是在非逻辑判断方面，如对体育动作的技评、学生在体育比赛中的临场表现以及作业的批改等，目前难以用计算机辅助教学课件实现。

2. 课件对学生的学习缺乏监督

课件虽然起到了个别化教学的作用，学生可以根据自己的学习水平选择相应的学习内容，但学习效果究竟如何，还依赖于学生的学习自觉性，因为计算机对学生的学习过程起不到监督的作用。而且教学形式、过程较为单调，长时间面对计算机屏幕，比课堂教学的形式更容易使人疲劳。

3. 课件不能与学生形成情感交流

计算机毕竟只是一台机器，它只能依据编写好的程序进行工作，而无法与学生形成感情上的交流。比如同样是对学生的表扬，计算机的评价不能够引起学生感情上的共鸣，而教师的评价则会在学生身上引起感情反应，真正起到激励的效果；计算机也无法像老师那样对学生的情绪变化做出相应反馈。另外，教师在教学过程中的一些暗示性语言所起到的微妙的作用，计算机也是无法实现的。

4. 课件无法实现德育教育功能

教育除了传授知识外，还有育人的责任，这是通过教师一定的行为模式和对学生行为的引导、约束来完成的。即教师通过说服、榜样、锻炼、修养、陶冶以及表扬等方法与手段，有目的地培养学生的优良品德。很显然，计算机多媒体课件是无法胜任这项工作的。

5. 课件缺乏对突发事件的控制能力

课堂教学的精髓是师生的相互交流、相互影响，常常会发生一些非预见性事件。课件的设计很难把教师对这些事件的“反应”纳入可控流程。一个已形成的课件在教学过程中不可能再发生变化，这种固化了教学内容、策略以及知识表达呈现方式和顺序的形式，排斥了意外事件的发生，这实际是排斥了师生的相互作用，也降低了课堂教学的丰富生动性。

二、多媒体技术对体育教学过程的影响

（一）多媒体技术的运用对教师的影响

利用计算机多媒体技术辅助教学，可将教师讲解与示范的内容通过计算机多媒体技术表现出来。配之以生动形象的完整与分解技术的演示，常速、中速、快速动作的切换，以及图片、动画系统的交替运用等，能够将教师的教学思想表达出来。该方式能够对教师在教学准备、组织、实施过程中的工作量进行缩减，减少教学环节的复杂性，增加指导的灵活性。教师得以从繁重的重复性课堂教学中解放出来，有更多的时间去研究教育、教学中的种种走向问题，探索在新媒体条件下的教育教学规律，设计制作教学软件，以更好地满足不同学习者的要求。课件的制作也为教师提供了灵活的教学方式，可更好地发挥教师在教学中的指导作用。

（二）多媒体技术的运用对学生的影响

在传统的体育教学中，学生在教师的组织、安排和要求下进行学习。学生只能通过教师的讲解、示范获得正确的动作概念，掌握动作技术；通过教师的考核明白自己的进步。教师如何教，学生如何学，处处体现出其被动性。

多媒体技术被引入体育教学过程后，改变了学生对教师的依赖性。体

育知识的学习不再是被动接受，而是一个积极探索的过程。学生可根据自身情况有选择性地学习，选择不同的内容、不同的进度，从而获得学习的自由，从一个被动的学习者转变为一个自主的学习者。学生在教学过程中的主体地位得到了充分的体现。但是，这并不意味着学生学习可以完全离开学校和教师。多媒体课件是由教师设计制作的。它包含了教师的教学思想，集中了众多优秀教师的智慧与经验。

（三）多媒体技术的运用对教学内容的影响

1. 教学内容外在形式的变化

体育教学内容丰富，随着电化教学的开展，录音、录像已广泛运用于教学中。多媒体技术允许信息以文字、图像、声音和动画等多种形式表现，并能将这些多媒体信息保存、管理、加工和传输。这样，教学内容可以用最有效的方式来表现，甚至同一内容用多种信息来表现，克服了其他媒体表现单一及难以协同表现的弊端，因而可读性强。多媒体技术的运用可以制造出一种现场教学的情景和气氛，使学生有身临其境的感觉，从而提高学习的积极性，有助于发展学生的综合素质。

2. 教学内容内在结构的变化

传统的教材是以线性结构来组织学科知识结构的。知识内容的结构及其顺序都是以教为主，学生只能在教师的教授下获得正确的动作概念、原理等，对教师的依赖性很强。多媒体是以接近人类认知特点的方式来组织、展示教学内容及构建知识结构的。用这种多媒体的非线性网络结构来组织教学内容，对学生获得正确的事实概念及其结构关系具有潜在的促进作用，并有助于已有知识向新知识学习的迁移。它既注重知识的形成过程，又注重知识结构，使教学内容的统一性与灵活性得到了完善的结合，较为充分地体现了因材施教的个性化教学理念。

三、多媒体技术在体育教学中辅助作用的应用研究

在体育教学中，如何把握多媒体教学与传统教学两者之间的比例关系是非常重要的。虽然多媒体教学具有巨大的作用，但由于体育教学户外锻炼的特殊性，决定了多媒体技术在体育教学中只能起到辅助教学的作用。因为多媒体教学手段的实现依赖于多媒体教学平台，也就是说它需要在室内进行。而体育教学课主要通过各种身体锻炼来进行，大部分的授课时

间、授课场地是必须在户外完成的。因此，多媒体教学虽然是体育教学手段中的重要组成部分，但在使用过程中，由于各方面条件的限制，只能起辅助作用。关于这一点，我们可以从辅助体育理论课教学和辅助体育实践课教学两个方面来进行研究。

（一）多媒体技术辅助体育理论课教学

1. 体育理论课教学的现状

目前，大部分高校体育理论课的课时较少（根据教学大纲年学时 16 左右），而教学内容理论较多，一般的课堂教学多采用以讲授为主的教学方法，这种教学方法是在以教师为中心的立场上拟定的。它的基本过程是教师输出以文字和语言符号为主的大量教学信息，在讲台上结合板书不停地讲；学生在台下忙碌地记，来不及想象与思考，只能是机械地、被动地学。这种“填鸭”式的授课形式使学生缺乏参与意识，教师往往只能从形式上完成教学任务，而给学生留下的仅仅是一些肤浅的印象或干巴巴的知识，不久就会遗忘。由于学生没有真正学会、学懂知识，于是对学习容易变得麻木，对这种陈旧、古老的教学手段感到厌烦，从而产生厌学情绪，造成教学效率低、效果差。

2. 多媒体技术辅助体育理论教学的可行性

教学是依据教学内容而具体展开的，由教师的“教”与学生的“学”彼此协同构成的双边活动。体育理论教学则是在教师、学生和媒体的共同参与下，运用适当的方法，指导学生掌握体育知识，培养学生体育学习能力和良好思想品德的一种有目的、有计划的教育过程，整个过程可描述为教师媒体反馈学生，教与学是相辅相成的。传统的教学媒体主要是教科书、粉笔、黑板，在信息高速发展的今天，这些已远远不能满足现代教学的需要。因此，根据时代发展所提出的教学要求，从特定的教学关系与教学内容的实际出发，为提高教学效率和增强教学效果，在灵活地运用传统教学方法的基础上，引入多媒体技术来实施教学，使教与学的双边活动构成一种互激放大的自治系统，是行之有效的。科学技术的迅猛发展，使许多高科技成果直接引入教育领域，各高校基本上都有了多媒体教室，这为我们改革传统体育理论的教学方法和手段提供了物质基础。

3. 多媒体技术辅助体育理论教学的优点

（1）能系统地指导学生进行学习

教师运用现代化的教学理论来组织与安排教学内容和教学程序，能够有效优化教学内容，使教学过程趋于系统化、规范化。软件设计内容丰富，重点提示简明扼要，练习形式多样，操作灵活，界面友好直观，通过人机对话方式，能够集中学生注意力，高密度、大容量、生动活泼的学习内容能很好地引导学生进行学习。

（2）学生可用其进行自我学习及自我评价

教师只要把教学课件制作好，就可以反复使用，学生不但可以在课堂上学习，而且可以在课后从计算机中调出相应的知识进行自学，并利用其存贮的试题进行自我评价。

（3）提高学生的学习兴趣和学习效率

学生对外界的新鲜事物具有高度的敏感性，同时在体育理论学习中需要除本体感觉外的大量感觉信息，特别是视听信息。传统教学方法是无法实现的，而多媒体技术具有的特性可以给体育教师提供强有力的帮助。对学生而言，丰富多彩、活灵活现的画面展示具有较强的吸引力。多媒体技术在演示理论的广泛性、整体性、生动性和细节性上能充分发挥其优势，可使教材中的重点、难点细节以文字、声音、图像、动画等方式从三维空间来进行描述，让学生一目了然、熟记于心。同时，多媒体教学方式还可以活跃课堂气氛，增加教与学的互融性，充分发挥学生认知系统的优势，进而提高他们的学习兴趣。

（4）能更新教学观念，提高教师自身素质

教学改革要求培养复合型、创造型的人才，在教学内容上改“素材”为教材，教法多样性与实效性相结合，创造出有利于学生理解概念、掌握方法、体验乐趣和学会健身的新教学模式。多媒体技术辅助教学，能挖掘和培养学生的潜力，使学生在扩展知识的同时，具备对学习新知识的好奇心、探索欲和对事物的主动思考能力，从而促进学生素质的全面发展，这些都是传统体育理论教学所难以达到的。体育教师在使用多媒体技术辅助教学时，由于其在制作课件时需准备大量的素材，使用现代化仪器设备并在教学中熟练操作这些设备，所以对其自身素质的提高起到了促进作用，其素质高低直接影响教学效果。

综上所述，多媒体技术辅助体育理论课教学，可使学生各种感觉器官得到刺激，短时间内最大限度地接收信息。教学内容的多媒体化，能把文字信息编码成图像加以同步识别，使教材声像俱全、图文并茂，做到清晰、易懂，学生特别容易接受，能将知识牢记于心。

用计算机作为教学媒体，体现了教学手段的现代化。它所具备的多方面教学功能，是传统教学方法无法比拟的。使用多媒体技术辅助教学，能够大大缩短学生学习消化的时间，快速提高学习进度。

（二）多媒体技术辅助体育实践课教学

1. 传统体育实践课教学中存在的不利因素

在传统的体育教学中，有几个主要不利因素影响着体育实践课教学：

(1) 教师的专业特长在教学上有一定的局限性

在体育实践课教学中，学生主要通过“听”和“看”来感知技术动作，而“看”是学生获得信息的主要来源。这就要求教师要有很高的技术水平和示范能力，否则就很难把示范动作做得很规范，而任何一个教师都只有几个项目是特别擅长的，不可能是全能的。另外，教师在示范时，难免有失误或失败。一个失败的示范会影响教师在学生心目中的形象。因此每个体育教师在具体安排教学时，总是把自己喜欢的、擅长的内容安排得较多。长期这样，势必会影响学生的全面发展。

(2) 随着教师年龄的增长，示范动作的质量会随之下降

体育教师随着年龄的增长，完成动作的水平一定会下降。此外，随着物质条件的改善，生活水平的提高，有许多中青年教师虽然年纪不大，但已经大腹便便了，示范时有一定的困难。因此，选择教学内容时，就会回避那些难以示范、技术性强的动作，造成教学内容的单一化、简单化，最终的结果也会影响学生的全面发展。

(3) 一些高难度的技术动作教师难以示范

在体育教学中有很多腾空、高速、翻转的技术动作，教师很难把这些动作示范给学生看。学生很难在短时间内领会、把握这些高难度动作的要领，也就很难快速建立一个完整的动作印象。在课堂上，教师只能重复讲解，最终的结果是事倍功半，影响教学进度。

(4) 教学观念陈旧，教学手段单一

在传统体育实践课教学中，老师往往只停留在以往的教学经验中，甚至沿用照搬以前老教师的教学理念，观念陈旧，没有创新，不能跟上时代的要求和新的教学改革的思路；而且，教师的教学手段单一，方法欠灵活，导致课堂教学气氛沉闷、学生积极性不高、教学效果不理想。

（5）教师的个人素质有待提高

当前的教师，在专业上或许能够胜任现代高校体育教学工作，可是在其他相应学科特别是人文、社会科学方面的知识匮乏，导致教师上课内容空洞，没有吸引力，而且更不能满足当前新的教学改革形式下，对新的高科技教学手段应用的需要。

2. 多媒体技术辅助体育实践课教学的方式

（1）灵活运用，激发兴趣

在体育实践课教学中，可以通过多媒体的声、光、色、形对学生的心理产生影响，满足他们旺盛的求知欲和强烈的好奇心，激发他们的学习兴趣。如：在篮球基本战术配合（传切、掩护等）的教学中，由于大多数学生对之了解甚少，因此在配合教师进行战术示范时表现迟钝、紧张，结果花费了很长时间也达不到预期的教学效果。我们可以用篮球游戏软件进行辅助教学，此软件可在竞赛规则允许的条件下随意设置比赛环境，可以毫不费力地将基本战术配合表现出来。

（2）化难为易，化动为静，突出技术动作的重点和难点

在体育运动中，有许多运动技术不但结构复杂，而且需要在瞬间完成一连串复杂的技术动作。如：田径跳跃项目的空中动作，体操支撑跳跃的连续动作，技巧的滚翻动作，单杠的回环动作等，这给教学带来很大难度。一方面，教师的示范动作受自身条件的限制，如教师对动作要领的领会程度、教师的年龄、临场身体状况、心理因素等，很多体育教师很难自如地完成动作；另一方面，学生的观察角度和时机也受到一定的局限。由于动作转瞬即逝，综合难度较高，因此学生很难把这些瞬间完成的动作看清楚，也就很难快速建立一个完整的动作表象，这必然给学生的学习带来一定的影响。利用课件演示把教师很难示范清楚的技术环节，通过慢动作、停镜、重放等教学手段结合教师的讲解和示范表现出来，这样就能够使教学内容形象化、具体化，变动为静，变快为慢，有利于学生理解比较复杂的、抽象的知识，进而抓住动作的要领，突出重点，解决难点，更快、更全地建立起动作表象，提高了学生的学习效率，缩短了教学过程。

（3）通过正误对比，纠正错误动作

利用多媒体技术，把优秀运动员的技术录像或图片以及运动技术的难点、重点和常见的错误动作制作成课件。在上课时让学生观看并与他们一起分析比较，提出问题，解答问题，使学生边看边听边想边讲，这样就能够使学生在练习中避免许多常见错误动作的发生。既快速掌握动作，又培

养了学生的观察能力和分析能力。如在教学“鱼跃前滚翻”的时候，学生很难把握“跃”的感觉。同时，练习时容易出现屈腿和团身不紧等现象，而教师在示范时也只能一气呵成，不能分解示范。如果运用多媒体技术就简单多了，可以通过正误对比，增强学生的感性认识。在课堂上，利用“鱼跃前滚翻”的课件，把整个动作分解成跃起、手撑低头、团身翻、蹲立四个连贯的动作，并在每个分解动作中都加入失败的动作和一些特别的声音，让学生一听就知道动作正确与否。通过逐步演示成功与失败的动作，加上教师的提问和学生的讨论与回答，让学生进行比较、分析，在脑海中形成正确的动作概念并及时帮助学生纠正错误动作。

（4）现场模拟练习

多媒体教学具有很强的交互性。教师根据体育理论知识和教学目的的要求，制作出合适的课件，可以很方便地实现人机对话。如在给学生讲解足球比赛规则中“什么是越位”这一问题时，可以利用多媒体技术在足球比赛的录像中有针对性地编写一些交互性练习。练习时，要求学生在“越位”和“不越位”两个按钮中选择一个。若回答正确，则弹出一句赞扬的话和“解释”按钮；若回答错误则弹出一句鼓励的话和“解释”按钮。学生通过点击“解释”按钮可以看到教师详细的解释，从而及时检验自己是否正确地理解比赛规则。这种带交互性和娱乐性的练习效果非常好，使学生感到好像身临现场一样进行模拟练习，激发了学生的学习兴趣，充分调动了学生的积极性，从而化被动学习为主动学习。

（5）器械飞行的模拟演示

通过制作具有较强控制性的模拟演示，可充分表现技术动作中某些要素与运动成绩的关系。如我们可以根据有关物理的原理模拟出投掷项目中器械的飞行轨迹，让学生正确理解空气阻力、出手角度、出手初速度（取决于力量、距离、作用时间）、出手高度（取决于运动员的身高、臂长）等因素与运动成绩的关系，得出出手初速度越快空气阻力越小、出手高度越高（在出手角度确定的情况下）投掷的距离越远这一结论。同时，学生也能在教师引导下进一步发现各投掷项目在不同条件下的最佳出手角度等规律，多媒体技术在体育实践课教学中的作用和优点是常规教学不能比拟的，多媒体技术与体育实践课教学相结合，是体育教学改革中的一种有效的新型教学手段，多媒体技术辅助体育实践课教学是很值得尝试、探索和推广的。

四、多媒体技术辅助体育教学的局限性及对策

（一）多媒体技术辅助体育教学的局限性

1. 场地的限制

多媒体教学主要是在室内利用多媒体教学平台对学生进行教学，其教学设备是相对固定的，而体育教学大多数是在室外进行的，这就决定了将多媒体技术应用到体育教学当中，存在一定的局限性。

2. 多媒体辅助体育教学硬件的缺乏

由于多媒体设备相对传统教具来讲比较昂贵，而且加上学校体育教学的特点，导致现在多媒体辅助教学过程中，硬件资源比较缺乏，使得教学受到一定的局限和束缚。

3. 体育教学辅助软件匮乏

体育教学辅助软件的开发是一个专业领域，需要计算机专业人员与体育教学工作者的互相协作，需要多方面知识、技术的整合。一方面，受应试教育与经济效益的影响，目前体育教学的辅助软件相当匮乏；另一方面，对一些已开发的体育教学辅助软件，由于体育教师缺乏相应的计算机知识，或缺乏学习、使用热情，未能发挥其应有的作用，限制了计算机体育教学辅助软件的进一步开发。

4. 体育工作者的教学思想、教学观念陈旧，知识素养亟须提高

计算机辅助体育教学是信息时代体育对教学提出的要求，是现代化教育技术与体育教学的结合。不能否认，目前我们的许多体育教师存在着“不学计算机，照样开飞机”的陈旧落后的教学观念。改变教师传统的教学思想、教学观念，提高教师的知识素养显得尤为重要。

（二）发展多媒体辅助体育教学的对策

1. 加强多媒体辅助体育教学的实践、创新与理论研究

计算机多媒体技术辅助体育教学是新兴的教学手段，应大力开展多媒

体辅助体育教学实践活动，提倡创新与开拓，在教学实践中不断探索和总结；同时，应加强计算机辅助体育教学的相关研究，指导计算机辅助体育教学更健康、更广泛地开展。

2. 加强计算机、网络硬件的投入和技术力量的提高

学校教育行政管理部门应改变教育观念，认识现代教育发展的趋势，加强网络硬件建设，为计算机辅助教学创造必要的物质基础；同时也要提高相应的技术支持力量，发挥硬件应有的作用。

3. 加强体育教学辅助软件的开发与应用

多媒体辅助教学软件的开发，一是走市场化之路，以软件公司为主，同时聘请体育专家、一线体育教师做顾问，开发出大的且实用性强的体育教学软件；二是走自力更生之路，以体育教师为主，借助计算机专业技术人员，通过相互协作、科学整合，研制小规模、实用性强的体育教学辅助软件，以适用于体育教学。

4. 转变体育教师教学观念，提高教师的素养

21 世纪是一个信息化社会，随着现代教育技术的广泛应用，传统的教学模式、教学方法、教学手段必将发生根本变化。体育教师要积极迎接挑战、改变观念，努力提高自身素质；要克服畏难思想，努力学习，掌握现代化的体育教学方法和手段，不断适应日益变化着的信息社会。

5. 体育教师要注意多媒体的优化组合

体育实践课教学媒体选择应注意优化组合，不同内容的教学，所采用的媒体也就不同，其媒体的组合也不同。在体育教学过程中，既不能采用单一的媒体进行教学，也不能滥用媒体，造成“人灌、电灌、满堂灌”。因此，媒体的优化组合是多媒体教学的关键。

6. 正确处理现代化媒体与传统媒体的关系

现代化媒体借助先进的仪器设备，使某些技术动作以三维动态显示出来，能准确、及时地反馈教学信息，激发和培养学生的学习兴趣，对教学效果的提高起到了传统媒体所不能起到的作用。然而，现代化媒体的使用必须注意优化、适量、适时，要考虑其使用是否恰当、是否合乎科学、其效果如何等，不可一味追求时髦、新异。因此，在教学过程中，应注意处理好现代化教学媒体与传统教学媒体的关系。只有两者有机结合，取长补短，优化教学过程，才能真正有效地提高教学质量。

第三节　现代信息技术在高校体育教学中的应用研究

一、现代信息技术在高校体育教学中应用的现状

（一）电子板书成为当前体育理论课教学的基本形式

随着现代信息技术的发展，人们的生活方式和生活内容正在发生改变，计算机文化、网络文化已逐渐成为一种基础文化，信息能力也日益成为现代社会中人们的一种基本生存能力。因此，教学中必须增加培养学生对信息获取、检索、分析、处理能力的内容，信息能力也要作为教育的培养目标。可见，构建新的教学模式，必须应用以计算机为核心的现代信息技术。电子板书的出现使教师从“吃粉笔灰”的困境中得到了极大的解放。电子板书（目前主要是 Microsoft Word 和 Microsoft Powerpoint）迅速风靡全国各高校。由于体育教学的特殊性，电子板书主要还仅用于体育室内课或理论课的教学。

（二）多媒体技术在各高校体育教学中得到应用和发展

应用信息技术可以构建各种体育教学环境，如多媒体综合教室、多媒体计算机网络教室、电子阅览室、校园网、基于 Internet 网的远程学习系统等。在课堂教学中，应用多媒体技术、网络技术和虚拟现实技术能够创造和展示各种趋于现实的体育学习情境，把学习与现实生活融合起来，激发学生的思维与探索。由于硬件和软件等各方面条件的差异和限制，多媒体技术在各高校体育教学中的应用程度也各不相同。优秀多媒体课件制作要求教师具备一定的信息素养和技能。当前 Authorware 是课件制作的主要平台；Powerpoint 主要用于演示类；Flash 主要用于 gif 动画制作；也可以直接以 swf 文件制成独立的课件；Frontpage 和 Dreamweaver 主要用于网页制作。❶

---

❶ 吕建新，田保山等．多媒体技术与体育教学的整合［J］．忻州师范学院学报，2005，2（1）：133.

（三）高校体育网络远程教学开始起步

远程教育（Distance Education）的出现不仅是教育技术的改革，更是对几千年传统学院式教学模式的变革。20 世纪 90 年代中期，国际互联网（Internet）的迅猛发展，为基于网络手段的现代远程教育体系的实现提供了可能。教育的未来将形成一个全球化的完整网络教育体系。体育教育兼具体育与教育在新千年最活跃的因素，因此，寻求体育教育的变革与发展，尽快实现现代远程体育教育，可能是一条必由之路。现代体育远程教育管理系统旨在对体育网络教学资源进行分类管理，构建成统一的体育教学资源库，为各类体育网络课件的制作和教学提供强大的信息支持。其系统应包括：远程教学管理系统、课程学习管理系统、授课学习系统、考试管理系统、信息查询系统、计费管理系统、数据统计与分析系统、体质监测系统、运动技术评价系统等。

现代体育远程教育并非传统体育教学的数字化和网络化，一些有远见的机构和学者已先期进行了探索研究，有的院校和研究人员已开发出田径、排球、健身操等项目的教学课件并投入教学实践。❶ 在信息技术占主导地位的 21 世纪，以多媒体、网络化、智能化为主要特征的现代信息技术，对传统的高校体育教学实践正产生深刻的影响，传统的计算机辅助教学观念已不能涵盖信息技术对体育教育的影响。从教师利用传统教学方法进行单向教学，向着现代网络化、多媒体教学转变已经是必然趋势，体育教育模式已从封闭式的校园教育向着开放式的网络化教育转变，体育教育方式也从一次性的学校教育向着终身体育教育发展。新的信息手段应用于学校体育教育，使教育从面向广大学生统一施教转变为适应每个学生个体的教育成为可能。❷ 随着新的信息技术的不断应用，教师有可能使体育网络远程教学模式成为一种全新的教学模式，其前景十分看好。高校应利用自身优势加快探索步伐，与社会体育紧密结合，建立适合体育学科特点的体育远程网络教学平台。

（四）体育信息技术人才的需求日益扩大

信息技术已广泛地深入体育教学、运动训练、竞赛管理、体育科研等各个领域。体育信息化的深入发展，使得体育信息技术人才的需求日益迫

---

❶ 林向阳，周红姝．基于网络环境的体育远程教学模式研究［J］．北京体育大学学报．2005，4（4）．

❷ 周强．论体育信息化建设［J］．武汉体育学院学报．2005，10（10）：120.

切，用人单位对人才的技术能力要求不断提高，体育信息技术人才的概念内涵日益专业化。目前我国体育信息技术水平仍然较低，而体育信息技术人才的培养、体育信息技术人才素质的提高又是推动我国体育信息化建设的关键，因此研究如何培养高水平、高素质的体育信息技术人才非常重要。近几年，在我国已有部分体育院校开设了体育信息技术专业，培养专门的体育信息技术人才。❶ 体育信息技术人才必须具备较深的体育专业知识，又必须具备较专业的信息技术技能和能力，才能满足社会对这类高级复合型人才日益扩大的需求。

二、现代信息技术在高校体育教学应用中存在的问题

（一）现代信息技术在高校体育教学中应用的信息分化问题

信息分化这一概念源于英文中的多个词语，如 Information divide，Information differentiation，Information haves and have-nots，Infor-rich and infor-poor 等。这些英文词语在中文中有多种译法，如“信息分化”“信息分裂”“信息鸿沟”“信息区隔”“信息差距”“信息的有无”“信息的富有与贫乏”“信息贫富差距”等，算起来恐怕有近十种。将这些词语译为“信息分化”，这样能较全面地体现出所具有的两层含义：一是作为一种社会存在状态的含义，即“信息鸿沟”“信息区隔”“信息差距”“信息贫富差距”“信息的有无”等包括的这层含义，它表示社会中现存的一种信息差距；二是作为一种社会变化过程的含义，即“信息分化”“信息分裂”“信息差距的扩大”“信息鸿沟的加深”等包括的这层含义，它表示社会中信息差距的动态扩大。

信息分化是一个全新的概念，它的基本含义是：在当代社会信息化发展的过程中，由于信息技术的迅速发展和有效应用，而导致的一种人类社会的不同信息活动主体之间的信息差距及其不断扩大的社会分化现象。信息分化作为一个科学概念，它具体包括三方面的情况：一是不同信息主体之间在信息接触和信息拥有方面的差距；二是不同信息主体之间信息差距的生成与扩大态势；三是不同信息主体之间因信息差距的存在和发展而引起的某些特定的社会分化。❷ 信息化时代开始后，信息的价值空前提高，

❶ 胡卫红，钟亚平．体育信息技术人才培养模式的探讨［J］．山东体育学院学报．2006，8（4）101-102.

❷ 谢俊贵．信息的富有与贫乏：当代信息分化问题研究［M］．上海：上海三联书店，2004.

信息的作用越来越大。信息技术在高校体育教学应用中确实存在这样一种现象：一方面是一些条件好的大学，比如北京体育大学、武汉体育学院等，通过比较先进的信息技术的有效利用，广泛地开发信息资源，成了信息的富有者。这些信息技术条件好的学校已经开设了体育信息技术专业，培养专业的体育信息技术人才，走在体育教育领域里信息技术应用的前列。另一方面是一些信息技术条件较差的高校未能或不能利用先进的信息技术条件来开发体育信息资源，成了信息的贫乏者。有些高校信息技术在体育教学中的应用还仅仅停留在电子板书代替手写板书的层面，这是信息技术利用极不充分的表现，而且这类高校占了我国高校的大多数。正是现代信息技术的发展，才使得信息资源迅速转化为社会财富成为可能，也正是在这种情况下，才有了不同信息主体之间因为信息技术的占有与利用的不同而造成的剧烈的社会分化现象。可以说，如果没有现代信息技术的迅速发展和有效利用，这种剧烈的信息分化现象是不可能在当代社会中凸显出来的。

（二）现代信息技术在高校体育理论与体育术科教学中应用的差异性

目前，全社会的信息化已经启动，高校体育教学的信息化无论从社会的需求，自身的发展还是实现的条件来看都为期不远了。论及现代信息技术在高校体育理论与体育术科教学中应用的差异性，首先要对教学和体育教学有一个清晰的概念。教学是一种特殊的教育活动，是在教育目的的规范下，教师的教与学生的学共同组成的一种教育活动。通过教学，学生在教师有计划、有步骤的积极引导下，主动地掌握系统科学文化知识和技能，发展智力、体力，陶冶品德、美感，形成全面发展的个性。体育教学与其他工具一样具有共同性，都是一种有目的、有计划、有组织地对学生传授知识和智能，发展智力和体力，培养品德和形成个性的教育过程。体育教学又有其特殊性，它是完成学校体育目的、任务的基本途径。今天，体育教学已不限于学校体育，它还兼及竞技运动和社会体育的教学，但学校体育的目的、任务主要是通过体育教学来实现的。因此，我们把体育教学定义为：在学校教育中，学生在教师有目的、有计划、有组织的指导下，积极主动地掌握技术和技能，增进身心健康，提高身体活动能力、自然和社会环境适应能力，培养良好的思想品德，促进个性发展的教育过程。[1] 信息技术应用于高校体育教学，要强调信息技术服务于课程，教师应当设法找出信息技术在哪些方面能增强学习者的锻炼效果，培养学生终身体育的思想，促进学生整体素质的提高。体育教学主要包括理论教学和术科教学，而术科教学又是高校体育教学的主要部分。针对理论与术科教学的差异性，现代信息技术的应用也应注意“随机应变”。相对来说，信息技术应用于理论课教学较易实现。那么应该如何在高校体育理论课中应用信息技术，实现信息化教学呢？

首先，可将信息技术作为演示工具。教师可以利用现成的教学软件或多媒体教学库选择适合自己教学的内容进行演示。另外，体育教师也可以自己编写演示文稿或课件，还可以利用模拟软件或计算机外接设备，来演示某些实验现象，帮助学生理解所学知识。其次，可利用信息技术获取学习资源。例如体育教师可以通过指导学生通过上网等方式获取符合自身实际的体育学习资源。再次，可将信息技术作为交流工具。利用多媒体技术的交互性和共享性，通过制作适宜的理论课教学课件，可以方便地实现人机对话的学习目的。最后，师生还可以通过 E-mail、QQ、体育论坛、电子视频会议系统等进行交流，提高教学的效率。

随着科学技术的不断进步，多媒体技术已经步入课堂。体育教学和其他课程一样，其教学内容、手段和方法也在不断地变化和发展。特别是多媒体的应用，弥补了体育理论课中讲课枯燥、不生动的不足。多媒体课件提供了视觉、听觉等多种信息通道，教师可根据教学需要，灵活地获取、处理、编辑、存取和展示两种以上不同类型的图形、图像、文本、声音等，使原来单一的教学过程变得形象、生动和活泼；以图文并茂的表现方式，生动地描述各种复杂的、抽象的运动生理、生化、生物力学及运动形式的现象；并配以色彩鲜艳的动画显示，形象逼真地模拟各种运动情况；以简明易懂的分析过程，深入浅出地帮助学生去理解书本知识。同时，多媒体提供的友好的人机交互的信息反馈方式，对于激发学生的学习兴趣，调动学习的积极性和主动性，挖掘个人潜能有着特殊且重要的意义。[2] 高校体育术科教学所要求的信息技术环境和条件比较高，对体育教师的要求也更高，不仅要求教师有精深的体育专业知识和技能，还要求体育教师具备必需的信息素养和信息技术技能，并能很好地将信息技术整合于体育术科技能教学实践中。目前适用于高校体育术科教学的课件相对于理论教学

[1] 龚正伟．体育教学论［M］．北京：北京体育大学出版社．2004.

[2] 张青．论计算机技术在高校体育教学领域中的应用［J］，辽宁体育科技．2002，6（24），3：66.

的课件要少得多。体育术科课件的制作对体育教师的能力要求更高，体育术科信息化教学对素材的要求也更多、更高。我国体育队伍的整体文化素质相对偏低，体育教学和科研队伍的文化素质普遍不高，同时具备较强业务能力和信息素养的高校体育教师相对较少，这在很大程度上妨碍了对信息资源的利用以及信息技术在体育教育领域的普及。只有不断提高现有体育教育者的文化素质和信息素养，注意吸纳复合性的体育信息技术人才充实高校体育教育队伍，才能在体育术科技能教学中最大限度地开发和利用信息资源和信息技术，推动整个体育教育事业的发展。

在体育运动中，有许多运动技术不仅结构复杂，而且需在一瞬间完成一连串复杂的技术动作。例如田径跳跃项目的空中动作、体操支撑跳跃的连续动作、技巧项目的滚翻、单杠的回环动作等，这些往往属于非常态动作。如投掷项目中铅球的最后用力顺序，跳跃项目中挺身式跳远的展体、俯卧式跳高的转体等，都是日常生活中从来没有过的运动动作，这给教学带来很大难度。一方面教师的示范动作受各方面的限制，随意性往往较大，如教师对动作要领的领会程度、教师的年龄、临场身体状况、心理因素或自身其他条件等；另一方面学生的观察角度和时机也有很大的局限，由于动作快，综合难度较高，因此学生很难清楚地观察到教师的完整动作示范，这必然对学生的学习带来一定的影响。利用多媒体课件，可将教师自己很难示范清楚的技术环节通过动画或影像，采用慢动作、停镜、重放等方式结合讲解、示范表现出来，这样就能够帮助学生看清楚每一瞬间的技术细节，教师就可以讲解各分解动作的要领，演示整个动作的全过程，进而抓住动作的关键部分，突出重点、难点。学生也能够更快、更全地建立起动作表象，提高认知阶段动作学习的效率，缩短教学过程。

利用现代信息技术进行分析对比，可以提高学生分析和解决问题的能力。利用现代信息技术，把各种不同运动技术的重难点与常见错误动作制作成课件，在上课时让学生观看，并与学生一起分析比较，提出问题，解答问题，可以提高学生分析解决问题的能力。例如：可以给出几组跨越式跳高的模拟镜头（其中包括跳得好的、较好的、一般的、差的等几种情况），让学生开展协作学习。首先分小组观察、比较、分析、交流、讨论，最后得出跨越式跳高的助跑、起跳、腾空、过竿落地等技术要求及注意事项；然后分小组汇报各组讨论结果；最后由教师总结出跨越式跳高的动作技术要领。这样学生不仅学到了有关知识和技能，并掌握了学习的方法。又如：在教学“鱼跃前滚翻”的时候，学生很难把握“跃”的感觉。同时，滚翻时容易塌身，而教师在示范时也只能一气呵成，一放慢，动作就容易失误。如果运用多媒体制作就简单多了，能化动为静，化抽象为形象，增强学生的感性认识。利用“鱼跃前滚翻”的课件，把整个动作分成跃起、手撑低头、团身翻、蹲立四个连贯的动作，并在每一步中都加入失败的动作动画，再加上一些特别的音效，一听就知道动作行不行。在教学时先请学生们观看课件，并逐步演示成功与失败的对比动作，让学生进行比较、分析，在脑子中形成动作的概念，同时产生在实践中一试的欲望。当在实践时，教师只需稍加示范或讲解，较之传统教学相对而言，便有了比较明显的效果。

现代信息技术在高校体育教学中的应用必须根据体育学科特点来进行。将现代信息技术应用于体育教学，其教学内容、方法与组织形式的安排仍需要严格遵循体育教学的基本规律和教学原则，而不能盲目地凭空想象，否则就会偏离体育教学的目标。体育教学的基本规律包括学生身心发展规律、认识事物的规律、社会制约性规律、动作技能形成规律、人体生理和心理活动规律以及人体技能适应性规律；体育教学原则包括自觉积极性原则、直观性原则、因材施教原则、身体全面发展原则、合理安排心理负荷原则、循序渐进原则以及巩固提高原则等。❶ 当然，现代信息技术在高校体育理论与体育术科教学中应用的差异性不能绝对化。体育理论和术科技能教学统一于体育教学体系之中，既要注意差异性，又要注意整体教学效果，因时因地灵活应用与整合信息技术，才能最终全面提升体育教学的质量。

三、现代信息技术与高校体育教学整合

（一）现代信息技术与高校体育教学整合的内容

信息技术的广泛应用与飞速发展，为我们改革传统高校体育教学方法和教学手段带来了新的契机，也为学生综合运用所学知识技能提供了新的平台与途径。信息技术与体育教学整合的理论基础是建构主义。建构主义提倡在教师指导下以学习者为中心的学习，既重视学习者的认知主体地位，又不忽视教师的指导作用。教师是意义建构的帮助者和促进者，学生是信息加工的主体，是意义的主动建构者。建构主义主张充分利用各种学习资源，强调情境创设的学习环境和探究式学习策略。❷ 尽管信息技术教

---

❶ 薛岚．体育素养导论［M］．北京：科学出版社，2000.

❷ 曹秀玲．信息技术与体育课程整合的再认识［J］．哈尔滨体育学院学报．2006，1：64.

学手段有很多优势，但是它不能完全代替传统的教学手段。在高校体育教学中，教师必须根据体育学科教学内容和学生的特点恰当地应用信息技术进行教学。信息技术不一定是创设教学情景的最佳手段，教学软件的制作技术水平越高也不一定说明信息技术与体育教学就整合得越好。仅从高校体育教学的内容看，它一般包括体育、卫生保健和各种锻炼身体的知识。学校体育教师要按照学校体育教学大纲、体育教材和体育课本规定的内容进行教学活动，因而，在编写大纲与教材时就要将信息技术的应用与整合考虑进去。整合的内容不一定是教学内容的全部，也不是只局限于体育学科，要善于把握体育与其他各学科中有联系、有价值的信息，促进教学综合化、信息化和系统化。

我国高校体育课程新的教材体系的建立，应打破传统观念的束缚，从人的全面发展出发，以强身育人为目标，在追求教学内容的科学性、实用性、娱乐性、健身性、文化性的同时，应立足系统设计、科学选择和整体推进；在追求普遍意义的基础上，推崇教材建设中的不同特色，将终身体育思想贯穿于整个体育教育之中，充分挖掘和发挥体育课对大学生素质养成的潜移默化作用，使新的教材体系更紧密地与健康教育相结合。教师要善于从诸多信息中筛选出有创新价值的信息进行整合，替代那些机械记忆、重复演练的内容，加强有效教育的力度，促进终身体育的实现。

多数教师对信息技术与教学整合的认识仍停留在 CAI 阶段，以为只要用了电脑、用了课件或上了网就是整合，就目前整合的实践来看，也仅限于学生能够上网搜索一些文章或图片，用 Word 编辑一篇短文，发一份 E-mail 等。当然，整合并不能解决体育教学中的所有问题，而应从实际出发，寻找最佳结合点，突出教学重点，解决难点，探索规律，启发思维。信息技术与高校体育教学的整合包括与体育理论课和技能术科课教学整合。整合的实质是使信息技术成为体育教学的有机部分，与体育教学内容、体育教学资源和体育教学评价等实现有机的结合。要实现信息技术与高校体育教学的整合首先要实现教学内容的数字化信息化。高校体育教学内容的信息化包括体育教学资源信息数字化、体育教学多媒体化与体育教学信息资源共享。从技术层面来分析，信息技术与体育教学的整合主要包括多媒体课件的应用、人机对话、素材演示、控制模拟、对照分析、动作创新以及科学训练等。整合内容问题争议的实质是对整合内涵的理解不深、不透。无论信息技术如何发展和发达，它始终代替不了智慧传递、情感交流和亲身的体育锻炼实践，明白了信息技术是一种工具、手段和意识，才能使信息技术在高校体育教学中的应用如语言、文字、纸张等的应用一样自然而流畅。

（二）现代信息技术与高校体育教学整合的方式

毋庸置疑，高校体育教学与其他学科教学有某些相同的特性，但又明显不同于其他学科教学。体育教学更多应该强调的是其特殊性，因而，信息技术与高校体育教学的整合也更要突出其特殊性。信息时代的突出特点是开放性和跨时空性，对于现代信息技术与高校体育教学如何整合的争议核心集中在两种观点：一是把信息技术整合当作纯粹的工具应用，只要有信息技术应用于教学就叫整合；二是信息技术不仅仅是一种工具，更是一种方法、手段和意识，现代信息技术与教学的整合是一种难分彼此的互相融合与渗透，整合不仅强调应用，更应强调一种信息意识、信息素养与能力的形成。无疑，第一种观点是比较肤浅的，第二种观点才比较深刻地反映了整合的本质。现代信息技术与教学整合包含互动的因素。我们可以说“信息技术与教学整合”，却不宜说“信息技术与教学应用”，可见“整合”侧重于双向的关系，而“应用”更偏重于单向。虽然二者有交叉和重叠的地方，但“整合”涵盖了“应用”的精华，因而将“整合”等同于“应用”的说法是片面的。

信息技术对体育教育的发展将起到巨大的推进作用，并将影响体育教育的各个方面。体育教育的改革与创新需要信息技术的紧密配合。首先，现代信息技术将有效地优化体育教育环境；其次，利用现代信息技术是实现终身体育教育的第一选择；再次，可借助现代信息技术逐步实现教学过程中师生间的动态信息交流；最后，运用现代信息技术培养学生创新精神实践能力。❶ 信息技术与高校体育教学的整合必将促进高校体育教学向信息化方向发展。体育教育信息化是教育现代化的一部分，因此体育教育信息化必然具有以下走向：首先，教学过程中教的单极化走向合作化；其次，从单一运动场上的技术学习走向多环境下的技术学习；再次，学习活动中的群体化走向非群体化；第四，体育教学走向学习情景的虚拟化；第五，体育教学模式由单一化走向多元化；最后，为体育函授教学提供了更广阔的舞台和空间。❷ 体育教学与其他学科的教学既有共性，又有其特殊性。在体育教学过程中，学生要在反复的练习中，通过身体活动与思维活动的紧密结合来掌握知识、技术与技能。此外，体育教学的大部分授课时

---

❶ 李启旗．我论现代信息技术与体育教育的关系［J］．内蒙古科技与经济．2005，9：128-129.

❷ 瞿德明，侯令忠．浅谈体育与现代信息技术教育［J］．安康师专学报．2006，2：126-128.

间是在户外，这些都给整合带来了一定的困难。

体育实践所应用的信息技术都带有明显的体育专业特点，现代信息技术被引入体育教育领域，增强了人们运用信息技术为体育服务的意识，并提升了其应用质量。现代信息技术与高校体育教学的整合不仅包括和体育教学、训练关系特别密切的多媒体课件的制作、体育微格教学和素材的采编，还包括无线网络、虚拟现实技术在体育领域的应用和体育文献资料的检索等。普通高校体育教学没有体育专业教学那么精深和精准，因而没有必要也不可能完全照搬其信息技术的应用模式，但许多地方还是可供借鉴的。

体育教学与其他学科的教学有共同点，也有不同点，最大的不同点是体育教学是通过各种身体锻炼来进行的。学生要在反复的练习中，将身体活动与思维活动紧密结合，从而掌握体育知识、技术与技能，并实现促进身体发展、增强体质的实效。现代信息技术的教学方法与手段生动活泼、新颖多样，克服了传统教学模式中边示范边讲解的局限，可以在课堂上展示与本节课教学内容相关的各种信息、画面、声音、文字，给学生一种新异的刺激，激发学生的学习兴趣。例如，在讲解快速跑的动作要领时，让学生通过观看收集的一些资料和图片，使他们了解正确跑姿；借助相关课件中的动画效果，了解动作的生理学原理。学生们可以清楚地看到在摆臂过程中，肩关节、肘关节、腕关节的最佳运动角度是多少，理解为什么这样的摆动角度才是最佳角度，以及它在整个跑动技术中起到了什么样的作用。等学生明白了整个动作的来龙去脉时，就能够自觉地去理解和体会动作讲解，而不是单纯的模仿，其体位感觉能力也会得到提高，整个技术动作的学习会得到质的飞跃。

体育教学的主要任务之一，就是使学生掌握一定的运动技能。学生对一个新的动作的形成，必须通过听、看来感知技术动作过程。看是学生的主要信息来源，利用现代信息技术使学生快速地建立正确的视动表象，能够有效提高运动技能。在教学中同时调动视听功能，能明显提高学习效率并促进能力的发展。现代信息技术的利用对培养学生良好的观察能力有着显著的效果，对学生快速建立正确的感性认识起着积极作用。在体育教学中，有许多运动技术不仅结构复杂，而且需在一瞬间完成一连串复杂的技术动作。例如：在山羊分腿腾越的教学中，学生初学时，教师的讲解示范学生不一定能看清楚，分解教学又容易使学生产生错误认识，形成分解做动作的习惯，忽视了迅速连贯的特点。运用多媒体教学软件进行授课，就会避免上述存在的问题。通过将规范的动作讲解与示范直接播放给学生听与看，对于重点与难点进行反复慢放，并用特定的声音、图像显示强调，突出重点与难点，让学生直观、主动、立体、全面地掌握动作，提高教学实效。可见，现代信息技术在体育教学中的适时运用与整合，不但使学生学到了知识，加深了对所学动作的理解、记忆和掌握，而且培养了他们的主动思维与观察学习的能力，提高了体育课的教学效率。

21 世纪是信息的时代，只有明确现代信息技术教学与传统体育教学的关系，现代信息技术教学才能在高校体育教学中起到很好的辅助作用。现代信息技术教学不能作为体育教学的主要教学手段，对教学起决定作用的还是教学内容和教学方法。因此体育教师要发挥现代信息技术应用于教学的优势，将一些新的教学手段充实到高校体育课堂里去，合理、正确地使用它，从而真正实现高校体育教学现代化。

关于整合争议的实质由对信息技术的理解、应用和实际操作能力都不够导致的。因而，首先必须提高信息技术应用能力，并不断挖掘其在体育教学中的应用潜力。作为高校体育教师，首先要提高自己的专业能力，对运动技术要有详尽而透彻的了解，此外掌握一些特殊信息技术方法（如常用网络知识、AutoCAD、FlashMX、DreamweaverMX 等软件的应用等）也很重要。体育教师要善于与体育科研人员和信息技术人才特别是体育信息技术人才协作，这样才能找到较好的整合方式进行高校体育教学。

第十章　高校体育教学的创新与发展

第一节　高校体育教学创新的影响因素与途径

实施创新教育已成为我国学校教育适应知识经济挑战、培养大批具有创新意识和创新能力人才的首要任务。普通高校体育作为高等教育的重要组成部分，如何融入教育改革的潮流，如何适应创新教育的挑战，是当前学校体育的一个热点问题。在高校的体育教育改革中，体育教学是否能全面贯彻创新教育理念，也成为实现成功体育教学的关键。

一、分析与讨论

（一）教育观念的更新是体育教学创新的前提

普通高校公共体育课程改革在一些院校中取得了非常好的成绩，而且这些院校教学理念的转变非常突出。“健康与文化并重”已明确成为其课程教学的指导思想与理念。具体的核心内容是：以学生为本，体育与文化并重，健康第一，体现本校特色。体育与文化并重，体育与健康并重，突出师范类特点。清华大学的公共体育课程为国家精品课程，其指导思想为：学会方法，提高能力，养成习惯，享受体育。在这些先进教学理念的引领下，其公共体育课受到了学生的普遍欢迎，取得了非常好的教学效果。

但我们同时发现：在所调查的院校中还有少数被调查者认为尚未进行公共体育课程的改革。关于教学指导思想等问题，还有被调查者的回答为“不知道”，有的回答为“健康第一”。这里要说明的问题是：有的学校仍未把公共体育课程教学改革放到一定的重要位置上，体育教学创新更是无从谈起了；另外，“健康第一”的指导思想是我们整个教育的指导思想，不能简单地拿来作为体育教学的指导思想，更不能作为高校体育课程教学的指导思想。

从上述正反两方面的对比中我们看到：教育观念的更新是体育教学创

新的前提。教育工作者要从传授、继承已有知识为中心的传统教育，转变为以学习者为中心，着重培养学生创新精神的现代教育上来。体育教学工作者要逐渐树立“以人为本”“以学生为本”“享受体育”“健康与文化并重”等教育理念。

（二）教学方法的合理使用是体育教学创新的有力手段

如何教会学生掌握运动技能，仍旧是困扰着体育教学工作者的主要问题。虽然近几年来关于体育教学模式和体育教学方法的研究非常多，“合作性学习”“研究性学习”“自主性学习”等新方法被引入体育课堂教学中，但总是觉得和体育教师的日常体育教学难以融合。同时，体育教学方法的使用呈现出不稳定性：同一个教学内容常出现不同的教学顺序和教学方法，有时甚至是相反的顺序（分解与完整），教师所用教学时间长短不一，而各种教材的教学单元反而趋向一致；传统的体育教学普遍采用先讲解后示范或先示范后讲解、完整法与分解法相结合以及进行反复练习的方法。体育教学方法使用上的问题主要在于体育教学内容分类体系不完善，以及体育教学方法的研究滞后。

（三）教学评价的完善是体育教学创新的保障

在公共体育课程改革中获得奖励的一些院校，其课堂评价的内容通常包括学习态度与出勤、身体素质和运动专项以及体育理论考试，同时各校的体育课程成绩考核又表现出独特的特点。然而，仍有许多学校的课程评价目标较为单一，“给出学生成绩”仍然是评价的主流，课程应达到什么样的效果尚未明确。

从上面的分析可以看出，课程教学评价不仅仅是为了“甄别”和“选拔”，更重要的是为了“改进”和“提高”。在教学中要淡化评价的筛选、选拔功能，注重过程性评价，对学生进行全面的评价，从而促进学生更好地发展。同时，应在评价体系中设置一些注重学生创新能力培养的考核内容，根据学习的内容、方法，要求学生能够举一反三，能够从多个侧面创造性地发现教学内容的实质内涵。此外，创新教学的考核与评价要具有赏识性与激励性，着眼于学生创新能力的发展，对学生学习过程和结果给予更多的肯定、赞扬和鼓励。

二、结论与建议

（一）教育观念的更新是体育教学创新的前提

在普通高校公共体育课程改革的过程中，体育教学工作者要逐渐树立“以人为本”“以学生为本”“享受体育”“健康与文化并重”等教育理念。

（二）教学内容的重组、优化是体育教学创新的载体

建议普通高校的公共体育课程一方面要把“三自主”教学落到实处，另一方面努力加大课程资源的开发力度。

（三）教学方法的合理使用是体育教学创新的有力手段

建议普通高校体育工作者要深入研究适合不同教学内容的不同教学方法及每一项运动技能的合理教学步骤。

（四）教学评价的完善是体育教学创新的保障

淡化评价的筛选、选拔功能，注重过程性评价，对学生进行全面的评价。同时，在评价体系中设置一些注重学生创新能力培养的考核内容。

第二节　高校体育教学方法创新的对策

一、当前高校体育教学方法存在的主要问题

（一）教育方法单一

当前，很多高校体育教师由于受到过去传统落后的教育思想观念的影响和制约，在开展高校体育教学活动中，往往存在教育教学方法比较单一的问题。在教学活动过程中，一些高校体育教师仍然以传授体育技术为主要教育目标，普遍沿用讲解、示范、练习等传统落后的教学方法，其教学效果我们可想而知。尽管传统体育教学方法的确存在这样那样的问题与不足，依然有许多值得改进的空间，但是，我们也必须清醒地认识到，高校体育教学活动作为一种以学生自身身体为主要媒介，并依托相应的运动场

地、设施设备及练习而达到一定教育目的的教学形式，其中场地、设施设备和练习仍起到重要的媒介作用。面对新的形势，高校教育的目标任务已经发生了重大的改变，传统的体育教学方法已经不能很好地适应高校教学任务的要求。因此，我们必须进一步转变教育思想观念，继承和发扬传统体育教育的长处，不断创新高校体育教学的方式方法，更好地为开展高校体育教学服务，促进学生身心的全面健康发展。

（二）实际效果不够明显

我们知道，高校体育课程教学纲要主要是在原有体育课程教学的基础上所进行的深化、拓展与改革。可见，创新必然会成为高校体育课程教学改革的重点内容和任务之一。在开展高校体育教学活动的过程中，有很多体育教师立足于创新，狠下功夫、狠抓落实，采取了很多新的有效的教学方式与教学手段。这样，就对高校体育教学改革产生了极为重要的推动和促进作用。但我们也必须清醒地认识到，仍然有相当一部分高校体育教师在开展体育教学过程中，过分强调开展课程的形式，往往不去注重开展课程的实际效果。甚至有的体育教师为了展现全新的教学理念，都会把一些高、尖、精的体育教学设施设备运用到高校体育课堂中，虽然给学生耳目一新的感觉，但由于操作不便，实际效果大打折扣。此外，由于传统落后的体育教学把规范化体育技能教学作为了唯一的目标任务，因而一些体育教师在具体教学方法的选择上，往往主要根据学生在最短的时间里能够领会掌握的体育技能展开体育教学活动。在许多高校体育教学方法中，一些教师片面追求体育运动技能的系统、完整传授，要求学生学习领会体育动作的详细环节，忽视了学生对体育运动基本知识和基本技能的学习领会与掌握，也不去注重培养学生创新、观察、信息、分析、自学等能力素质，这就必然使得高校体育教育陷入“为技术而教”的误区，也必然使得学生的学习效果不尽如人意。

（三）学生主体意识不强

长期以来，很多高校体育教师在开展体育教学的具体过程中，往往习惯于以教为主、以学为辅或者教师教学生学等传统的教学模式。这样，虽然在某些具体教学内容和环节上取得了一定的成效，但是，这些传统落后的教学方法在如何把教师所传授的内容真正转化为学生主动、积极、创新地学等问题上，依然存在着很大的缺点与不足。实际上，这种注重教师、忽视学生的高校体育教学方法随处可见。此外，一些高校体育教师过于关注学生的共性特征，而忽视了不同学生的个体差异。我们清楚，学生健康的个性特征，不仅是他们心理全面健康发展的客观需要，也是现代经济社会发展对人才能力素质的根本要求。这就要求高校体育教师应当针对不同学生的具体实际，认真给予鼓励、支持和引导。但在高校体育教学过程中，由于存在这样那样的困难与问题，在具体落实因材施教时的确存在很大的难度，教师往往仍以学生的共性特征为出发点。特别是当教师面对班级人多、场地和设备器材比较少等教学实际时，要充分发挥学生个体的个性特征难度就更大。因此，许多高校体育教师在开展体育教学时，所选择的教学方式方法通常是更多地把教学的中心放在对多数学生的指导帮助上，而对那些具有特殊需求的学生一般很少采取具体有效的教学方法进行指导与帮助，这就必然使得这些学生在体育教学活动中难以得到充分的发展。

二、影响高校体育教学方法创新的主要原因

（一）学生自身的原因

学生自身因素是影响高校体育教学方法创新最主要的原因。学生参加体育活动与否、对某些体育活动的兴趣是否稳定、能否充分发挥其丰富的想象力等，都直接影响到高校体育教学活动的实际效果。试想，如果学生都不去积极主动地参加高校体育活动，那么，即便学生拥有再好的体育天赋，也不会在高校体育教学活动中表现出来。而且学生的学习兴趣极为关键，这是因为，兴趣作为学生最好的老师，不仅是一种自觉主动的动机与行为，而且也是学生积极参与体育活动并进行创新发展的重要前提。学生参与体育活动的兴趣一旦被激发出来，就会产生聚精会神的注意力，进而产生愉快的心情，其坚强的意志力就得到了锻炼与提高。在高校体育教学活动中，如果学生善于多思、多想，一旦有适当的时机，就会以某些具体形式表现出来，并在其大脑中不断产生新的形象和新的思维。

（二）教师素质的原因

教师素质的高低，是影响高校体育教学方法创新的重要原因。我们知道，在高校体育教学活动中，创新的主体是学生，教师则是调动学生学习的积极主动性和帮助指导他们发挥自己创造能力的引领者。可见，教师素

质的高低，是直接影响到学生创造能力能否得到充分发挥的关键所在。这就要求高校体育教师必须善于了解掌握学生的心理与学习情况，适时指导和帮助学生，不断诱发学生潜在的创造力和想象力，进而实现创新体育教学。当前，我国很多高校体育教学方法比较单一，导致很多学生产生了厌学情绪，创造力和想象力逐渐下降，形势不容乐观。因此，教师要善于给学生一个广阔的学习空间，让他们结合自己的爱好进行体育活动，这样有利于他们体育创造力和想象力的发挥与培养。

三、推动高校体育教学方法创新的对策

（一）积极培养学生的创新意识

积极培养学生的创新意识，是推动高校体育教学方法创新的重要策略之一。首先，要推动思想认识的创新。坚持发展娱乐体育与健身体育的有机结合，这是转变高校体育教育思想观念的具体体现，更是当前高校体育教学的根本任务。其次，要注重教学内容的创新。教师应当结合实际选择一些符合学生身心健康发展的、深受学生喜爱的体育项目内容开展具体教学活动。这样，就可以切实改变高校体育教学内容枯燥乏味的不足。再次，要重视教学方法的创新。教师可以结合学生的需要，采用启发式教学以引导学生自己动脑、动手思考和解决问题，进而不断激发和调动学生的积极主动性；可以运用发现式教学法，不断培养学生发现问题、思考问题、分析问题的能力；也可以运用学导教学法，促使学生积极自主地进行学习，从而培养锻炼学生的自觉性和主动性，逐步养成自主锻炼、终身锻炼的良好习惯。

（二）实现学生全面健康的发展

在新的形势下，实现学生的全面健康发展，是推动高校体育教学方法创新的客观要求。因此，高校体育教师应当充分满足学生全面发展的需要，真正让学生从教师的教学活动中受到激发、看到希望。在高校体育教学活动中，教师应当针对不同学生的不同情况，着力寻找最适合学生自身特点的发展方向，使所有学生都能在体育教学活动中有所收获与发展。这就要求高校体育教师必须立足学生实际，着眼未来发展，努力为学生的全面健康发展打牢基础，并在选择体育教学方法时，注重把教会学生做人，并学会将求知、审美、健体、劳动与娱乐等有机结合起来，把理论知识与

实际生活有机结合起来，把课内外教育有机结合起来，促使学生达到各方面的和谐统一，促进学生全面健康发展。

（三）强化教学活动的有机统一

教学活动的有机统一，是推动高校体育教学方法创新的必然要求。体育教学活动作为一项教学互动的活动，如果只有教师参与而没有学生的积极参与，不能称之为完整的高校体育教学活动。反之，只有学生积极参与而没有教师参与的体育教学也不会取得明显的效果。我们知道，一次效果良好的体育教学活动，都需要教师能够很好地处理自己与学生、教材、内容、手段和方式方法的关系，特别是在创新教学方法的同时，更需紧密结合学生的实际需要。因此，教师和学生必须形成合力，积极参与到体育教学活动中来，达到教与学的统一。

（四）避免教学方法一成不变

对此，教师要坚决克服和避免教学方法一成不变的不良倾向，应当追求教学方法的新颖、实用和可操作性，不断激发学生求知的欲望与兴趣，进而吸引学生的注意力。当前，高校体育教师要善于和敢于摒弃那种满足于讲解、示范、重复练习以及游戏等传统的体育教学方式方法，着力改变传统体育教学过分注重运动技能的灌输方式，要从实际出发，打破传统格局，结合学生的兴趣爱好，积极创新并选择有利于学生发展的教学方法与手段，积极为学生学习营造良好的环境和氛围，不断激发学生的学习兴趣，大幅度提高教学活动的质量与效果，促使学生通过思考、分析和实践，促进学生身心全面健康发展。

总之，体育教育创新作为一项高校教育政策措施之一，更是推动高校体育教学方法改革的内在要求。随着社会的全面发展，高校学生对体育教学的具体要求也发生了巨大变化。当前，在高校体育教学过程中，由于广泛使用了现代先进的信息技术，既为教师提供了更多新的教学方式方法，同时也为学生更好地学习体育知识营造了很好的学习平台，使得高校体育教学活动更为自然地进行延伸和拓展，不断发挥其应有的作用。因此，高校体育教师必须根据具体教学实际情况，认真研究、大胆创新，采取一些先进的教学方法，积极营造一个良好的教学环境，不断满足学生学习的实际需要。

第三节　高校体育教师的信息素养与教学创新

一、高校体育教师的信息素养

（一）信息素养的含义

信息素养（Information Literacy）这一概念是美国信息产业协会主席保罗·泽考斯基于1974年提出的。完整的信息素养应包括三个层面：文化素养（知识层面）、信息意识（意识层面）和信息技能（技术层面）。文化素养指人们对人类在社会历史发展过程中所创造的精神财富，如文学、艺术、教育、科技等，通过学习和实践所达到的一定水平。文化素养的高低、知识的丰富程度，决定了人们对信息的需求、对信息源的认识、对信息质量的甄别水平，直接关系到信息素养的高低。信息意识指人们对信息交流活动在社会中的地位、价值、功能和作用的认识，主要包括信息主体意识、信息获取意识、信息传播意识、信息保密意识、信息免疫意识、信息更新意识等多种形式。信息技能指人们在社会生活、科学实践中捕捉、加工、传递、整理和利用信息的技术能力，它是信息素养的重要组成部分。信息技能的提高有利于信息加工能力的增强，促进开放式信息思维的形成，培养立体思维能力，更大地发挥创造力。

（二）高校体育教师的信息素养

在信息化浪潮席卷全球、科技日益发达的现代社会，将教学创新应用于学校体育，其内涵是指通过科学研究和吸收、应用相关学科研究的新成果，获得新的教学方法的过程。教学创新是以知识、科学技术等智力因素作为创新资本，科学汇集、合理组织、有效利用，使新知识、新科技全面渗入体育教学的全过程，促进教学水平的提高。教学创新是信息搜集、整理、组织、利用和再造的过程。在当今信息社会里，创新者必须随时积极主动地获得最新信息，以不断提高与充实自己，使创新活动不断向科学化、现代化的方向发展。然而，信息的分布非常广泛，它产生于社会生活的各个环节，处于一种无序的状态之中。高校体育教师开展教学创新活动，对信息的需求及获取信息的渠道方式应是理性的而不是漫无边际的，具体的而不是杂乱无章的，从这个意义上说，高校体育教师的信息素养是教学创新的决定因素，必须大力培养高校体育教师的信息素养。

二、高校体育教师信息素养的培养策略

在网络信息环境下，知识信息的来源得到极大的扩展，计算机网络传递的信息量以惊人的速度增长，学生可以通过网络获得取之不尽、用之不竭的多媒体信息资源，还可以根据自己的需要来选择学校、教师、课程和学习方式，大大增强了学习的自主性。而信息技术与课程的整合使师生关系发生了变化。20 世纪 90 年代中叶，联合国教科文组织提出："教师和学生要建立一种新的关系，从'独奏者'角色过渡到'伴奏者'的角色，从此主要不再是传授知识，而是去帮助学生发现、组织和管理知识，引导他们而非塑造他们。"在这一背景下，高校体育教师在人才培养中的主要作用将不再仅仅是教会学生如何打篮球、踢足球，而是要转向运用各种新的技术手段，组织、引导学生选择适合自己的教学内容，促使其掌握获取体育与健康知识的能力。一名高素质的教师应具有现代化的教育思想、教学观念，掌握现代化的教学方法和教学手段，对信息和网络积极认同，深入了解且具有良好的悟性，能熟练运用信息工具（网络、电脑），对信息资源进行有效的搜集、组织、管理、运用，实现现代化的教育效果，能通过网络与学生家长或监护人进行交流，在教学中营造浓郁的现代信息技术应用的氛围，在潜移默化的教育环境中培养学生的信息意识。根据这样的认识和针对高校体育教师信息素养现状，培养高校体育教师信息素养应从外部环境建设、内部环境建设和教师自身建设三个方面入手，形成完整的"一条龙"培养体系。

（一）外部环境建设

从政策的角度讲，建立宏观信息素质教育规划和教师信息技术评估标准具有重大的理论和实践意义，也符合当前教师专业能力标准化的世界潮流。近年来，许多国家和地区纷纷制订培训计划和培训目标以提高教师的信息素质。美国教育科技委员会提出三个方面的内容：熟练掌握计算机的基本操作并明确其基本原理；能使用计算机进行文字处理和网络通信以提高工作效率；运用计算机及相关技术来帮助教师在教学和科研领域获得成功和发展。高校体育教师基本上具备计算机的基本知识，缺乏的是信息资源检索的基本能力以及将计算机技术运用于教学实践中的能力。因此，国家和相关部门应当结合我国的实际和高校体育教师的实际，制定出全面培养高校体育教师信息素养的整体规划，建立和发展独立的教育信息化改革

评估组织，分层次、分阶段地实行信息素质教育规划。同时，国家应根据我国信息化建设的发展进程和社会信息环境的演变状况，在教师中深入广泛开展国家信息政策、信息法规、信息道德的宣传教育，促使每一位教师都能深刻体会信息社会对现代人的现实要求，以此培养教师的现代信息意识、信息观念、信息道德。

根据我国的信息教育现状和高校体育教师信息素养现状，应该制定全国统一的教师信息技术评估标准，因为信息素养标准作为一种教育发展的衡量尺度，能对所要研究的教育对象及其教育发展情况进行评价和比较。教师的信息技术标准就是对教师应该具备的信息素养构成的确认，并且具有指导和强制作用的能力框架。教师信息技术标准既是对教师信息技术素养和能力的规定，也是教师信息素养培养的工作指南。教师信息技术标准可以通过评价和比较，分析其是否符合一定的要求和规范，以及是否达到应该达到的水平。利用信息素养标准，可以监督我国教师信息技术的运行情况，以便及时发现问题，找出对策，从而解决问题。同时还可以利用标准进行宏观调控，制定或修改有关的政策和决策，研究教育措施，指导实际工作。制定我国高校体育教师信息素养培养标准应注意处理好四个方面的问题。

1. 内容的全面性和系统性

信息素养标准是教师培训质量和规范化的重要保证，并为教师接受培训后的评价和认证提供参考。因此，标准的内容应能够全面、系统地反映教师在信息素养方面的要求，包括高校体育教师需要具备的信息知识、信息意识、信息技能及在教学中的应用等。同时，由于教师职业角色的双重性（教书和育人），在制定标准的时候不仅应该注重教师将信息技术应用于教学过程中的教学技能，也要关注教师在信息化条件下对学生形成健康心理和健全人格的引导能力。教师在很多方面的要求是共同的，但如果用同一标准来要求所有的教师则是不恰当的。如小学体育教师、中学体育教师与高校体育教师之间在制定标准的时候也应该有分别的考虑和不同的要求，因为他们在教学内容和教学对象上的不同使他们在信息技术、技能的应用上是不同的。

2. 标准的层次性

教师信息素养标准应根据不同学段、不同学科教师实际的能力水平和社会对教师的能力需求进行分级。此外，扮演不同角色的教师在技能和素质上也要有不同的要求，体现层次性。高校体育教师除了必须具备普通教师信息素养标准外，还应该具备与体育学科整合的相关信息技术以及运用于体育科研中的专业信息技术和技能。

3. 实施的公开性和可行性

信息素养标准及其评价体系的建立，既要体现信息教育的一般特征，又要为不同地区和不同条件的教师留有余地，让他们能够根据自身的实际情况来因人而异。标准必须是期待实现的目标，同时也是经过努力可以达到的，这样利于发挥评价的激励功能。评价的办法要注重质和量的综合，力求简单，易于操作。评价的条目必须是可以观察和可测量的，便于评价者进行判断。

4. 学科的实践性

信息技术是一门实践性很强的工具性学科，实践活动是实现教师信息素养的基本手段，是培养教师实际操作技能的主要途径。因此，在制定教师信息素养标准时要重视教师理论与实践的结合，强调教师能够利用信息技术改进教学，促进学生学习和自身职业素质的提高。对于高校体育教师而言，应注重他们在指导学生掌握体育与健身的科学方法、培养学生终身体育锻炼的习惯等方面运用信息技术的能力。

（二）内部环境

信息素养是可以通过教育、学习培养的。教师信息素养的提高不是一朝一夕就能完成的，要有计划性、阶段性、持久性和连贯性。国家教育系统制订了相关的培训方案，各级高校要根据所属学校教师的实际情况和各学科教师的实际情况，因校而异制定相应的培训目标和培养策略，高校内部信息环境的建设是培养和提高高校教师信息素养的保障。

1. 充实先进的教学理论

现代信息技术的迅猛发展推动了教育理论的突破性发展。以计算机和网络通信技术为社会技术背景的建构主义教育理论成为当前流行的一种教育理论。现代信息技术和教育理论的发展也促进了教育模式的变革，同时对教师及高校体育教师提出了新的要求。建构主义学习理论强调“以学生为中心”，秉持让学生自主建构知识意义的教育思想和教学观念。它带来了学习观和教学观的根本性变革：学习具有自主性、情境性和社会性；学习者不再是外界刺激的接受者，而是知识意义的主动建构者；教师不再是知识的灌输者，而是知识意义建构的帮助者、促进者；教材不仅是教师传授的内容，还是学习者知识意义建构的对象；教学媒体不仅是教师的教学手段，还是学习者的认知工具。用建构主义指导多媒体网络教学，将克服传统体育教学的种种弊端，提高学习者的认知能力、分析和解决问题的能力，为现代教师树立现代教育观提供了理论依据。

在信息社会，各种信息以指数级的增长速度通过各种媒体对学生产生影响，学生可以通过网络获取信息和知识，这标志着一个“以学生为中心”的时代的到来。在信息化教学环境下，因特网所提供的强大信息资源使教师的“授业”职能被淡化，一种新的基于资源型的学习模式成为主要的教育模式。资源型学习是一种教与学的方法学，强调学生在教师的激发与引导下，运用丰富多彩的资源，经过探究过程来解决问题、完成课程目标，其主要目标是培养学生独立学习的“自我导向”能力。高校体育教师要认清这一转变的本质，在先进的科学教育理论的指导下，转变传统的教学观念，改变传统的“以教师为中心”的教学模式，建立新的“以学生为中心，学教并重”的信息教学模式。在新的教学环境下，教师的职责将由过去的知识的直接传授变为向学生传授学习的方法和技巧，教会学生如何学习。在学习的过程中，高校体育教师的角色应当是一个促进学生全面发展的教育者、学生学习的引导者和合作者、体育与健康课程的开发者和设计者，这种观念应当牢牢地置身于每一位体育教师的教学理念之中。

2. 完善网络化教学环境

培养、提高教师的信息素养，不仅需要提高教育理论水平和改革教学观念，还要培养其实际的操作技能。因此，各级各类学校都要建设比较完备的信息化教学硬件设施，使每一位教师都能接触到各种现代信息技术和信息资源，在实际操作和使用过程中提高教师的信息技术能力。信息基础设施建设是培养和提高教师信息素养的必备条件和基础性工作，各类学校尤其是各类高校一定要有起码的信息技术设施，并不断加大信息技术设施建设。体育教学的特殊性和体育自身的特点使得体育教师的教学一般都在室外进行，在使用信息化教育手段上存在相应的困难，在对体育教师设备的配置上也存在着一定的限制，这应该引起各个部门的重视和体育教师自身的重视。加强学校体育部门的信息化建设，比如 CAI 课件制作室、多媒体教室、体育教学光盘、磁带、电子和音像资料的配备、信息网络的开通等，为高校体育教师教学提供物质平台。体育教师之间，各学科教师之间可以通过横向合作，在与其他学科专家、学者的合作过程中，提高自身的信息技能。

3. 建立激励与考核机制

信息素养能力被看作未来教师必须具备的素质，全体教师必须有紧迫感和职业感。制定标准的重要作用之一就是为信息素养能力的考核和评估提供框架，只有不断通过考核和评估，才不至于使标准流于形式，达到提高教师信息素养的目的。

学校有必要制定一系列的激励和考核制度，并建立两个机制：成果激励机制和考核评价机制。对通过培训学习能将信息技术应用于教学并取得一定教学效果的教师进行一定的物质奖励，使他们得到大家的认可，并使这种机制产生激励导向作用，形成良性循环。同时，把教师信息技术标准与教师资格证书制度联系起来，把教师信息技术能力作为获取教师资格证书的必备条件，促使教师不断追求个人与专业的技术发展，提高自身的信息能力和信息素养，使标准的实现在制度上得到保证。

4. 发挥图书馆和网络中心的作用

随着整体社会环境的变化，图书馆的角色发生了前所未有的转变，其服务原则、服务理念、服务宗旨和服务效率改变了过去单纯为学生和教师提供图书资源和信息资源的宗旨，而以“创新”和“发展”为前提，力求在为学生和教师提供全面、系统、快捷的资源共享服务的同时，传授他们获取资源最有效、便捷的方法和手段。因此，图书馆要在对大学生进行信息素质教育的同时，还要对教师进行培训，培养他们的创新能力和自主获取知识的能力。图书馆要直接参与教育信息化改革，增设信息素质教育课程，如信息资源介绍、印刷型信息资源检索与利用、计算机信息检索、网络信息检索、信息资源共享与知识产权保护等，改进文献检索课的教学水平，提高整个校园的教学信息化水平。同时，图书馆还可以针对新的网络信息检索知识对教师开展不定期的讲座，进行网络信息资源与检索的培训；利用网络开展非正式信息交流、网上培训；把信息能力培养贯穿到各科教师专业课程的教学及科研过程中。

（三）教师自身建设

由于各种主客观因素的影响，普遍存在着“体育教学主要在运动场，全靠运动和练习手段，大学生掌握运动技术用不到多少体育信息”的认识。在这种认识的影响下，高校体育教师主动接收体育信息的意识较弱，体育知识面越来越窄，甚至出现大学生对世界最新体育信息的了解程度比体育教师还广，了解还要深，高校体育教师自身出现了“消极等待”和“无所作为”的观念，现状不容乐观。不断改进、提高高校体育教师的信息素养是网络信息时代对体育教师的必然要求。高校体育教师信息素养的培养不仅要在外部客观环境上努力，更要从体育教师自身进行系统的建设，才能达到实际的意义。

1. 职前培养为未来的体育教师做好准备

要使高校体育教师的信息素养达到一个系统化的水平，必须要从对未来立志做体育教师的在校学生培养开始做起。在职前培养这一途径中，一要改革体育师范教育的课程体系和教学内容，二要更新体育教学模式，改进体育教学手段与方法。学校教育是一个系统，在这个系统中，教学是中心，而课程是教学的主要内容。传统的课程体系注重技术技能和理论的传授，教师在对体育专业学生进行教学的过程中，着重教给学生一项技能或一种理论，而忽略对学生如何获取更多更新的知识进行引导。

信息素养教育是一种全新的教育体系，其有效开展更离不开课程改革的支持。在课程体系的改革方面，建议考虑采取以下的途径：

（1）改变以往教材在内容安排上绝对的系统性和完整性。由于以往教材在内容安排上过分地重视知识传授的系统性和完整性，容易造成学生死记硬背，对所学知识知其然而不知其所以然。如，教材在给学生讲解人体肌肉用力的时候，不必逐一详述每一块肌肉的名称及其在运动中的具体作用过程，而可以略去某些环节，让学生自己在运动的过程中，边练习，边体会，或提出与之相关的资料概况，让学生自己去查找，这样，学生理解、记忆起来也容易，还能在实际中体会和更好地运用。

（2）增设信息知识方面的课程。信息教育的推广和普及，必须要以开设信息学科课程为主要渠道。调整课程结构，增设信息学课程，是高等院校开展信息教育的途径。增加信息理论、信息资源知识、信息方法和信息技能的科目，加大教育、心理科学知识课程的比重，充实教学内容，重点补充以现代化和未来体育教育发展为导向的、具有基础意义，并能帮助体育师范生适应未来体育教育变化和更好地从事未来体育教师工作的新知识，如体育信息类课程、体育多媒体教学技术、体育教学软件的制作等新型课程内容。

资源型学习是为解决教学内容增加、课时紧张、学生感到学习的东西太多等矛盾而提出的新的教学模式。与传统学习模式相比，基于网络的资源型学习具有以下优势：

（1）强调学生的中心地位。教会学生学习是整个教学的主旨，学生只有主动学习、积极讨论、调查研究，才能完成老师布置的任务。

（2）有助于培养学生的创造性思维。在网络资源型学习中，教师通过教育资源网构建学习“情景”，可以激发学生的联想思维，使学习者利用以前的学习经验，同化或顺应新的知识，将新旧知识联系起来。在这种模式下，学生的思维可以得到最大限度的发挥，为创新思维的培养提供了良好的途径。

（3）有助于培养学生的个性。资源型学习的教学模式改变了传统教学对学生思维的束缚，学生可以根据自身的实际情况自主控制学习的进度、方法和方式，这样，每个学生都有自己独特的学习风格，有助于发挥学生的个性特长。

体育资源型学习强调让体育师范生主动学习富有多样性的体育教育信息资源，借助多种体育学习信息资源的相互作用来开展学习，用探究的方式培养其利用信息进行学习和思考，归纳和总结，提高并运用信息分析与解决问题的能力。体育教师作为促进者和指导者，可以通过信息技术与体育学科课程的整合培养体育师范生的信息素养，将信息技术作为工具和手段，渗透到体育课程的教学过程中去，从而培养体育师范生使用信息技术、获取信息和运用信息技术解决问题的综合能力。资源型学习策略能充分培养和提高体育师范生的信息素养能力。

2. 在职培训

在职培训是所有教师信息素养培养的主要途径和重要方式。在职培训要根据不同教师的具体情况，制定不同层次的培训模式，针对信息能力较低或者基础较差的教师，首先要进行适应性的培训，其目的在于普及信息素养能力；对已具备一定信息能力或者有一定基础的教师，要进行深一层次的发展性培训，目的在于提高高校体育教师的信息素养水平。

（1）强化体育教师体育教育信息化意识

信息革命和信息社会的发展趋势要求体育教育必须实现信息化，以适应教育信息化的发展。体育教育信息化的推进效果取决于体育教师自身的信息化意识和信息化水平，高校体育教师作为体育教育最高层次的教育者，应提高自身的思想认识。因此，各部门应根据我国教育信息化建设的发展进程，结合体育教育的学科特点，广泛、深入开展体育教育信息政策、法规、道德的宣传教育，让每一位高校体育教师都能深刻体会信息时代对现代体育教育和体育教师的具体要求，以此培养他们的现代体育教育意识、观念、知识、能力和伦理道德，使其成为满足体育教育信息化需求的新型体育教师。

（2）加强信息知识与信息技术的培训

信息时代呼唤具有高度信息素养的高校体育教师，而我国在职高校体育教师队伍中，信息知识、信息技能的运用方面还存在着较大的困难。解决这一问题的最佳途径就是抓紧在职高校体育教师的信息技术培训工作。在进行培训的过程中，要根据实际的需要和教师之间的差异性进行信息及技能的培训内容和课程设置，做到“按需施教，学以致用，注重实效”的原则。具体的课程内容，应包括信息源介绍、印刷型信息的检索与利用、计算机信息检索、网络信息检索、信息处理技术、信息研究与咨询、信息资源共享与知识产权保护、计算机基础、计算机应用技术、现代教育技术等。除开设专门的课程培训外，还可以针对在职高校体育教师的特点，有针对性地举办一些专题讲座、学术报告会、学术交流等，这也是对在职高校体育教师进行信息知识与技术培训的有效手段。为加强教师信息技术培训，提高师资队伍的整体素质，优化教师队伍结构，ITAT 培训网站专门提供对教师的信息化进行培训，其中对教师的培训内容主要包括以下方面：

①基本知识。了解信息技术在现代社会特别是教育领域中的地位和作用，建立在学科教学中应用信息技术的意识。

②基本技能。掌握信息技术的基础知识和操作技能，具有利用信息技术获取、交流、处理与应用教学信息的能力。

③思想观念。具有科学的、基于信息技术现代教育思想和新的教育观念，并具有继续学习信息技术新知识的能力。

④课程整合。掌握教育技术的基本方法和基本技能，具有将教育技术用于学科教学的能力。培训内容中教育技术的部分该包括：信息技术教育应用、现代教学理论、教学的模式和方法、现代课程论和教学设计。信息技术基础部分应包括：因特网基础、图像处理基本方法等。

（3）鼓励在教学与科研中应用信息技术

在进行信息技术理论培训的基础上，应注重为体育教师提供实践的条件和机会。学校可以制定相关的政策，鼓励体育教师在教学实践和科研中应用信息技术。在体育教学方面，可以把信息技术作为教学工具和手段运用到体育教学全过程，从而达到培养和提高体育教师使用信息技术的能力；也可以结合实际的教学，组织应用信息技术的各种竞赛活动，借助竞赛的刺激作用，促进体育教师在教学实践活动中广泛地应用信息技术。在体育科研方面，高校体育教师必须运用最新的信息检索技术，及时、有效地获取本学科领域的相关信息，这是他们进行科研选题，确立科研方向，推进科研进程的加速器。

（4）提高英语水平，掌握英文工具书的检索知识

随着网络的全球化和信息知识的广泛传播，一些前沿性、实用性的信息知识有90％以上都是用英文发布的，体育学科也不例外。体育教师在这方面存在着一定的语言障碍，主要表现在阅读英文文献或多或少存在困难，阅读速度太慢，效率不高；对英文检索词把握不准确或拼写不正确。体育教师特别是高校体育教师如果不能很好地使用英语工具书，没有一定的英语水平，就无法参阅大量的英文文献，了解国内外体育科技发展的最新成果、最新方法。因此，体育教师应加强自身英语的学习，特别是专业英语的学习，掌握英文文献源的查找方法，将获取的最新信息用于体育科研之中。

第四节　高校体育教学创新体系建设构想

一、高校体育教学改革现状

（1）健康教育与素质教育指导思想虽已确立，但未能真正落实。指导思想是体育教学达到实际效果的前提和重要保证。近年来高校体育教学指导思想是以学生增强体质、增进健康为主，即以“健康第一”为指导思想。同时培养学生的体育能力，养成终身体育的习惯，注重学生个性发展，提高学生的综合素质。这一指导思想的确立为今后高校体育教学指明了方向，有力地促进了高校体育教学的改革与发展。但是这一指导思想并未在体育教学中得以真正实现。

（2）教学内容改革广而不精。当前的高校体育教学内容仍以竞技体育项目为主。随着高校体育教学改革的不断深入，教学内容的改革虽有很大起色，但是重技术轻理论的教学局面并没有完全打破。理论教学课时在总教学时数中所占的比例还相对较少。在专项教学模式中，技术的教学仍是重点，这与改革前并没有本质的区别。而且教学实践中对学生自我锻炼意识和习惯的培养仍显不足。

（3）教学方法与手段改革未能获得突破。在教学过程中，教学的方法

和手段仍然十分单一，教学过程不能满足学生的全面需求，从客观上讲还是老师教什么学生就学什么。不能够充分考虑学生的个性发展，不能够充分发挥学生的主观能动性，也不能够与时俱进培养现代社会高素质的人才。

(4) 考核评价体系单一。体育课成绩是评定学生体育成绩的标准之一，也是评估教师教学质量的重要依据之一。以往体育教学课程评价偏重于技能的评价，基本上采用竞技评价方式，导致对学生体育课表现的评价被简单等同于对其运动能力的评价，其结果导致很多身体素质差较弱，但上课很认真的同学得不到认同，极大地伤害了他们的学习主动性，有的同学甚至产生了逆反的心理。对这部分同学而言，实际是一种打击。

(5) 场地设施缺乏。场地设施是体育教学的基本保证。由于场地设施不足，缺乏可供女生锻炼的场所和合适的项目，极大地限制了女生参与体育锻炼的积极性和选择。

二、高校体育教学创新体系的主体内容

基于对高校体育教学改革现状的分析，揭示以往高校体育教学中的这些缺陷，是为了在继承和发展的基础上有所突破，使其更加适应社会主义现代化建设对人才培养的新需求。因此高校体育教学改革要注重创新，本节主要从以下几个方面进行论述。

(1) 转变教育思想，树立全面的教育观。教师应本着对教学和课程本质的认识，在教学过程中给予学生先进的教学观念，充分发挥学生的主观能动性。树立学生良好的学习观念是体育教学的前提，其次是增进教师的服务意识。老师应放下身段，更好地服务于学生，他们需要什么你就能给予他们什么。老师不再高高在上地讲授，学生也不再唯命是从地学习。只有这样，老师才能平等地对待学生，学生也才能在民主的学习环境中不断地审视、提高自己。

(2) 建立新的教材体系，推动教学内容不断延伸和拓展。高校体育要从相对单一的竞技项目向健康型、娱乐型、竞技型、社会型等多样化方向发展，建立起实施性强、体现多种功能、学生喜爱的、符合实际情况的教材体系。同时要打破体育技术课与理论课分离的局面，增加理论选修课，把体育理论知识与其他领域的理论结合起来，如开设体育人文学、体育美学等，使学生有更多的机会接受体育的知识和文化。此外，高校体育应从学生的实际能力和兴趣爱好出发，设立多种运动项目，注重培养学生自己喜欢的运动项目，并逐渐培养成个人优势项目，不断满足大学生个性全面

发展的需要，助力学生充分掌握运动技能，为终身体育提供有力的支持。

（3）教学模式创新。体育教师应根据大学生的身心发展特点，结合自己的特长，不断地进行教学模式的改革和创新。这种创新应体现新颖性、灵活性和能力性。

（4）教学方法和手段的创新。在高校体育教学中，单一呆板的教学方法难以使学生参与教学活动，抑制了学生创新思维和创新能力的发展。因此高校体育教师要重视教学方法和手段的创新。①教学方法的创新。在教学方法上，教师应认真备好教案，寻求最好的教学方法，找到最适合学生学习的教学方法。教师只有根据教学目的、任务以及教学内容等特点，从实际出发，不断创新，始终保持教学的新颖性、生动性、知识性、趣味性和多样性，努力创造轻松、愉悦的学习环境。②教学手段的创新。随着科学技术的不断发展和信息技术的广泛应用，各种现代化的视听手段在教学领域中得到了普及，极大地丰富了教学中传递信息的途径，不仅提高了教学效率，还使得教学形象生动，为学生的学习和发展提供了丰富多彩的教育环境和学习工具。

（5）教学评价系统的创新。高校体育教育对于普通大学生来说过程比结果更重要，因此，应在高校体育教学中建立完善的考试评价体系，采取灵活而合理的考核方式，加强过程性考核，以保证对学生考核评价的合理性和准确性。①在考试内容上，除了考专项技术外，还应包括一定比例的开放性内容，既重视全面性，又重视个性表现和特长，以激发学生的创新思维。②在评价形式上，要打破单一的终结性评价模式，采用多种多样的考试形式，注重过程评价和全方位的评价，给予学生充分的想象和创造空间以及创新、创造的实践表现机会。这样既评价了学生的学习结果，又评价了学生的学习过程和潜能。

（6）加强教学研究，不断提高教师自身素质。随着高校体育教学改革的不断深入，对体育教师提出了更高的要求及更新的挑战。体育教师只有不断地提高自身的教学能力，优化创新意识结构，才能适应这种变革趋势。因此体育教师首先要完善知识结构，努力拓宽理论知识面，提高能随时应对在教学中遇到各种困难的能力。其次，要摆正位置，在充分发挥教师主导作用的同时，重视发挥学生的主体作用。

创新能力不是纯粹思维的产物，它只有在实践中才能得到检验和升华。广大高校体育教师应积极进行教学创新实践，在实践中不断探索、总结和积累经验，才能创造性地应对环境的变化，从而开创高校体育教学的新局面。

参考文献

[1] 李振良．现代高校体育教学改革与创新［M］．长春：吉林人民出版社，2023.

[2] 刘汉平，朱从庆．我国高校公共体育课程教学的发展与改革探究［M］．长春：吉林人民出版社，2021.

[3] 周遵琴．高校体育教学改革与发展［M］．成都：电子科技大学出版社，2015.

[4] 郝乌春，牛亮星，关浩．新时代背景下高校体育教学改革与发展研究［M］．北京：中国商业出版社，2021.

[5] 田应娟．当代高校体育教学改革创新与发展［M］．长春：吉林人民出版社，2021.

[6] 杨艳生．体育教学改革与创新实践研究［M］．长春：吉林人民出版社，2021.

[7] 李鑫，王园悦，秦丽．体育文化建设与高校体育教学模式研究［M］．北京：中国纺织出版社，2019.

[8] 谢宾，王新光，时春梅．高校体育教学与运动训练研究［M］．长春：吉林人民出版社，2021.

[9] 王冬梅．高校体育教育创新发展研究［M］．长春：吉林人民出版社，2021.

[10] 施小花．当代高校体育教育理论与发展探究［M］．长春：吉林人民出版社，2021.

[11] 杨景元，董奎，李文兰．体育教学管理与教学现状［M］．长春：吉林人民出版社，2019.

[12] 高立群，王卫华，郑松玲．素质教育视域下大学生体育教学改革研究［M］．长春：吉林人民出版社，2019.

[13] 谢明．高校体育教育理论探索与实务研究［M］．长春：吉林人民出版社，2020.

[14] 尹新，杨平展．融合与创新 高校教育信息化探索与实践［M］．长沙：湖南科学技术出版社，2018.

［15］李耀磊，李勃漩．普通高校体育教学与教师发展研究［M］．北京：文化发展出版社，2023.

［16］战新军．高校体育教学与体能训练实践研究［M］．北京：文化发展出版社，2023.

［17］孙琦林．高校体育教学与科学化锻炼研究［M］．长春：吉林人民出版社，2023.

［18］李淑玲．高校体育教学及技能训练探究［M］．长春：吉林人民出版社，2023.

［19］刘彬，左斌，李应伟．高校体育教学及运动训练创新探索［M］．北京：文化发展出版社，2023.

［20］魏小芳，丁鼎．高校体育教学管理改革与模式构建探索［M］．长春：吉林人民出版社，2022.

［21］王忠惠，朱德全．“翻转课堂”的多重解读与理性审视［J］．当代教育科学，2014（16）：30-33.

［22］许兴亮．“翻转课堂”翻转了什么［J］．当代教育科学，2014（16）：34-35.

［23］刘小晶，钟琦，张剑平．翻转课堂模式在“数据结构”课堂教学中的应用研究［J］．中国电化教育，2014（8）：105-110.

［24］肖立志．“翻转课堂”视域下的远程开放教育式课程教学研究［J］．黑龙江高教研究，2014（7）：158-160.

［25］马俊臣．基于“翻转课堂”的现代教育技术教学研究［J］．中国成人教育，2014（6）：125-128.

［26］武文虎．论素质规律和学习规律［J］．教育理论与实践，2012，32（8）：11-13.

［27］何克抗．从Blending learning看教育技术理论的新发展：上［J］．电化教育研究，2004（3）：1-6.

［28］王全锋，李德奇．微课教学在中职体育课程教改中的应用［J］．当代体育科技，2025，15（21）：195-198.

［29］董一帆．“线上＋线下”混合式教学模式在高职公共体育篮球教学中的应用研究［J］．当代体育科技，2025，15（21）：58-61.

［30］张彩霞．体教融合背景下高职院校体育教学改革与对策研究［J］．冰雪体育创新研究，2025，6（14）：62-64.

［31］刘斌．基于学生综合能力培养的大学体育教学改革研究［J］．哈尔滨职业技术学院学报，2025，（04）：39-41.

[32] 王丽萍，许逸凡．高校体育教育专业实践教学体系优化与运行机制研究［J］．当代体育科技，2025，15（19）：62-65.

[33] 刘璐．高校体育器材资源配置与体育教学改革的适应性研究［J］．文体用品与科技，2025，(13)：127-129.

[34] 刘洋．高校体育教学与学生身心健康发展的关联性研究［J］．佳木斯职业学院学报，2025，41（07）：67-69.

[35] 高永军．学习贯彻党的二十大精神，促进学校体育高质量发展：推动新时代教育改革背景下学校体育教学的高质量均衡发展［J］．田径，2025，(07)：79-81.

[36] 李霞．基于现代技术高校体育创新路径的探究［J］．学周刊，2025，(21)：1-3.

[37] 铁佳欣，许磊．体质健康视域下高校体育教学改革路径研究［C］//陕西省体育科学学会，陕西省学生体育协会．第四届陕西省体育科学论文（摘要）集——学校体育（专题报告）．西安体育学院，2025：103-106.

[38] 丁伟，张扬帆．体教融合背景下高校体育教学改革研究［J］．大连教育学院学报，2025，41（02）：61-63.

[39] 赵莹莹，赵晶晶．基于“功能—体能—技能”递进结构的高校体育分层教学实践研究［J］．当代体育科技，2025，15（17）：66-70.

[40] 乔恩洋，胡进．核心素养视域下的高职院校体育教学评价改革研究［J］．当代体育科技，2025，15（17）：165-168.

[41] 李萍．中国式现代化背景下高校体育课程“教、练、赛、评”一体化实践研究［J］．当代体育科技，2025，15（17）：83-89.

[42] 张耀升，陈曦，陈梦琳等．基于体育强国视域下的高校体育教学改革路径［N］．经济导报，2025-06-11（006）.

[43] 陈自觉．多元化教学方法在体育课堂中的应用研究［J］．高考，2025，(16)：164-166.

[44] 李洪彦．体育强国政策下高校体育教学改革路径浅析［J］．哈尔滨职业技术学院学报，2025，(03)：23-25.

[45] 郭英凯．基于教育评价改革的高校公共体育教学质量监控体系研究［D］．中南大学，2023.

[46] 谢子剑．“教会、勤练、常赛”教学改革思路的理论依据与践行理路［D］．苏州大学，2023.

[47] 闫孜晴．核心素养导向下高校体育教学改革实验研究［D］．广

州医科大学，2024.

［48］刘富梁．基于“学练赛评”一体化教学模式的体育教学改革研究［D］．曲阜师范大学，2024.

［49］黄丰煜．深化新时代教育评价改革背景下上海财经大学体育教学改革效果研究［D］．上海体育学院，2022.

［50］陈涛．大学体育俱乐部制教学改革对大学生体育学习性投入的影响［D］．中北大学，2023.